육성으로 듣는 경제기적 Ⅲ

농촌 근대화 프로젝트,
새마을 운동

나남
nanam

'육성으로 듣는 경제기적' 3기 편찬위원회 (새마을 운동)

편찬위원

강봉균 편찬위원장, 前 재정경제부 장관
김준경 한국개발연구원 (KDI) 원장
이규성 前 재무부 장관, 재정경제부 장관
이헌재 前 경제부총리
진 념 前 경제부총리
윤대희 前 국무조정실장, 現 가천대 석좌교수
박병원 前 재정경제부 제1차관, 現 경총 회장
안병우 前 국무조정실장
조원동 前 경제수석
김주훈 한국개발연구원 (KDI) 선임연구위원
조병구 한국개발연구원 (KDI) 선임연구위원

자문위원

고병우 前 건설부 장관
한도현 한국학중앙연구원 교수

집필진

권순직 前 동아일보 논설위원

연구진행

김진영 한국개발연구원 (KDI) 전문위원
주호성 한국개발연구원 (KDI) 자료개발실장
안선경 한국개발연구원 (KDI) 전문연구원
박진채 한국개발연구원 (KDI) 전문연구원

농촌 근대화 프로젝트, 새마을 운동

육성으로 듣는 경제기적 편찬위원회

권순직 지음

나남
nanam

　'육성으로 듣는 경제기적' 편찬사업은 경제기적을 이루는 과정에서 많은 기여를 한 원로들의 생생한 증언을 기록해서 남기자는 취지에서 시작되었다. '육성으로 듣는 경제기적 편찬위원회'에서는 그 결과물로 2013년 《코리안 미러클》, 2014년 《코리안 미러클 2: 도전과 비상》에 이어 2015년에는 《코리안 미러클 3: 숨은 기적들》을 발간한다.

　《코리안 미러클 3: 숨은 기적들》에서는 한국 경제기적의 밑거름 역할을 한 중화학공업, 새마을 운동, 산림녹화 추진에 대한 역사적 사실들을 다루었다. 이 주제들은 시대적으로 2013년과 2014년에 발간한 전편에서 다른 주제들과 함께 다룰 예정이었지만, 그 성격과 상징성을 감안하여 별도의 독립적인 증언록으로 발간하자는 데 편찬위원회의 의견이 모아졌다. 그래서 《중화학공업, 지축을 흔든다》, 《농촌 근대화 프로젝트, 새마을 운동》, 《숲의 역사, 새로 쓰다》로 각각 독립적인 단행본으로 만들게 되었다.

　새마을 운동은 가난으로부터 벗어나고자 했던 국민들의 욕구와 농촌 근대화를 추진했던 정부의 의지가 결합된 '잘살기 운동'이었다. 즉, 새마을 운동은 '우리도 잘살 수 있다'는 확신을 심어 주어 농촌 근대화의 기폭제 역할을 담당했다. 새마을 운동에 대해 정치적으로 다른 평가도 있지만, 1970년대 농촌생활 환경과 농업기반 시설을 개선하여 농가소득 증대에 기여했다는 점은 부인할 수 없는 사실이다. 특히, 많은 외국의 정부 관계자, 학자 등이 새마을 운동의 경험과 원리를 배우고자 내방할 만큼 전 세계적으로 그 성과를 인정받고 있으며, 개발도상국의 새로운 빈곤탈출 모델로도 주목받고 있다. 이러한 측면에서 당시 새마을 운동 지도자와 정책 담당자들의 경험담을 통해 새마을 운동의 태동과 활동 사례 등을 살펴보는 것은 새마을 운동을 재조명해 볼 수 있는 계기가 될 것이다.

우리가 이룩한 성공 중에서 우리 스스로 잘 인식하지 못하는 것 중에 하나가 민둥산을 푸른 숲으로 바꾼 산림녹화 사업이다. 우리는 일제 강점기 동안의 수탈과 해방 후 무질서 속에 이루어진 도벌·남벌, 그리고 6·25 전쟁을 치르면서 황폐해진 산림을 20여 년 만에 다시 푸르게 만들었다. 전쟁과 가난 속에서 황폐해진 산림을 복구한 것은 또 다른 기적이라 할 수 있다. 유엔은 "한국은 제2차 세계대전 이후 단기간에 산림복구에 성공한 유일한 나라"라고 찬사를 보냈다. 우리의 산림녹화 과정을 살펴보면 목표 달성에 치우친 탓에 대도시 주변의 조림에 소홀하였고, 토질에 맞는 적합한 조림이 이루어지지 않아 산지의 자원화를 이루지 못한 아쉬움도 있다. 그럼에도 불구하고 민둥산이 푸르게 변하고, 산림파괴의 주원인 중 하나였던 화전민 이주정책 등으로 국민소득이 향상되어 경제발전의 상징적 변화로 인정할 수 있는 점은 부인할 수 없는 사실이다.

중화학공업 육성 정책도 우리나라의 압축적 경제성장을 특징짓는 중요한 사건이다. 오늘날 우리나라가 세계 10위권 수출 강국으로 도약할 수 있었던 근간에는 방위산업 육성과 수출목표 달성을 위한 특단의 조치였던 중화학공업 육성 정책이 있었다. 중화학공업 육성 정책을 시작할 당시만 해도 많은 사람들의 우려가 있었던 것이 사실이다. 중화학공업의 특성상 엄청난 생산시설, 각 분야의 전문 기술인력 등이 뒷받침되어야 하고, 투자의 회임기간이 길어 막대한 자금이 필요하기 때문이다. 그럼에도 대규모 초기투자 위험을 무릅쓰고 중화학공업을 추진하여 성공을 거둘 수 있었던 것은 정부의 강력한 추진 의지와 적극적인 지원정책이 있었기 때문이다.

《코리안 미러클 3: 숨은 기적들》은 최빈국 가운데 하나였던 우리나라가 단기간에 경제대국으로 발돋움하는 과정에서 증언자들이 겪었던 어려움과 소중한 기억들을 접할 수 있는 계기와, 역사의 현장을 엿볼 수 있는 기회를 제공할 것이다. 또한 산업구조 고도화와 농촌 근대화, 산림녹화 등 주요 경제정책을 다룬 만큼 개발도상국의 정책결정자와 학자들이 한국의 개발 경험을 이해하고 벤치마킹하는 데 기여할 것으로 기대된다.

이번 《코리안 미러클 3: 숨은 기적들》 발간작업에 많은 분들이 참여하고 헌신해 주었다. 시대를 관통하여 후학들에게 많은 도움이 되기를 바라는 마음으로 인터뷰에 응해 주신 여러 원로님들과 관련 자료를 수집·정리하고 인터뷰를 통해 생생하게 살아 있는 역사를 기록한 집필진, 이들에게 지속적으로 유익한 조언을 해 준 편찬위원과 자문위원들에게 감사드린다. 또 작업의 간사 역할을 한 KDI 관계자 여러분들께도 고마운 마음을 전한다.

2015년 11월
'육성으로 듣는 경제기적' 3기 편찬위원장

강 봉 균

《농촌 근대화 프로젝트, 새마을 운동》은 건국 이후부터 1970년대 말까지의 농업정책과 농촌 근대화 과정을 조명해 보았다. 그 과정에서 특히 가난과 오랜 침체 상태에서 헤어나지 못하던 농촌과 농민을 일깨워 근대화로 이끌어내는 데 크게 기여한 새마을 운동의 전개 과정, 그리고 이를 추진하는 데 견인차 역할을 했던 정부 관계자와 농민 지도자들로부터 당시의 생생한 경험담을 들었다.

이 책에서는 1970년대 새마을 운동을 중점 조망했다. 1980년대 이후에도 새마을 운동이 그 명맥을 유지하고는 있지만 '육성으로 듣는 경제기적' 편찬 취지와는 다른 방향에서 추진되고 있다고 판단되어, 1970년대의 새마을 운동에 관한 증언을 듣고 남기고자 했다.

이 책을 만들면서 1970년대 새마을 운동에 관여했던 많은 분들의 회고를 들으려 최선을 다했으나 기대한 만큼 성과를 거두었는지는 의문이다. 시간과 지면의 한계도 있었고, 귀중한 경험담을 전해 주어야 할 원로들이 이미 작고했거나 건강상의 이유 등으로 인터뷰하기 힘든 경우도 많았음은 특히 아쉬운 대목이다. 그래서 그들이 남긴 회고록이나 저술 등을 많이 활용하였다.

이 밖에도 이 책을 읽는 독자들에게 몇 가지 양해를 구하고자 한다. 본 사업 취지가 원로들로부터 증언을 듣는 것이므로 책을 구성함에 있어 학술서적처럼 완결성을 갖추지 못했음을 인정한다. 육성 증언이나 회고록 등을 통해 당시 사정을 파악하는 과정에서 불가피하게 일부 내용이 중복되기도 했고, 다소 상반되는 경우도 있었다. 이는 증언하는 분들의 견해 차이나 기억의 한계에서 비롯된 것이라고 판단하여 그대로 기록하기로 했다.

1960~1970년대에 이루어진 농업부문에서의 성취가 모두 새마을 운동의 공으로 비쳐지지 않을까 하는 점도 저자의 걱정거리 중의 하나이다. 특히 새마을 운동이 가장 활발히 전개되었던 1970년대는 거의 모든 농정이 새마을 운동의 이름으로 추진되었기 때문에 이 시기에 이루어진 농촌 근대화가 새마을 운동과 동일시될 수도 있다. 농정을 펴는 데 새마을 운동 조직을 효율적인 추진 수단으로 활용했고, 정책과 운동을 분리하여 성과를 따지기도 어렵다는 점을 이해해 주길 바란다.

농촌 근대화에 초점이 맞춰졌던 1970년대와 달리 2000년대에 들어서 새마을 운동은 아시아, 아프리카 등 많은 개발도상국 농촌개발의 모델이 되고, 그들 나라에 도움을 주는 등 국제화가 활발히 진행되고 있다. 새마을 운동의 국제화와 새로운 차원에서의 발전 모색을 이 책에서 다루지 못한 점은 아쉽고, 관계자들의 양해를 구한다.

마지막으로 이 책을 만드는 데 귀한 시간을 할애하여 인터뷰에 응해 주시고 각종 자료를 제공하신 원로 여러분들과 새마을 지도자분들, 새마을 관련 기관에 계신 분들, 그리고 자료수집과 모든 제작과정에 도움을 아끼지 않은 한국개발연구원(KDI) 관계자 모두에게 감사드린다.

2015년 11월
권 순 직

농촌 근대화 프로젝트,
새마을 운동

차 례

초근목피(草根木皮), 춘궁기(春窮期), 보릿고개, 절량농가(絶糧農家), 혼·분식 장려, 도시락 검사, 녹색혁명, 쌀 자급자족 …. 까마득히 먼 역사 속에나 있었을 것으로 생각되는 용어들이다. 그러나 불과 40여 년 전 절대 빈곤의 상황에 처했던 우리의 사회상을 대변하던 말들이다.

처참하고 부끄러웠던 시대를 뛰어넘어 먹고 입을 것 걱정 없이 살기까지는 그리 오랜 세월이 필요하지 않았다. 우리나라는 1960년대 중반에 시작한 녹색혁명을 1970년대 후반에 성공적으로 마무리하면서 주곡인 쌀 자급자족을 달성해 반만년 이어온 식량난을 해결한다. 또한 1960~1970년대에는 산업화를 통한 공업입국, 수출입국을 이뤄나가는 한편, 농촌에서는 입에 풀칠하기 위한 먹거리 생산 위주의 농사에서 벗어나 돈을 버는 작물을 재배하는 상업영농 체제에 진입한다. 오랜 잠에서 깨어나지 못하던 농민들이 일어나고 농촌은 근대화(近代化)의 길로 들어선다.

지난 50여 년간 대한민국 경제발전을 함축적으로 표현하는 '한강의 기적'에는 불모지에서 일궈낸 '산업화의 기적' 못지않게 '농촌의 기적'도 있었다. 제 1·2차 산업 두 부문에서의 기적은 상호 유기적으로 보완상승 작용을 하면서 '큰 기적'을 창출했다. '육성으로 듣는 경제기적' 시리즈 편찬에서 새마을 운동과 농촌 근대화가 한 권(卷)을 차지하는 이유다.

새마을 운동은 성공한 운동인가?

새마을 운동이 성공적이었다면 그 요인은 어디에 있고, 새마을 운동에 대한 국민의 평가는 어떠했을까? 1996년 공보처와 코리아리서치가 조사한 '해방 후 가장 자랑스러운 일'로는 ① 88 서울올림픽, ② 경제성장, ③ 새마을 운동이 꼽혔다. 1998년 〈동아일보〉와 리서치＆리서치가 조사한 '정부 수립 50년 역대 정부가 가장 잘 대처한 사건'으로는 ① 새마을 운동, ② 경제개발 5개년 계획이 올랐다. 2008년 〈조선일보〉와 한국갤럽이 조사한 '건국 60년 우리 민족의 가장 큰 업적'으로는 ① 새마을 운동, ② 88 서울올림픽, ③ 경제개발 5개년 계획, ④ 경부고속도로 건설, ⑤ 2002 한일 월드컵 순으로 꼽혔다.

새마을 운동은 그동안 거둔 가시적 성과에서 성공의 여부를 가늠할 수 있을 것이다. 대표적인 예로 새마을 운동이 본격 추진된 1970년대를 중심으로 농가 소득의 획기적인 증대, 식량 자급자족의 달성, 농촌 생활환경 및 농업 기반시설의 개선 등이 이루어졌다. 뒤에서도 다루겠지만 농업의 발전과 농촌 근대화를 모두 새마을 운동의 공으로 돌리는 것은 아니다. 다만, 1970년대의 농정(農政)은 거의 대부분이 새마을 운동과 연계하여 추진되었기 때문에 새마을 운동의 기여가 컸던 것도 사실이지만, 다른 한편으로는 그 공이 과대 포장된 측면이 있다는 점도 인정해야 할 것이다. 1979년 내무부가 집계해 정부가 공식적으로 공표한 새마을 운동의 성과는 다음과 같이 요약된다.

1970년대 10여 년 사이 농가의 평균 소득은 3배 가까이 증가했고, 1967년 도시가구의 60％선에 머물던 농가 소득이 1974년부터 역전되는 등 도농 간의 소득 격차가 크게 개선되었다. 1960년대 말 농가의 20％ 정도에만 전깃불이 들어오던 것이 1979년에는 모든 농가에 들어왔다. 농촌의 초가집이 자취를 감추었으며, 좁고 구불구불한 골목길과 농로가 경운기 및 자동차가 들어갈 수 있도록 확장되고 개설된 농로만도 지구 둘레의 1. 1배나 되는 4만 3,966㎞에 달했다. 농촌 지역에 가설된 교량이 7만 4,900개소, 정비된 소하천 9,180㎞, 마을회관 3만 5,950개소, 간이 급수시설 2만 3,633개소, 전국 1만 8,633개 법정 동리에 통신망 가설 등 국토와 국민의 생활 모습은 몰라볼 정도로 바뀌었다.

새마을 운동의 성공 요인은 보는 관점에 따라 다소 다르기는 하지만, 대체적으로 비슷하게 분석된다. 차등지원(差等支援)에 의한 경쟁과 참여 동기 유발, 농촌 주민 자율에 의한 사업 추진방식의 채택, 그리고 정부의 세심한 지도 감독과 포상, 교육 등이 공통적 성공 요인으로 요약된다.

내무부가 펴낸 《새마을 운동 10년사》는 의식개혁을 통한 국민적 자각, 자율적 참여를 이끌어내는 동기부여의 자극, 새로운 유형의 교육, 차등지원 시스템을 통한 경쟁 유발, 집념에 찬 지도자의 역할을 꼽았다.[1] 고건(高建) 전 국무총리는 농촌개발 전략단위로 자연부락을 선택한 것과 과거 하향식의 정책에서 벗어나 농촌 주민의 자율적 참여 및 민주적 의사결정 중시, 마을 리더십 중시, 전략적 차등지원 방식 등을 성공 요인으로 손꼽는다.[2] 김준경 한국개발연구원(KDI) 원장은 "한국발전의 힘: 인적 자본과 혁신"이라는 강연자료에서 성과에 따른 차등지원과 신상필벌(信賞必罰) 원칙의 적용을 들었다.[3]

한국에서 대표적인 농촌개발 운동인 새마을 운동은 농민의 소득증대뿐만 아니라, 자조·자립·협동 정신 함양 등 의식개혁(정신적 근대화)에 크게 기여했다. 새마을 운동 첫해인 1971년에는 성과가 좋은 1만 6,600개 마을에만 시멘트 5백 포대와 철근 1톤씩을 배분하고 나머지 1만 8천여 개 마을에는 지원을 중단했다. 이와 동시에 새마을 운동의 성과와 농어촌 전화사업(전깃불 공급)과 연계 운용했다. 농민들이 자신의 토지를 희사하여 마을 진입로를 조성한 마을(스스로 돕는 마을)부터 전기를 우선 공급했다. 이러한 신상필벌 원칙은 농민에게 경쟁심과 협동정신을 불러일으켜 자조정신을 고양하는 요인으로 작용했다.

김보현 전 농림부 장관은 그의 유고집 《전환시대를 이끈 행정가》(2013, 나남)에서 새마을 운동으로 농촌개발에 성공할 수 있었던 요인으로 ① 새마을 지도자들의 열정과 헌신, ② 새마을 운동을 확산시키고 농민들의 참여를 이끈 새마을 교육, ③ 국가 최고지도자의 깊은 관심과 강한 집념을 꼽았다.[4]

1 내무부, 1980, 《새마을 운동 10년사》.
2 이 책의 고건 전 총리 인터뷰 중에서.
3 김준경, 2015, "한국발전의 힘: 인적 자본과 혁신", 강연자료.

새마을 운동의 주역은 누구인가?

새마을 운동이 '민관' 합작품이라는 데에는 대부분의 저술이나 회고록 증언 등이 일치한다. 동기야 어떻든 간에 박정희 전 대통령의 강한 집념과 추진력이 새마을 운동을 성공적으로 이끈 것은 사실이다. 그렇다고 새마을 운동의 성공이 모두 그의 공이라고 말하기는 어렵다. 박 전 대통령을 정점으로 한 행정력과 새마을 지도자를 주축으로 한 농촌 주민의 힘을 합해 이룩해낸 기적이 바로 1970년대의 새마을 운동이고 농촌 근대화이다.

따라서 이 책에서는 다른 연구와 차별적으로 새마을 지도자에게 좀더 많은 시선을 보낸다. 이 시기에 새마을 지도자가 보여준 헌신과 열정은 아무리 강조해도 지나치지 않다. 성공한 새마을 지도자의 스토리는 그들 자신만의 것이 아니었다. 머슴살이, 식모살이를 하던 농민 부부(하사용 지도자)가 자수성가(自手成家)하는 모습에 눈물을 흘리고 감동한 것은 대통령만이 아니었다. 수많은 농민이 감동해 뒤따르며 새마을 운동에 동참하고 농촌 근대화에 합류하게 하는 횃불이 되었다.

새마을 운동이 열기를 더해갈 무렵 아직 깨어나지 못한 마을을 찾아간 젊은 도지사 고건은 주민들을 일깨워 앞서가는 농촌마을로 일으켜 세운다. 도지사와 지방 공무원의 열성적인 도움을 받아가며 뒤늦게 출발해 선도 농촌마을을 만든 지도자(양일선 지도자)도 있다. 암탉이 울면 집안이 망한다는 시절에 치마를 걷어올리고 앞장서서 새마을 운동에 뛰어든 농촌계몽 여성운동가(정문자 지도자)의 성공 스토리도 감동적이다.

새마을 운동 기간 중 전국의 수많은 지도자가 헌신과 열정으로 마을 발전에 기여했다. 성공한 새마을에는 반드시 훌륭한 지도자가 있었다. 그들의 희생이 없었다면 새마을 운동은 정부 주도의 반쪽짜리 성공에 머무를 수밖에 없었을 것이다.

●
4 김보현(金甫鉉, 1924~2006): 전남 광양에서 태어나 서울대 법대를 졸업하고 고등고시 행정고시에 합격해 내무부 지방국행정과에서 공직생활을 시작했다. 이후 전남 도지사, 체신부 장관, 농림부 장관 등을 역임했다.

새마을 운동의 시발점은 어디서부터인가?

새마을 운동의 시발점에 대해서는 증언자들마다 관점이 다르다. 김정렴 전 대통령 비서실장은 그의 회고록 《한국 경제정책 30년사》에서 다음과 같이 증언한다.

박 대통령은 1970년 4월 22일 한해(旱害) 대책 전국 지방장관 회의에서 새마을 운동의 구상을 처음 피력하였다. 1969년 극심한 수해를 입은 경상북도 청도군 청도읍 신도 1리를 방문하였다. 이 마을은 다른 마을과 달리 수해 복구뿐만 아니라 지붕이 개량되고 담장이 말끔히 단장된 것을 발견할 수 있다. 마을사람들이 정부 지원을 받아 수해 복구를 하면서 이 기회에 우리 동네를 좀더 살기 좋은 곳으로 가꾸자며 마을총회를 열어 스스로 자금을 모으고 노동력을 제공하여 새로운 모습의 마을을 가꾸었다. 이에 감동을 받은 박 대통령은 농민들의 근면(勤勉)·자조(自助)·협동(協同) 정신을 일깨우면 농촌을 새롭게 변화시킬 수 있다는 구상을 했고, 이것이 새마을 운동으로 발전했다.

다음은 고건 전 국무총리의 회고[5]다.

1970년 남아도는 시멘트를 농가에 지원하면서 새마을 가꾸기 사업을 시작한 것이 새마을 운동의 시발이었다. 박 대통령은 5·16 군사혁명 직후부터 농촌을 살리기 위해 농어촌 고리채(高利債) 정리, 재건국민운동 등을 펼쳤으나, 준비 부족, 재정 취약, 일방적인 관(官) 주도 정책 추진으로 실패한 뼈아픈 경험을 했다. 그러다가 잉여 시멘트를 계기로 차등지원이라는 정책을 무기로 농민들을 자극하고 동기를 부여하면서 새마을 운동을 점화한 것이다.

다음은 고병우 전 건설부 장관의 회고[6]다.

박 대통령은 이미 1960년대 초중반부터 농어촌 고리채 정리, 재건국민운동, 농어촌개발공사 설립, 농공병진 정책 채택 등의 과정을 거쳐 새마을 운동과 같은 농민·농촌개혁 운동을 구상하였을 것이다.

---

5 이 책의 인터뷰 중에서.
6 고병우, 2008, 《혼이 있는 공무원》, 늘 푸른 소나무.

새마을 운동은 우리 고유의 모델인가?

새마을 운동이 어떤 모델에 근거했는지는 명확한 설명을 찾아보기 힘들다. 대부분의 초기 새마을 운동 관계자로부터도 일본이나 덴마크, 필리핀, 이스라엘 등 농촌 부흥 선진국 사례를 벤치마킹했다거나 모방했다는 증언을 들을 수 없었다. 만약 성공한 외국의 경험을 참고했다면 그들 나라와의 정책적 유사점이 발견될 터인데 그러한 실증적·학문적 흔적을 찾아보기 어렵다.

새마을 운동 정책에 관한 정교한 이론의 흔적도 없다. 그때그때 상황에 맞춰 운동의 골격을 짰음을 확인할 수 있다. 고병우 전 건설부 장관은 새마을 운동의 본격적인 추진을 앞두고 박 대통령과 나눈 대화를 소개했다.[7]

어느 날 대통령이 나에게 '외국에선 농촌운동을 어떻게 하느냐?'고 물어요. 마침 이와 관련하여 연구하던 터라서 금방 대답했죠.

"덴마크에서는 그룬트비라는 농촌 지도자가 노래하며 국민을 계도하고 낙농 선진국을 만들었습니다. 이스라엘은 국토가 좁은 데다 사막이어서 외국에서 흙을 사다 옥토를 만들어 농촌을 부흥한 모샤브 키부츠 운동이 있습니다. 일본에서는 패전 후 피폐해진 농촌을 살리기 위해 농촌마을마다 공동작업을 하는 등 신농촌 만들기 운동을 벌이는 것을 보았습니다."

이런 사례가 새마을 운동을 설계하는 데 직접적인 영향을 주었다고 보기는 어렵겠지만 실마리는 주지 않았나 하는 생각도 듭니다.

정병석 한양대 석좌교수는 다음과 같이 평가한다.[8]

새마을 운동은 누가 처음부터 정교하게 이론을 세워 설계한 것도 아닌데 오늘날 사후에 이론적으로 살펴볼 때 굉장히 잘 만들어졌다. 경제성장 이론에서 가장 중시하는 것이 의식개혁인데, 바로 새마을 운동이 그런 측면에서 앞선 제도를 도입했다.

---

7 이 책의 인터뷰 중에서.
8 이 책의 좌담회 중에서.

새마을 운동에 대한 갑론을박

새마을 운동은 1970년대에 자연부락 단위의 농민들에게 자조·자립·협동 정신을 불러일으켜 잠자는 농촌을 일깨워 준 운동이었음은 높이 평가되어야 마땅하다. 일부는 이 새마을 운동이야말로 농민의식 혁명이었다고 주장한다.

새마을 운동에 대한 두 번째 긍정적 평가는 농촌의 근대화를 달성하는 데 이 운동이 큰 기여를 했다는 것이다. 정부의 정책적 지원과 새마을 운동이 결합함으로써 농촌의 생활환경 개선은 물론 농업구조의 개선, 소득증대, 주곡(主穀) 자립의 달성을 앞당기고 가능케 했다는 것이다. 당시 새마을 운동과 농업정책 추진 배경이나 정책 의도는 별도로 논의하더라도 농촌 변혁을 이끌어내는 수단으로서 새마을 운동은 매우 유용했다고 볼 수 있다.

한편, 새마을 운동의 추진 배경과 방식 등에 대해 비판적 견해를 갖는 사람들의 주장도 만만치 않다. 이는 크게 4가지 정도로 요약할 수 있다.

첫째, 1970년대 농촌의 발전이 새마을 운동만의 공은 아니라는 것이다. 뒤늦긴 했지만 정부의 농업부문 투자가 본격화되는 이 시기에 모든 농정이 새마을 운동이라는 문패를 달고 시행되었기 때문에, 다른 노력들은 뒷전으로 밀리고 새마을 운동의 성과로 과대 포장되었다는 지적이다.

둘째, 새마을 운동이 철저한 농촌 주민 자율에 의해 추진되었다는 주장에 대한 반론이다. 상당 수준의 자율은 보장되었다고 하나 정부의 자재와 자금 지원, 행정적 뒷받침 때문에 새마을 운동이 지속될 수 있었으며, 이 과정에서 관 주도의 성격이 강했다는 주장이다. 따라서 비효율적인 사업과 가시적이고 외형적인 전시성 사업이 많았고, 정부에 대한 농민의 의타심을 키움으로써 훗날 농업정책의 발목을 잡는 부작용이 나타났다는 지적이다.

셋째, 새마을 운동이 농민의식 혁명, 나아가 전 국민적 정신개혁으로 승화하는 역할을 했다는 주장에 대한 반론이다. 이 운동이 정신적 혁명이었고 의식개혁의 성격이 가졌다면 그 정신이 영속성을 갖고 국가·사회에 영향을 미쳤어야 했다. 그러나 그 영향력이 지역적으로는 농촌에, 시대적으로는 1970년대에 그치는 등 생명력이 약했다는 지적이다. 실제로 순수한 의미의 새마을 운동은 박

정회 대통령 서거 이후 사라진다.

넷째, 새마을 운동 추진의 저의가 영구집권을 위한 수단이었다는 것이다. 1971년 부정선거 논란 속에 1백만 표 이하의 근소한 차이로 김대중 후보를 누르고 당선된 박 대통령은 유신헌법을 제정하여 헌법의 기능을 정지하는 등 정치적으로 막다른 궁지에 몰렸다. 이러한 유신체제를 유지하고 장기집권 지지기반을 농촌 중심으로 확보하려는 저의가 새마을 운동의 추진으로 나타났다는 지적이다. 따라서 새마을 운동의 가시적 성과와는 별개로 그 동기는 정권 유지의 차원이었다는 주장이다.

새마을 운동에 관한 비판적 시각과 논쟁점은 에필로그에서 좀더 상세히 들여다보기로 한다. [9]

---

9 박정희 대통령은 국민투표를 통해 1969년 10월 대통령 3연임을 허용하는 3선 개헌을 단행한다. 1971년 대선에서 김대중 후보와 맞붙어 1백만 표 이하의 표차로 간신히 승리했으나 당시 부정 투·개표 등을 감안, 사실상 박 후보가 패배하였다는 주장이 제기되었다. 이에 위기감을 느낀 박 대통령은 1972년 10월 계엄령을 선포하고 헌법을 정지하며 이른바 유신헌법을 공포, 영구집권 체제를 구축했다. 유신헌법의 주요 내용은 ① 대통령 직선제 폐지, 통일주체국민회의가 대통령을 뽑는 간선제로 변경, ② 대통령 임기를 6년으로 늘리며 연임 제한을 없애 영구집권이 가능토록 함, ③ 국회의원 1/3을 실질적으로 대통령이 뽑을 수 있도록 한 유신정우회 도입, ④ 초헌법적인 긴급조치 발동권·일체의 유신헌법 비판을 금지·법관 임명권 전면 행사 등의 3권을 대통령이 장악한 것 등이다.

제1장

보릿고개를 넘어
식량 자급, 농촌 근대화 달성

해방 이후 농촌 실정 및 농업정책

빈곤의 악순환이 거듭된 농촌 실정

일제로부터 해방됐지만 곧장 이어진 6·25 전쟁으로 남한의 국토는 황폐화된다. 1953년 휴전 이후 남한은 해외와 북한에서 유입된 인구 증가 등으로 식량 수요가 급증한 반면 농업 생산은 여전히 저조했다. 지극히 낮은 농업 생산성에다 분단에 따른 북한으로부터의 화학비료 공급 중단 등으로 생산 부진과 곡가(穀價) 폭등이 이어지는 상황이 계속되었다.

미국의 무상 긴급 식량원조와 잉여농산물(剩餘農産物) 도입 등으로 근근이 고비를 넘겼지만 농촌과 농민의 궁핍한 생활상은 극에 달했다. 해마다 봄이 되면 쌀은 바닥나고 보리는 아직 수확되지 않는 보릿고개, 춘궁기와 사투를 벌여야 했다. 식량이 바닥난 농민들은 풀뿌리와 나무껍질로 연명하는 초근목피에서 벗어나지 못했다. 영양실조로 목숨을 잃는 농민도 수없이 많았다.[1]

---

[1] 1955년 5월 「미국 농업교역 발전 및 원조법」 제1조에 의하여 한미 간 잉여농산물 도입 협정이 체결되었다. 이로 인해 소맥 중심의 양곡과 원면, 우지 등의 무상 도입이 시작되었으며 1981년 5월에 종결되었다.

식량이 떨어진 가난한 농민들은 여유가 있는 농민으로부터 연리 50%도 넘는 장리쌀[2]을 빌려 겨우 목숨을 이어갔다. 고비를 넘겼지만 수확기가 되어 생산물로 고리(高利)의 빚을 갚고 나면 농민들은 다시 고리채를 빌려야 하는 악순환(惡循環)이 이어졌다. 그러다 보니 다음해에도 그 다음해에도 똑같이 춘궁기가 찾아올 수밖에 없었다. 희망을 찾을 길 없는 농민들은 절망에서 헤어나지 못하고 겨울 농한기엔 체념 속에서 술과 도박에 빠져들었다.

그야말로 빈곤의 악순환이었다. 이것이 해방 이후부터 1960년대 초반까지 우리 농촌의 실정이었다.

농지개혁과 농업정책의 불시착

일제 강점기와 해방 직후, 남한 농촌의 가장 큰 문제 중 하나는 지주계급의 비중이 높아지면서 소작(小作) 농가가 급증했다는 것이다. 1929년 당시 농가 수는 280만 가구였는데 이 중 소작농가가 46%를 차지했다. 따라서 농지개혁이 해방 이후 정치·사회적으로 시급한 과제로 부상했다.

이 무렵 북한 공산정권은 '무상몰수, 무상분배'라는 농지분배 원칙을 선언하며 농지개혁을 추진했다. 반면, 남한은 지주에게 보상하고 농지를 분배받는 농민에게는 유상으로 농지를 공급하는 내용을 골자로 농지개혁을 실행했다. 소작을 금지하고 농지소유 상한선을 3ha로 정하는 등의 경자유전(耕者有田) 원칙도 도입했다.

남한 자유당 정부는 1950년 3월 25일에 「농지개혁법」을 공포, 이처럼 우리나라 농촌의 최대 과제였던 농지개혁을 단행했다.[3]

●
2 춘궁기 식량이 떨어진 빈농들은 부농으로부터 연리 5할에 가까운 고리로 쌀을 빌려 목숨을 부지하고 가을이나 봄 수확기에 쌀, 보리 등의 곡물로 상환했다.

3 반봉건적인 토지소유 관계가 생산성 저하 및 소작쟁의의 구조적 원인이 되어 정부는 1950년 3월 25일에 「농지개혁법」을 공포, 농지개혁을 단행했다.
  ① 경자유전 및 농지소유 상한 제도를 신설, 자경하지 않는 자의 농지와 최고 소유한도 3정보를 초과하는 농지 등을 유상 수매하여 농민에게 유상으로 분배하였다.
  ② 분배농지의 지가는 5년간 균분상환하고, 정부가 지정하는 현품 또는 대금을 정부에 납부토록 했다.
  ③ 분배농지에 대해서는 지가상환이 완료될 때까지 소유권 처분이나 담보권 설정 등을 제한했다.

소작농들은 모처럼 농지를 분배받았지만 전쟁으로 황폐화된 농지에서 매년 수확량의 30%에 해당하는 농지 불하대금을 현물로 납부해야 했다. 결국 농지 현물세 등의 부담을 견뎌내지 못해 농지를 내놓고 다시 소작농으로 전락하는 사례가 늘었다. 소작제도가 공공연히 부활되는 양상을 보였던 것이다.

이와 같이 농지개혁은 성공적이라고 할 수 없었다. 그러나 한편으로는 농촌, 나아가 우리 사회에 의미 있는 변화를 가져온 측면도 간과할 수 없다. 전쟁으로 인한 극도의 인플레이션 때문에 농지를 내놓고 받은 지가증권(地價證券)의 구매력이 폭락해 지주층이 몰락하는 결과를 초래한 것이다. 몰락한 지주 세력이 농촌을 떠나면서 농촌사회는 경제·사회적으로 평등화되는 계기를 마련하게 된다. 물론 그 가운데서도 상당수의 지주는 축적된 자본과 보상재원을 토대로 산업자본가로의 발전적 전환에 성공하기도 했다.

즉, 농지개혁을 통해 많은 소작농이 자작농(自作農)으로 바뀌고 그로 말미암아 농촌사회의 평등, 나아가 정치 안정의 기반이 형성되었다고 볼 수 있다. 높은 소작료 부담에서 해방된 자작농들은 비록 소규모 영농이었지만 생활 형편이 개선되었다. 이처럼 1950년대에 농지개혁으로 농촌사회가 동질화된 것이 1970년대 초 마을 단위로 실시된 새마을 운동에 주민들이 적극 참여할 수 있는 요인의 하나로 작용했다고 볼 수 있다.

1953년 휴전 후 정부는 전후 복구에 총력을 기울인다. 1953년부터 1960년까지의 부흥 기간 중 '미곡 증산 5개년 계획', '축산 부흥 5개년 계획', '민유림 조성 및 사방사업 10개년 계획' 등을 실시하여 전쟁으로 허물어진 국토와 산업의 생산력을 부흥하는 데 주력했다.

특히 이 기간 중 정부는 경제안정을 위해 통화가치의 안정과 재정안정을 강력히 추진하면서 물가안정 정책의 주축으로 저곡가(低穀價) 정책을 시행했다. 잉여농산물 도입과 저곡가 정책, 토지소득세의 물납 등을 통한 농민 부담을 가중시켜가면서 재정 인플레를 억제한 셈이다. 저곡가 정책에 따라 농업소득의 개선효과는 미미했고, 토지대금의 부담을 견디지 못해 농민의 궁핍한 상황은 더해갔다. 결과적으로 농지개혁을 통해 이루고자 했던 성과를 이끌어내지 못했던 것이다.

1960년대의 농정

1960년대 초중반 고리사채 정리와 재건국민운동

1961년 쿠데타로 정권을 잡은 군사정부는 "절망과 기아선상에서 허덕이는 민생고를 시급히 해결한다"는 공약을 내세우고 혁명 초기 농촌 및 농민 대책으로 농어촌 고리채 정리를 단행하고, 재건국민운동을 벌였다. 당시 우리 농촌은 해마다 보릿고개와 함께 고리사채에서 벗어나지 못하고 신음하고 있었고, 농민들의 가장 시급히 해결해야 할 문제는 고리채였던 것이다. 이를 파악한 군사정부는 1961년 5월 25일 농어촌 고리채 정리를 단행했다.

그러나 이러한 노력은 고리사채로부터 농민을 탈출시켜 자립의지를 높인다는 취지는 좋았으나 탁상공론에 그치고 말았다. 정부가 농어민을 대신하여 고리채를 정리하고 농민에게는 영농자금을 공급해 다시 고리사채에 의존하지 않도록 하는 데 실패한 것이다.[4]

즉, 농가가 떠안은 사채 규모가 너무 커서 정부가 대신 해결하려 해도 재정 형편이 어려워 감당할 수 없었다. 그렇다고 농협 등 금융기관을 동원해 장기 저리융자로 고리채를 해결할 만한 형편도 아니었다. 결국 농어촌 고리사채 문제는 해결책을 찾지 못한 채 중단됐고, 다시 고리사채에 의존하는 농민들이 늘기 시작했다.

곧이어 군사정부는 1961년 6월 11일 '복지국가를 이룩하기 위해 전 국민이 민주

---

4 농어촌 고리채 정리는 국가재건최고회의령으로 '농어촌 고리채 정리령'이 공포되어 시작되었다.

① 고리채 신고: 1961년 5월 25일 이전에 빌려 쓴 연리 20% 이상의 부채 채권자 또는 채무자는 이러한 고리채를 고리채정리위원회에 신고한다.

② 농협의 대위변제: 신고된 고리채는 농협이 대위변제한다. 농협은 채권자에게 농협금융채권을 발행하고 채무자는 농협에 채무를 상환토록 조치한다. 농협금융채권은 연 20%, 1년 거치, 4년 분할상환(액면 1천 환 이하는 1년 내 상환)한다. 채무자는 농협이 대위변제한 채무를 연 12%, 5년 이내 상환 기간에 농협에 균등 분할상환한다.

• 고리채 신고 실적: 537억 환
• 고리채 판정: 296억 환
• 고리채 대위변제 규모: 237억 환

| 전남 한해 현장(1968)
전남에 불어닥친 한해는 새마을 운동 점화의 효시가 되었다.

주의 이념 아래 협동 단결하고 자립·자조정신으로 향토를 개발하며, 새로운 생활 체제를 확립하자'는 취지를 밝히며 「재건국민운동에 관한 법률」을 제정 및 공포했다. 수천 년간 숙명적 체념과 실의에 빠져 있는 농어촌을 자조·자립정신으로 무장시켜 일으켜 세우자며 국민 정신개조 운동인 재건국민운동[5]을 제창했다.

그러나 농어촌 고리사채 대책이 그랬듯 군사정부의 치밀하지 못하고 의욕만 앞섰던 재건국민운동도 성과 없이 끝났다. 정부가 물자나 자금 지원 없이 자조·자립정신만 강조하는 정신개조 운동은 한낱 구호성 캠페인에 그칠 수밖에 없었다.

한편, 1960년대에는 농촌 농업의 기반시설 투자가 서서히 시작된다. 쌀과 보리 생산에 의한 소득이 농가 수입의 주종을 이루던 시기여서 농토의 지력 향상, 농업용수 개발, 한해 및 수해 대비책 등은 농업 발전의 기본이었다. 이러한 상황에서 군사정부는 1960년대 초부터 농촌 근대화의 주요 사업으로 농토의 지력 향상과 농업용수 개발, 경지정리, 농업 기계화 등의 기반 조성과 생산성 향상을 위해 나름의 투자를 했지만 상대적으로 미흡했다. 재정이 어렵기도 했고 정부가 내세운 '선(先) 공업화 후(後) 농촌 발전 정책'으로 농업부문 투자가 미뤄졌던 탓이다.

●
5 군사정부는 민심 수습을 위해 농어촌 고리채 정리를 단행한 데 이어, 「재건국민운동에 관한 법률」을 제정 공포했다. "농어민을 자립 자조정신으로 자각 분기시켜 농어촌을 구제한다"는 명분을 내세워 국민 정신개조 운동을 벌였다.

1960년대 후반 농업정책의 성과

1960년대 후반기는 우리나라 농촌이 근대화되는 데 중대한 갈림길 역할을 했다고 볼 수 있다. 정부가 농촌과 농민에 대한 투자에 눈을 돌려 본격적인 투자에 시동을 건 시기이기 때문이다. 군사정부는 그간 공업화와 함께 농업부문 투자도 시도했으나, 산업부문에 비해 상대적으로 미약했고 효과도 나타나지 않았다. 특히 야심적으로 추진한 농어촌 고리사채 대책과 재건국민운동이 실패로 끝나면서 도농 간 격차가 날로 확대되었고, 도시로의 인구 이동 및 상대적 박탈감에 따른 농어촌의 불만이 고조되어 정치적으로 큰 부담이 되었다.

그 와중에도 그간 정부가 꾸준히 추진한 농업정책이 서서히 성과를 보이기 시작한다. 예컨대, 농어촌개발공사를 설립하여 농촌 대책을 체계적으로 추진하는 한편 상업농(商業農)으로의 전환을 유도한 것과, 품목별 주산지 계획을 수립하여 쌀·보리 등 주곡 생산 위주의 영농을 돈이 되는 새로운 작물 재배로 다양화하여 농가 소득을 높이려고 시도한 것을 들 수 있다. 이런 정책들은 비록 한정적이긴 했지만 소기의 성과를 거두기도 했다.

특히 1967년경부터 본격적으로 표방하고 추진한 농공병진 정책으로 농어촌은 차츰 활기를 띠기 시작한다. 대통령이 직접 챙기는 농어민 소득증대 특별사업 등의 정책이 가시적 성과를 거두는 시기이기도 하다. 정부의 적극적 개입과 앞서가는 농민의 열성이 만들어내는 시너지 효과를 농민이 자각하기 시작했고 정부 또한 자신감을 갖게 되는 계기를 맞는다.

1960년대 후반은 우리 농촌, 아니 우리나라 경제사에서 획기적인 성과가 나타난 시기였다. 1960년대 초부터 꾸준히 추진한 다수확 벼 품종의 개발이 성공적으로 이루어짐으로써 꿈에 그리던 쌀 자급자족 시대가 개막된 것이다. 기적의 볍씨라는 별칭을 얻은 '통일벼' 육종에 성공한 것은 1969년. 그리고 이 품종이 농가에 보급되어 재배되기 시작한 것은 1972년이다. 이로써 주곡자립(主穀自立)이 달성되어 녹색혁명의 깃발을 높이는 개가를 올렸다. 농가 보급이 시작되고 5년여가 지난 1976년 통일벼 재배 면적은 전체 논의 절반 가까이에 이르러 쌀 증산과 자급을 이루게 된다.

1970년대의 농정

경제개발 계획의 성공과 대규모 농업투자의 시작

'제1차 경제개발 5개년 계획'(1962~1966년) 기간 중 공업 분야에서는 수출 우선 정책이 대대적으로 추진되면서 섬유를 비롯한 경공업의 발전이 두드러졌다. 이 시기 농업부문은 증산과 생산 과정의 근대화에 초점을 맞춰 추진되었다. '제2차 경제개발 5개년 계획'(1967~1971년) 기간에는 산업부문의 급속한 발전과 함께 농업 분야 투자를 활성화하는 농공병진 정책을 표방해 본격적인 농촌 투자에 나선다. 두 차례의 경제개발 계획 기간 중 공산품 수출이 급속도로 증가해 한국 경제가 농업국에서 수출 주도의 공업국으로 바뀌기 시작했음은 그간의 통계가 보여준다.

1960년 3천 3백만 달러이던 수출 규모가 1964년에는 1억 1천 9백만 달러로 1억 달러 시대에 진입한 데 이어, 1971년에는 10억 달러, 1977년에는 1백억 달러를 넘어섰다. 비약적인 수출 증가세가 이어지면서 박정희 정부의 경제정책은 탄력을 받았다. 경제개발 계획의 성공적 추진으로 투자 여력이 생긴 정부는 농공병진 정책을 펼 수 있는 여유를 갖게 되었다. 농촌에 대한 투자를 대대적으로 확대할 수밖에 없었던 다른 정치·사회적 요인도 적지 않게 작용했음은 물론이다.

수출 지상주의의 공업 우선정책에 따른 농촌, 농민의 소외는 도농 간의 소득과 생활 여건의 격차를 더욱 벌려 놓았고, 필연적으로 농민의 불만이 높아지는 상황을 초래했다. 농촌을 버리고 도시로 떠나는 이농(離農) 인구가 급증해 농촌 공동화(空洞化) 현상이 빚어지기도 했다. 농업에 종사하던 과잉인력이 도시 산업인력으로 이동하는 것은 개발도상국 발전 과정에서 항상 있는 현상으로 정책의 실패라고 할 수는 없다. 그러나 이농의 급증과 농촌 공동화 등의 현상은 정치적으로 부담을 주게 된다.

새마을 운동 전개와 성공적 추진

1960년대를 지나면서 비록 소규모였지만 농지 개량, 영농 기계화, 경지정리를 비롯하여 한해대책, 수자원 개발 등 농업 분야 인프라는 상당 수준 개선되었다. 공업화와 수출 증대로 재정적 여유를 갖게 된 정부가 농촌 투자에 본격적으로 나선 시기였고, 이것이 새마을 운동으로 연결되면서 농촌은 근대화로의 전환기에 접어든다.

또한 쌀 자급자족을 비롯한 녹색혁명이 착착 진행되었고, 농어민 소득증대 특별사업이 농촌 곳곳에서 가시적 성과를 보였다. 절망의 늪에서 헤어나지 못했던 농촌이 기지개를 켜기 시작했으며, 성공한 농민이 혜성같이 나타나 새마을 운동에 불을 지폈다. 1960년대가 우리 농촌이 근대화되기 위한 준비 기간이었다면, 1970년대에는 정부와 농민이 힘을 합쳐 농촌 근대화를 향한 발걸음을 빨리하였고 여기서 새마을 운동이 한 축을 담당하였다.

제 2 장

공업화 그리고 농공병진
1960년대의 농정

소규모 농업투자, 시행착오와 교훈

1960년대는 농촌의 근대화 과정에서 준비 기간이라고 할 수 있다. 특히 1960년대 전반기는 공업화에 밀려 농촌 발전이 뒤로 미뤄진 시기였다. 농촌의 중요성을 경시한 것은 아니었지만, 투자 여력이 없었기 때문에 박정희 정부는 '선 공업화·후 농업 발전' 전략을 채택했다. 따라서 농촌과 농민에 대한 투자는 소규모에 그쳤고 당장 시급한 기반시설 투자에 주력하였다.

앞에서 살펴보았듯이 군사정부 초기에 실시한 농가(農家) 고리사채 정리 및 재건국민운동은 실패로 돌아갔지만, 농업구조의 개선에 노력한 흔적은 보인다. 1962년에 농촌진흥청을 설립해 농업과 농촌 문제를 전담케 하였으며, 「개간촉진법」을 제정하고 '농업구조조정개선 심의위원회'와 같은 정부조직을 만들어 체계적인 구조개선을 추진하였다.

'제1차 경제개발 5개년 계획' 기간 중 정부의 농업 분야 정책의 목표는 농산물 증산과 생산 과정의 근대화였다. 당시 농업의 근간이던 벼의 재배는 물을 많이 필요로 하기 때문에 가뭄에 대비한 한해대책과 함께 수자원 개발이 긴요했다. '가뭄 없는 농토', '전천후 농업'을 위해 주력한 것이다.

31

| 1970년대 기계화된 농촌의 모습
영농의 기계화는 인력난 해소와 생산성 향상에 큰 기여를 했다.
사진은 트랙터를 활용해 농사를 짓는 모습이다.

　이 시기 평야 지대의 논에는 소규모 저수지를 만들고, 경사진 논이나 천수답(天水畓)에는 관정(管井)을 파고 지하수를 끌어올리는 방법으로 물을 공급해 농사를 짓도록 했다. 당시만 해도 굴착기계가 많지 않아 인력으로 깊이 7~8m 가량의 관정을 파야 했다.

　이러한 노력으로 수리(水利) 안전답의 비율은 1961년 55%에서 1969년에는 75%까지 높아져 가뭄에 대응할 수 있었다. 1960~1980년 기간 중 전국에서 판 관정의 총수는 약 15만 개소로 추산된다. 한 면당 평균 1백여 군데의 관정이 만들어진 것이다. 1970년대에 들어와서는 성능이 좋은 관정 굴착기계가 대량으로 도입되어 농촌에 투입되면서 가뭄 피해가 급격히 줄었다. 자주 겪어오던 극심한 가뭄으로 인한 벼농사 피해에서 벗어나자 농민들은 한시름 놓게 된다.

　공업화로 이농이 증가하면서 1970년대에 들어 농촌에서는 인력부족 현상이 심각해진다. 이 시기 정부는 경지정리와 농업 기계화를 강력히 추진하기 시작한다. 경운기에서부터 농약을 뿌리는 분무기, 양수기, 탈곡기, 이앙기, 트랙터 등이 대량으로 보급되었다. 이후 공업화가 진전되면서 각종 농기계의 국산화에 성공함으로써 영농의 기계화를 앞당기는 동시에 농촌 인력부족 현상을 어느 정도 해소하는 데 도움이 되었다. 아울러 농업의 1인당 생산성을 높임으로써 도농 간 소득격차를 좁히는 효과도 거두게 된다.

농공병진 정책의 본격 추진,
상업영농 시대 개막

1960년대 중반까지 농업 생산의 기반이 어느 정도 갖춰지고, 1960년대 중반을 지나 후반기에는 전과 비교할 수 없을 만큼 대규모 농업부문 투자가 이루어진다. 그리고 투자 확대와 함께 농촌에는 엄청난 변화가 나타나기 시작한다.

우선 영농구조가 쌀, 보리 등 주곡 생산 위주의 생계형 농업에서 수입을 늘리는 상업영농으로 전환되었다. 농가의 재배 작물이 다양해지고 비닐하우스가 보급되기 시작하면서 이른바 은색혁명, 비닐혁명이 이뤄진 것이다.

또한 1960년대 중반부터 본격 추진되기 시작한 한강, 금강, 영산강, 낙동강 등 4대강 유역에 대한 용수 활용계획과 종합개발 사업이 1970년대 초에 들어서면서 가시적 효과를 보게 된다. 이처럼 대대적인 농업용수(農業用水) 개발계획이 성공적으로 추진되자 1967년 58%에 머물렀던 수리안전답의 비율이 1971년에는 81%로 높아지고 1980년대 초에 가면 87%를 넘어선다.

농업 기반시설이 획기적으로 개선되고 주곡인 쌀의 자급자족 기반이 마련되는 가운데 정부는 본격적인 상업농 체제로의 전환을 꾀한다. 1967년 정부는 농어촌개발공사를 설립하여 농업정책을 체계적이고 과학적으로 바꾸어 나간다.

그 일환으로 추진한 정책이 농산물 주산지 계획이고, 이것이 나아가 농어민 소득증대 특별사업으로 이어진다. 박 대통령의 지대한 관심 속에 추진된 농어민 소득증대 특별사업은 수많은 시행착오에도 불구하고 획기적인 성과를 거두었고 곧 새마을 운동으로 이어진다. 즉, 농어민 소득증대 특별사업은 새마을 운동의 서곡을 알리는 신호였던 것이다. 제4장에서 소개하겠지만 농어민 소득증대 특별사업 성공사례의 발표를 통해 수많은 농민들이 성공의 주인공으로 등장했고 이들의 경험과 교훈이 새마을 운동을 전개하는 데 지대한 역할을 했음을 알 수 있다.

농어민 소득증대 특별사업과 새마을 운동

1967년 실시된 대통령선거에서는 도농 격차 문제가 큰 이슈로 대두되었다. 야당 측에서는 이 격차를 해소하는 방안의 하나로 쌀값을 높여야 한다는 고미가(高米價) 정책과 비료 가격의 반감(半減)을 들고 나왔다. 그러나 당시의 재정 형편상 수용하기 힘들다고 판단한 박정희 정부의 선택은 본격적인 농공병진 정책이었다. 고미가를 요구하는 정치적 압력에 당면한 박 대통령은 쌀 이외의 다른 작물을 개발함으로써 농가가 소득을 올릴 수 있도록 대책을 수립한다. 이 사업이 바로 1968년부터 시작된 '농어민 소득증대 특별사업'(이하 농특사업)이었다.

이 농특(農特) 사업의 주된 방향은 주곡 생산 위주의 전통적인 농업 생산구조를 탈피하여 공업용 원료나 수출 품목, 국민들의 소득증대로 수요가 늘어나는 농산물을 생산토록 하여 농가 소득을 높이자는 것이었다. 말하자면 고전적이고 생계형이던 영농구조를 상업영농화하자는 내용이 정책의 골자였다.

농특사업의 초기 사업계획을 수립하고 추진하는 데 농림부의 과장, 국장 등 실무 책임자로 일했던 고병우 전 건설부 장관이 회고하는 이 사업의 개요는 다음과 같다.

농특사업 계획은 1968~1971년간 4개년 계획 사업으로 작성했다. 전 국토의 90% 이상이 산지와 농지이며, 국민의 80% 이상이 농어민인 당시에 농촌 발전계획을 만든다는 것은 참으로 엄두를 내기가 쉽지 않았다. 그러나 박 대통령을 비롯한 정부는 한국의 농어민들이 미맥(쌀, 보리) 농업에만 얽매여 무기력하고 나태한 영농생활을 하는 현실을 타파하고, 돈을 버는 영농을 하도록 개혁하기 위해서는 노력한 만큼 돈이 생기는 현금 작목(作木)을 권장하는 것이 지름길이라 판단했다.

이러한 판단 위에서 작성된 농특사업 계획은 누에를 길러 비단을 만드는 잠업, 포도·사과·감귤 같은 과수, 겨울에 재배하는 비닐하우스 채소와 양송이·아스파라거스·호프·락교 등의 원예작물, 개량감귤·후지사과 등 과수(果樹), 한우 육성·비육우 등 축산업, 대나무·밤나무 등 임산물 재배, 송어·

| 권농일 행사 (1966. 6. 10)
김보현 전남 도지사(오른쪽)가 권농일에
농민들과 함께 모심기를 하고 있다.

김·백합·굴 연승식(延繩式) 양식 등 수산물 양식에 이르기까지 34개의 다양한 농수산물을 망라했다. 경제성이 있고 시장성이 있으면 이를 선정하고, 주산지별로 47개의 농특사업 단지를 정해 집단재배를 하는 특수 농법을 채택했다.

농특사업의 구상은 박 대통령이 1967년 연두교서에서 농공병진 정책을 천명함으로써 시작되었다. 박 대통령은 연두교서에서 농촌 시책의 기본 방향을 획기적인 농공병진과 농어민 소득증대에 두고 이 분야의 사업을 추진하겠다고 밝혔다. 이어 박 대통령은 1968년 6월 10일 권농일 행사에서 "식량이 부족하므로 식량증산 노력도 계속해야 하지만, 수익성 높은 여러 가지 경제작물이나 특용작물 재배 또는 축산업을 해서 농가 소득을 올려야 한다"고 강조했다.

1968년부터 1971년까지 추진된 제1차 농특사업의 결과를 살펴보면, 기술적 측면과 수요의 판단 측면에서 많은 문제점을 드러내며 실패하기도 했고 시행착오도 적지 않았다. 특히 앙고라토끼의 증식, 송어 양식, 아스파라거스·호프·락교 단지 등은 철저히 준비하지 못한 탓에 많은 농민들에게 피해를 입히는 결과를 초래하였다.

그러나 한편으로는 큰 성과를 거둔 사업도 많았다. 비닐하우스 채소 재배는 이후 우리나라 농가의 비닐혁명을 이끈 혁신적인 영농기법으로 자리 잡았고, 양잠·양송이·과일·담배 재배 등은 농가 소득을 올리는 데 크게 기여했다. 1971년의 경우 이 같은 농특사업에 참여한 농가의 가구당 소득은 참여하지 않은 일반 농가의 소득에 비해 13.2%나 높은 것으로 나타났다. 이 기간 중 농수산물 수출도 사업 시행 전에 비해 2.5배로 늘었다.

이 같은 성과에 힘입어 정부는 1972~1976년까지 '제2차 농특사업'을 벌인다. 제1차 사업의 결과를 지켜본 농가의 참여도 대폭 늘어나 참여 농가 수가 제1차 사업 기간에 41만 농가이던 것이 제2차 사업 기간에는 무려 75만 농가로 급증한다. 그리고 제3차 연도인 1974년부터 이 사업은 새마을 운동으로 추진된 소득증대 사업과 통합되어 명칭도 '새마을 소득증대 특별사업'으로 바꾸고 새마을 운동의 일환으로 추진된다.

고병우 전 장관의 회고 (인터뷰)

잠자는 농촌을 움직이다

우리 농촌이 깊은 잠에서 막 깨어나 기지개를 켜려던 시점에 농정 공무원으로 젊음을 보낸 고병우 전 장관의 회고이다. 고 전 장관은 대학을 졸업한 뒤 잠시 강단에 섰으나, 5·16 군사혁명 직후 군사정부가 만든 국민경제연구회에 참여하면서 공직에 들어선다. 이어 군사정부의 민정이양 이후 설립된 경제과학심의회의로 자리를 옮겼고, 다시 농림부로 배속되어 농정 공무원의 길을 걷는다.

그는 새마을 운동이 점화되기 직전인 1966년 경제과학심의회의에서 농림부로 발령을 받아 청와대 대통령 경제비서관으로 자리를 옮기기 전인 1973년까지 과장, 국장으로 근무하면서 핵심 농업정책을 입안하고 추진했다. 특히 박 대통령의 특명을 받아 농어촌개발공사 설립을 주도했고, 제1차와 제2차 농특사업 계획을 세우는 데 산파역을 맡았다.

1967년 농공병진 정책 표방을 전후하여 정부는 적극적인 농촌 투자와 개발을 추진한다. 1968~1971년에 실시된 제1차 농특사업이 성공적으로 진행되고, 이어 1972년부터 시작된 제2차 농특사업은 새마을 운동과 함께 실시되면서 시너지 효과를 보이는 등 농촌에 일대 변혁을 가져온다.

마을별로 주산단지가 조성되어 특화된 작물을 재배하고, 비닐하우스 영농 방식이 도입되어 농촌에 이른바 '은색혁명'이 이뤄진다. 먹고살기에 바쁜 농업에서 돈을 버는 상업영농으로의 변화가 일어나는 시기였다.

이럴 즈음에 고병우 전 장관은 농림부에서 과장, 국장으로 일하며 그의 회고처럼 잠자는 농촌을 움직이게 했다. 물론 그는 농촌을 오랜 잠에서 혼자 깨어나게 했다고 생각하는 것은 아니다. 국가 최고지도자를 중심으로 농특사업을 추진하고 새마을 운동을 추진하는 시기에 자신이 실무 책임자로서 일했다는 것에 대해 보람을 느끼고 자랑스럽다는 표현일 것이다.

권순직   대학에서 강의하시다가 공직으로 옮긴 곳이 국민경제연구회입니다. 군사정부 초기에 만들어진 기구이죠?

고병우   5·16 군사혁명을 성공시킨 뒤 얼마 되지 않아 박정희 장군이 한국은행 금융통화운영위원회를 찾아갑니다. 금통위원들을 만난 박 장군은 "저희가 군에만 있었기 때문에 경제를 잘 모릅니다. 선생님들께서 지도해 주십시오"라며 간곡히 협조를 요청했다더군요. 그 자리에 있던 금통위원 중 가장 젊은 박동묘 당시 서울 상대 교수가 '한국 경제는 이런 상태고 이런 어려움이 있다'는 식으로 건의하자, 박 장군은 맘에 들었던지 그 자리에서 "당신이 내 경제 선생이 되어 주시오"라고 해서 인연이 맺어집니다.

군사정부의 실질적인 통치기구인 국가재건최고회의 의장 고문으로 법률 쪽은 신직수 씨, 경제 쪽은 박동묘 씨가 발탁되고, 박 교수는 박 의장의 권유로 국민경제연구회를 만듭니다. 회장은 금통위원 중 나이가 가장 많은 홍성하 씨가 맡았고, 위원으로는 신태환 서울대 교수, 성창환 고려대 교수, 이정환 연세대 교수 등 저명한 경제학 교수들이 다수 참여했습니다. 상임위원으로는 1차 산업 분과는 박동묘 교수, 2차 산업 분과는 정영기 전 부흥부 차관, 3차 재정 분과는 김정렴 당시 재무부 차관이 맡았습니다.

이렇게 연구회 조직이 만들어지면서 학교 은사인 박동묘 선생의 권유로 제가 국민경제연구회 전문위원으로 참여하게 됐어요. 연구회는 2년 정도 운영되었는데 그때 우리나라 경제 상황은 물가안정이 가장 중요한 과제였고, 외래품 밀수가 성행하던 경제 혼란기였죠. 그래서 물가를 안정시키고 외화를 절약하는 방안을 짜내느라 바빴습니다. 1주일에 한 건씩 건의서를 작성할 정도로 일이 많았어요.

권순직   그러다가 경제과학심의회의가 만들어지죠.

고병우   군사정부가 1963년에 민정이양을 하는데 최고회의 체제가 없어지면서 헌법을 제정해야 하는 시기에 박정희 의장의 지시로 대통령 경제자문기구를 만듭니다. 이것이 '경제과학심의회의'인데 미국의 제도를 본떠 정리했어요. 경제과학심의회의 조직은 헌법조항에 넣어 헌법기관으로 출범합니다. 민정이양과 새 헌법 시행으로 국민경제연구회는 자동으로 없어지고, 연구회가 모체가 되어서 경제과학심의회의가 발족됐습니다.

박 대통령은 경제과학심의회의를 대단히 중요하게 생각했던 것 같아요. 위원들의 면면을 보면 짐작할 만합니다. 종합계획 부문에 신태환 서울대 교수, 농림 담당에 박동묘 교수, 상공정책 담당에 신현확 전 부흥부 장관, 재정 담당에 이정환 연세대 교수, 과학 담당에 최규남 교수 등….

이 기구를 만들면서 박 대통령은 신현확 전 부흥부 장관을 모셔오는 데 공을 들입니다. 신 전 장관은 자유당 정부 마지막 장관인데 민주당 정권이 들어서면서 구속되었던 겁니다. 그런데 박 대통령이 자신과 고향이 가까운 데다 유능한 분이라는 얘기를 듣고 석방시켜 경제과학심의회의 위원으로 중용해요.

제가 당시 상공정책 부문에서 일했기 때문에 신현확 위원을 보좌하면서 종합에너지 수급계획을 만드는 등 큰일을 할 기회를 가졌습니다. 그 인연을 계기로 저는 공직생활 내내 신현확 전 국무총리를 저의 스승으로 모시는 영광을 얻기도 합니다.

권순직　이제 농정 공무원으로 자리를 옮깁니다.

고병우　박동묘 위원이 농림부 장관으로 입각하면서 저를 데리고 갔어요. 저는 경제과학심의회의 상공 분과 소속으로 신현확 위원 밑에 있었는데, 박 위원이 저를 불러 농림부로 가자고 합디다. 그래서 신 위원에게 "농림부 장관이 오라는데 어떻게 해야 할까요?"라고 상의했더니 "그러면 빨리 가거라. 심의회 일은 행정이 아니다. 부처에 가서 일해야 행정이 되는 것이다"라고 말씀하시더군요.

그렇게 해서 농림부로 갔는데 박 장관이 저에게 농업통계과장을 시키는 겁니다. 별로 중요하지 않은 한직입니다. 제가 농업에 대해 아무것도 모르니까 일을 배우라는 배려였겠죠. 그런데 박 장관이 3개월쯤 뒤에 장관직을 그만두시는 겁니다. 후임으로 김영준 차관이 임명돼요. 그분 차관 시절 저는 일을 잘 모른다고 야단을 많이 맞은 터여서 '이제 큰일 났구나!' 하고 걱정이 태산이었어요.

며칠 뒤 신임 장관이 저를 불러요. '올 게 왔구나. 어디로 좌천시키려나' 하고 장관실에 갔더니 의외로 친절하게 대하시면서 "고 과장, 조금 전에 대통령 뵙고 오는 길인데 농어촌개발공사를 만들라고 하신다. 당신이 맡아서 설립 계획을 작성해 보시오" 이러는 거예요. 대통령 특명으로 만들어지는 '농어촌개발공사'(이하 농개공) 설립 실무책임을 맡는 행운을 만납니다.

농어촌개발공사 설립 특명을 받다

권순직 대통령이 지대한 관심을 갖고 직접 지시한 농개공(農開公) 설립 실무책임을 왜 농업통계과장에게 맡겼을까요. 다른 쟁쟁한 농정 공무원들이 많았을 텐데 ···.

고병우 저도 뜻밖이었죠. 당연히 농업경제과장이 할 일인데 ···. 곰곰이 생각해 보니 당시 농림부에는 농과대학 출신이 대부분이었고 저만 상과대학 출신이었거든요. 거기에다 경제과학심의회의에서 상공정책 담당관을 맡았던 경력이 있었으니 적격이라고 생각한 것 같아요. 농개공 설립작업은 공업정책을 좀 아는 사람이 하는 게 좋겠다는 판단이었겠죠.

중책을 맡긴 맡았는데 사실 그때 저는 농업을 잘 몰랐어요. 토요일에 지시를 받고 하루 종일 고민하다가 농협에 다니는 후배 생각이 났어요. 아주 우수한 친구인데 그 친구와 주말을 함께 지내며 머리를 맞대고 아이디어를 짜내느라 고심했지요. 우리는 우선 이렇게 시작했어요.

'왜 대통령이 농개공을 만들라고 했을까. 농림부 입장이 아니라 대통령 머릿속에 한번 들어갔다 나와 보자.'

그렇게 해서 박 대통령의 의중을 우리 나름대로 정리한 것이 '한국 경제, 한국 농촌 어찌해야 하나?'였습니다. 이를 토대로 차트 15장 분량의 농개공 설립방안 원고를 밤새워 만들었죠. 다음날 아침에 정리해서 장관에게 보고할 생각으로 이면지에 그냥 작성했습니다.

월요일에 출근하자마자 장관께서 불러 "엊그제 지시한 농개공 설립안 만들어 봤느냐?"고 물어요. 호주머니에 원고가 있긴 했으나 장관께 보이기가 뭣해서 정서해서 보고하겠다고 말했더니 우선 생각해 본 대로 말하라는 겁니다. 제 주머니 속에 들어 있던 원고 종이가 꾸깃꾸깃한 상태여서 그야말로 배추장사 원고였어요. 그런데 김영준 장관은 설명을 듣자마자 마음에 들었는지 당장 정리해서 대통령에게 보고드리자는 거예요. 부랴부랴 차트사를 불러 브리핑 차트를 작성하고 청와대에 보고 스케줄을 잡아 그날로 박 대통령 집무실에 가서 직접 보고드렸어요.

권순직 고 장관님과 박정희 대통령의 첫 대면이죠. 농개공 설립방안을 보고받은 대통령의 반응은 어땠습니까?

고병우 대통령 집무실에 들어서자 김 장관이 저를 소개하면서 직접 보고드리라는 겁니다. 비록 짧은 기간에 만들었지만 제가 직접 구상했기 때문에 자신 있게 브리핑을 했죠. 박 대통령은 별 지적을 하지 않고 "내용 좋구먼. 그대로 만들어 봐"라고 간단히 말씀하시는 거예요.

"그런 방침으로 빨리만 만들면 되겠어. 가급적 조속히 설립해 보라고."

이게 1967년 7월입니다. 곧바로 농개공 설립준비위원회를 만들어 정기국회에서 법을 통과시키고 시행령을 만든 그해 12월에 발족시켰어요. 그런 큰 회사를 속전속결(速戰速決)로 만들었습니다. 제가 그날 대통령에게 보고한 농개공 설립 취지의 요점은 이렇습니다.

한국 국민경제가 지금 '제1차 경제개발 5개년 계획'을 추진하여 성장률도 높아지고 국가 전체가 활발하게 움직이는데 농촌만이 여기에 따라갈 수 없는 상태이다. 농촌이 따라가게 하려면 농민들이 같이 움직이도록 해야 한다.

우리 농촌의 농업 인구는 전체 인구의 80%에 가깝다. 그러려면 농촌에 농산물을 가공하는 공장을 많이 세워야 한다. 그 공장에 농민들이 종업원으로 취업하여 일도 하고 농산물 원료도 납품토록 하면 농민들에게 돈이 돌아가지 않겠는가. 그것이 농촌을 움직이게 하는 방법이 될 것이다.

5천 년 잠든 농촌을 깨워 한국 농촌의 근대화 혁명을 꼭 이루고 싶었던 박 대통령의 철학을 제가 알고 보고서를 만든 것은 아닌데, 대통령은 아주 흡족해하신 거죠. 그러니까 별다른 코멘트 없이 그저 "빨리 만들라"고만 하신 것 같아요.

권순직 농개공이 만들어지기 직전엔 농업 주산지(主産地) 계획이 추진되었지요. 그러다가 신설된 농개공과 주산지 계획 정책이 연계되어 추진됨으로써 시너지 효과를 냅니다.

고병우 당시 주요 농업정책으로 주산지 계획을 추진했는데 별 성과를 보지 못하는 실정이었어요. 이때 제가 농업통계과장에서 농업경제과장으로 보직을 옮겼습니다. 농개공 설립 준비를 깔끔하게 한 덕분인 것 같아요. 이때 주산지 계획에 매달려 있던 부하직원들이 새로 온 저에게 주산지 사업과 농개공을 연계하여 정책을 만들자는 아이디어를 주었어요.

전국에는 주산지가 40~50군데가 있는데 주산지를 농개공 산하 공장과 연결시켜 주산지 농산물을 공장에 팔도록 하자, 그러면 공장은 원료를 안정적으로 확보하고 농민들은 생산한 농산물을 좋은 값에 팔아 소득을 올릴 수 있지 않을까 하는 내용이 골자였습니다.

주산지라는 용어는 그동안 너무 많이 사용한 데다 성과도 적어 별 호응도 없고 식상해진 상태여서 제가 직접 정책의 이름을 지었어요. 주산지 어쩌고가 아니고 '농민 소득증대 사업계획'이라 작명하고 장관에게 "특별보고를 드리겠다"고 했더니 농개공 작업도 성공적으로 마친 터라 좋게 보셨는지 허락하더군요. 설명을 들은 김 장관은 내용에 만족해 당장 대통령께 보고하자는 겁니다.

"공장을 농촌에 지어도 주변 지역의 농민과 연관되지 않으면 별 호응이 없습니다. 그러니 공장 주변에 농산물 주산지를 조성해서 원료 공급원으로 만들고, 거기에 사람이 모이면 종업원으로 고용하고 해서 주산지와 공장을 밀접히 연결시켜야 할 것입니다."

이런 요지로 보고를 마치자 대통령은 공장을 지으면 자연히 원료는 따라올 것으로 생각했다며 즉석에서 "그것 좋다. 고 과장 거기 앉으라고 …" 하시면서 5가지 중요한 지시를 합니다. 이 5가지 지시사항에는 농촌과 농민을 움직이는 박 대통령의 철학과 요령이 담겨 있어요.

첫 번째는 이 사업은 농림부 돈만으로는 힘드니 전 부처가 협력해서 큰 계획으로 만들라는 것입니다. 그래서 '농어민 소득증대 특별사업 지원협의회'가 만들어지고 그 협의회 의장은 정일권 국무총리가 맡도록 합니다. 우리는 사업을 하나 추진하려고 계획을 수립했는데 대통령은 더 큰 그림을 그리고 전국을 움직이려면 어떻게 할 것인지 생각한 겁니다. 이것이 첫 번째 지시사항입니다.

두 번째 지시사항은 왜 농민만 하느냐, 어민도 똑같이 제1차 산업 분야로 어렵게 사는데 농민과 어민을 합하라는 것입니다. 그렇게 해서 사업 명칭이 당초 '농민 소득증대 사업'에서 '농어민 소득증대 사업'으로 즉석에서 바뀝니다.

세 번째는 그냥 소득증대 사업이라고 하면 국민들의 관심이 낮을 수 있으니 특별사업 계획이라고 '특별'을 붙이라는 것입니다. 그렇게 해서 명칭이 '농어민 소득증대 특별사업'으로 최종 확정되었어요. 대통령은 또 이 사업이 단지농업 중심이니까 지구별로 코드넘버를 붙여 운영하자고 제의하셨어요. 총 51개 지구에 단지가 만들어지는데, 제1지구(특1)가 여주·이천 사업단지고, 제2지구는 평택·안성 낙농단지, 이런 식으로 이름을 붙여 관리했습니다.

이차보전 아이디어에 이 양반이 육사 경제학과를 나왔나?

권순직 4번째와 5번째 지시를 받고 고 장관께서 깜짝 놀라셨다고요?

고병우 4번째 지시를 받은 나는 "이 양반이 육군사관학교 경제학과를 나오셨나?"라는 생각이 들 정도로 경탄하지 않을 수 없었습니다. 농업 관련 사업에서 자금 융자는 주로 농협이 담당했는데, 대통령은 "농협 자금을 여기에만 다 쓸 수 없지 않느냐. 다른 분야도 자금이 필요한데…" 하시면서 시중 은행의 자금을 얻어 쓸 방안을 강구하라는 겁니다.

시중 은행의 융자 이자율은 농협보다 높아 농민 부담이 큰 것이 문제라고 말했

| 권순직 전 동아일보 논설위원

더니 글쎄 대통령이 기발한 아이디어를 내놓는 거예요. "농협과 시중 은행 간의 금리 차이를 보전(補塡)해 주면 될 게 아닌가. 내무부 예산에 잡혀 있는 특별교부금을 활용해서 이차(利差)를 보전하면 된다"는 발상입니다. '이차보전에 의한 시중은행 자금 활용방안'이란 아이디어에 모두 놀라지 않을 수 없었어요. 상과대학 출신 정책가도 생각하기 어려운 발상 아닙니까.

5번째 지시사항이 또 대단히 중요한 의미를 갖습니다. 우리가 보고한 내용에는 사업별로 '국고지원 얼마, 지방비 얼마, 농협 융자 얼마', 이런 식인데 대통령은 "이래선 안 된다. 참여 농민이 사업비의 20% 정도는 부담토록 하자. 돈이 정 없으면 전 가족이 공장이나 주산지 사업장에서 품팔이를 해서라도 부담토록 하자. 자기 것이 들어가야 죽기 살기로 참여해서 성공시키지, 공짜 돈만 지원하면 성공할 수 없다"고 강조해요.

사업에 자기 부담을 시켜 참여를 이끄는 발상은 후에 새마을 운동을 추진하면서 적용되는 방식입니다. '농민에게 거저 주기만 해선 안 된다. 하늘만 바라봐선 안 된다. 스스로 돕는 자를 도와야 한다', 그런 구상입니다. 박 대통령은 농민을 움직이게 하는 방법과 요령을 알았던 겁니다.

권순직 이제 본격적으로 농특사업을 추진하죠?

고병우 '제1차 경제개발 5개년 계획'이 1966년에 끝났는데, 당초 예상보다 성공적이었어요. 연평균 성장 목표가 7%였는데 실적은 8%를 넘었습니다. 경제개발 계획의 성과가 예상을 초월해 좋게 나타나자 자신감이 생긴 박 대통령은 이제 농촌에도 투자해야겠다고 생각합니다. 공업도 발전시켜야 하지만 농업도 살려야 한다는 생각으로 박 대통령은 1967년 연두교서에서 농공병진 정책을 선언합니다. 농공병진 정책을 추진하기 위해 취한 첫 번째 가시적 조치가 농개공 설립이고 두 번째가 농특사업입니다.

정말 행운인 것은 이 두 가지 정책을 수립하고 추진하는 실무자로 제가 참여했다는 겁니다. 농특사업 보고 이후 대통령은 격주로 토요일마다 저에게 추진 상황을 보고토록 했어요. 어떤 때는 장관과 함께 가서 보고하고, 어떤 때는 저 혼자 청와대로 들어가 보고했어요.

보고할 때면 대통령 표정이 '네가 한다고 했는데 어디 잘하는가 보자'는 것 같았어요. 어디어디의 낙농단지 소가 어떻게 큰다는 것까지

| 고병우 전 건설부 장관

파악해서 제가 약간만 틀리게 보고하면 금방 지적이 나옵니다. 그때 저는 농과대학 출신으로 농업을 잘 아는 사무관으로부터 많이 배우면서 일했습니다. 훗날 농사시험원장을 지낸 정용복 씨라고 그이가 제 가정교사였죠.

다른 사람들은 박 대통령이 무섭다고 하는데, 저는 2주일에 한 번씩 독대(獨對)하여 보고해도 무섭다기보다 자상한 형님 같다는 생각이 들었어요. 브리핑 과정에서 제가 좀 틀려도 대통령은 화를 내거나 야단치기보다 "그것은 틀린 말 아니야?"라고 시정하고 넘어가요. 이렇게 농특사업을 직접 챙겨가며 추진하던 박 대통령은 한 달에 한 번씩 하루 종일 다른 일을 안 보고 시장, 도지사들과 점검회의를 주재했어요.

권순직   시·도지사 회의에서 숨 가쁜 일도 많았다면서요?

고병우   일일이 다 말하기는 어렵고 한 가지만 소개하지요. 1968년 2월 초 대통령 연두순시 중 대전에서 시·도지사 회의가 있었어요. 그 자리에서 이계순 경남 도지사가 갑자기 작물별 수익성 비교표를 작성해 와서 발표해요. 상당히 과학적이고 체계적이어서 대통령이 큰 관심을 보입니다. 대통령이 "농림부에서도 이 같은 작물별 수익성 표를 만드는가?"라고 묻는데, 김영준 농림부 장관은 들어본 적이 없는지라 대답을 못했어요.

그 사건이 있은 얼마 뒤 김 장관이 교체되고 이계순 지사가 장관으로 부임합니다. 이 장관은 경남 도지사 시절, 보리 두 배 증산으로 대단히 높이 평가받은 분이었는데, 지방장관 회의에서 작물별 수익성 비교표까지 제시하여 대통령 마음에 쏙 들어온 겁니다. 그래서 장관으로 발탁됐죠.

권순직　농수산물 가격을 안정시키는 일 또한 당시 정부의 큰 과제였어요.

고병우　1969년인데, 그때 제가 국장으로 승진하여 대통령에게 보고하기에 앞서 장관이 "고 과장, 이번에 국장으로 승진했습니다"라고 소개했어요. 그랬더니 대통령께서 제 손을 덥석 잡고는 "임자! 벌써 국장 됐어" 하시면서 축하하셨어요. 국장 승진 후 몇 달쯤 지났을 때인데 "농수산물 가격을 연중 안정시킬 수 없나. 여름에 사 두었다가 겨울에 방출하는 식으로 가격 안정대책을 수립해 봐라" 하는 지시가 농림부에 떨어져요.

청와대 보고에서 "출하기에 정부가 농산물을 사서 비축했다가 단경기(端境期)에 방출해 연중 가격을 안정시킨다. 특히 농업 관측을 잘해 작물별로 재배면적을 적절히 조절해 생산량을 적정 수준으로 가져가고 저장시설을 늘려 생산과잉 물량은 비축한다"는 내용으로 설명했습니다.

그런데 그해 고추 가격이 600g에 150원하던 것이 300원으로 폭등해요. 그러니 대통령은 당장 외국에서 고추를 수입해 가격을 안정시키라고 지시합니다. 저는 수입에 반대했어요. "각하 그렇게 하시면 금년에는 가격이 안정될지 모르지만 정부가 언제 고추 수입을 할지 모르니 고추 농사를 짓는 농민들이 내년에는 고추 재배를 하지 않을 수도 있습니다"라고 말씀드렸어요.

그런데 대통령은 계속 손쉬운 수입을 고집하는 겁니다. 워낙 고추 가격이 물가에서 차지하는 비중이 높기도 하고 서민 생활에 영향이 큰지라 그랬을 텐데, 농림부 입장에서는 선뜻 수용하기가 어려웠어요. 대통령과 제가 5시간이 넘도록 고추 가격의 안정 대책을 놓고 논란을 벌인 거죠.

그 자리에는 김학렬 부총리, 조시형 농림부 장관, 정소영 경제수석, 이후락 비서실장, 서석준 물가국장 등이 즐비하게 참석하는데 일개 국장이 대통령 말을 안 듣고 고집을 부리니 한심했을 겁니다. 장관들이 고집 그만 부리고 각하 말씀에 따르라고 해요.

저는 "농산물 가격 정책은 장기 농업계획에 맞춰야 하고 농어민의 장기 소득에 직접 영향을 주는 것이기 때문에 간단히 공산품처럼 할 수가 없습니다"라고 말씀드렸어요. 그러니까 영 언짢은 표정을 지으시는 겁니다.

그래서 할 수 없이 수정 제안을 했어요. "금년에 한해 일정량의 고추를 수입하되, 더 이상 고추 수입은 하지 않는다는 조건을 붙이면 농민들이 불안해하지 않을 것 같다"고 했어요. 그때서야 대통령의 표정이 누그러지더니 "그럼 그렇게 해라"고 해서 회의가 끝난 적이 있어요.

권순직　농특사업을 추진하면서 시행착오도 많았죠. 사고도 잦았고 비닐하우스 붕괴 사고에서부터 앙고라토끼, 송어, 락교 파동 등 문제점도 적지 않게 표출됩니다.

시행착오 투성이 농특사업에서 배우다

고병우　비닐하우스가 처음 보급될 때입니다. 지금은 철제 앵글로 만들어서 집보다 더 단단하지만, 당시에는 비닐도 홑겹이고 기둥도 대나무를 깎아 세운 것이라 힘이 없었어요.

어느 해 겨울에 대전 주변 대덕지구 농민들이 군수에게 부탁해 정부 지원을 받아 설치한 비닐하우스가 폭설로 몽땅 무너졌어요. 농민들이 군청에 몰려가 배상하라고 난리를 치니 군수도 어찌지 못하고 중앙에서 나와 설명하든지 해결 좀 해 달라는 겁니다. 그래서 제가 현지에 내려가 주민들에게 "큰 피해를 입었지만, 비닐이며 대나무, 종자, 비료 모든 것을 정부에서 지원하지 않았습니까? 여러분들은 품밖에 들인 게 없지 않습니까? 지원해 준 정부도 입장이 곤란합니다. 내년에는 철제 앵글을 지원할 테니 올해는 참고 내년엔 잘해 봅시다"라고 설득해 해결한 적이 있어요.

오늘날 엄동설한 겨울철에도 싱싱한 야채며 딸기를 먹을 수 있는 건 바로 이때부터 시작한 비닐혁명 덕분입니다. 하우스가 처음 도입될 당시엔 자재도 좋지 않고 비닐도 약해 폭설이나 태풍으로 큰 피해를 입어가면서 정착했어요. 우리나라의 비닐하우스 영농은 세계 어느 나라에 견주어도 손색없이 훌륭해요. 비닐하우스 재배의 성공을 우리는 비닐혁명, 백색혁명, 은색혁명이라고도 합니다.

새로운 농업 소득원 개발과정에서도 정말 시행착오와 사고가 많았어요. 강원도에서 일어난 일인데, 그곳 도지사가 군 출신으로 아주 적극적인 분입니다. 그분이 여러 가지 사업 아이템을 가져와서 정부 지원을 요청하는데 신청 품목 가운데 닭과 돼지는 강원도에 맞지 않다고 해서 빼고 앙고라토끼 사육사업을 선정했습니다. 그런데 한 마리가 병이 드니 5백여 마리가 한꺼번에 몽땅 죽어 버렸어요. 다시는 특별사업에 앙고라토끼는 안 넣었죠.

또 한 가지, 그 도지사가 강원도는 물이 맑으니 송어 양식이 좋겠다고 해서 송어 양식 사업을 지원했는데, 도대체 송어가 크질 않고 오히려 개체 수가 줄어드는 겁니다. 원인을 파악해 보니, 맑은 물에서 잘 자란다는 생각만 하고 웅덩이를 크게 파고 한 웅덩이에 많이 집어넣어서 큰 놈이 작은 놈을 잡아먹었던 거예요. 그것도 모르고 몇 달이 지나도 송어가 왜 크지 않느냐며 야단법석을 떤 적도 있습니다. 물웅덩이를 대여섯 개 파서 크기별로 구분해 넣었어야 하는데 그런 물고기 습성도 모르고 맑은 물만 믿었다가 낭패를 본 사례입니다. 그때 경험이 씨앗이 되어서 요즘 송어는 물론이고 각종 물고기 양식이 참 잘돼요.

권순직 락교 파동으로 사표까지 쓰셨다고요?

고병우 제가 공직생활 중 제일 크게 곤욕을 치른 일 중의 하나가 락교 사업입니다. 락교가 뭐냐 하면 일본 음식점에서 초밥 먹을 때 따라 나오는 마늘같이 생긴 겁니다. 일본 사람들이 참 좋아하죠. 일본 출장을 갔을 때인데, 농림성 간부가 저에게 "한국에서 락교를 생산하여 일본에 수출해 보라"고 해요. 그래서 제가 "너희가 사 준다는 보장이 있느냐?"고 했더니 틀림없이 사 준다고 해서 안심하고 국내 농가에 재배를 권장했어요.

제 보고를 받은 농개공 차균희 사장도 좋아하며 '락교 1억 불 수출계획'까지 수립해 대대적으로 추진했어요. 락교는 햇빛이 들지 않아도 잘 자랍니다. 과수원 나무 밑에 심어도 좋으니 그처럼 땅 짚고 헤엄치기 농사가 어디 있어요. 전라북도 익산 지방 농촌에 권장하여 대대적으로 재배했어요. 그런데 그해 일본에서 락교 농사가 풍작이었고, 수입이 많던 타이완도 풍년이 들어 우리가 생산한 락교를 팔 곳이 없는 거예요. 일본 쪽에 항의했지만 자기들도 생산 과잉이라 수입이 어려우니 저장했다가 내년에 보내라는 겁니다. 우리는 저장시설도 없는데 말입니다. 정부에서 수매하여 태울 수도 없고 난감했습니다.

그러자 익산의 농민들이 락교를 뽑아 군청 마당에 쌓아 놓고 불을 지르며 피해보상을 요구하는 한편, '고병우 국장 파면시키라!'는 플래카드까지 내걸고 시위를 벌여요. 사실 일본 측 수입 약속이 있어 안심하고 재배할 수 있는 작목이라서 익산 지방을 봐주려고 권장한 것인데 … .

이러지도 저러지도 못하고 전전긍긍하던 참에 월례 경제동향보고 회의가 열립니다. 대통령 주재로 모든 장관들이 참석하는 회의죠. 저는 사표를 미리 써서 주머니에 넣고 특별보고를 올렸어요.

"농특사업 추진 과정에서 성과가 좋은 것도 많지만 서너 가지 잘못된 것이 있습니다"라고 락교 사업의 실패에 관해 소상히 설명했습니다. "일본 농림성 관리 이야기만 듣고 준비 없이 선불리 락교 재배를 권장한 결과 이런 실패를 초래했습니다"라고 보고하고, "제가 책임지고 물러나겠습니다" 하고 회의장을 나왔습니다.

회의장 밖으로 나와 고개를 푹 숙이고 앉아 있는데 차관이 "대통령께서 부르신다"고 해요. 대통령은 나에게 "그 락교 사는 데 돈 얼마면 되는가?" 하셔서 "14억 원이나 듭니다" 했습니다. 대단히 큰돈이었죠. 당시 4개년간 농특사업에 정부가 지원하는 국고보조금이 19억 원이었으니 얼마나 큰돈입니까.

대통령은 "어디서 사면 되겠어?"라고 물어, "농협에서 살 수밖에 없는데 부담스러워서 농협 회장에게 말도 못했습니다"라고 말했죠. 박 대통령은 즉석에서 "농협 회장 계시죠. 회장께서 락교 전량을 구매하십시오. 정부도 그만큼 농협 지원하고…"라고 지시합니다. 이어 대통령은 "담당 공무원이 열심히 하다가 잘못된 일은 정부가 책임져야지 어찌합니까?"라고 말한 뒤, 저를 바라보면서 "고

국장! 앞으로는 이런 일이 생기지 않도록 사업계획을 좀더 철저히 검토하고 지도하도록 하십시오"라고 타이르시는 겁니다. 주머니에 넣고 간 사표를 되돌려 받은 셈이지만 그보다 몇 갑절 중요한 경험을 했습니다.

농특사업, 새마을 운동으로 발전하다

권순직　제 1차 농특사업이 상당한 성과를 거두죠. 농촌개발에 어느 정도 자신감을 가진 정부는 새마을 가꾸기 운동과 연계하여 본격적인 새마을 운동 시대로 접어듭니다. 우선 제 1차 농특사업의 성과부터 살펴보기로 하죠.

고병우　1968년부터 1971년까지가 제 1차 농특사업 기간입니다. 농특사업에 참여한 농가가 2만여 가구인데, 참여 농가의 소득이 도시 근로자 소득을 초과했어요. 당시 농가 소득은 도시 근로자 소득의 60%, 많으면 70% 수준이었는데, 도시 근로자 소득을 앞지르는 획기적인 성과가 나타난 겁니다. 상당수 농특사업 참여 농가의 소득이 도시 근로자 소득의 120%나 되었습니다.

　농특사업의 성과가 눈에 띄게 나타나자 주변 지역 농민들은 너도나도 그 사업에 참여시켜 달라고 군에 와서 부탁을 해요. 농촌이 움직이기 시작한 겁니다. 농특사업을 설계하고 추진한 나로서는 감개무량했죠. 특히 '잠자는 농촌을 어떻게 움직이게 할 것인가?'에 대해 고심하던 박 대통령의 꿈이 이뤄지는 것이 아닌가 하는 생각이 들었고, 그러한 움직임을 내가 농특사업을 통해 만들었다는 자부심도 생겼습니다.

　제 2차 농특사업 계획 기간은 1972~1976년으로 '제 3차 경제개발 5개년 계획'과 발맞춰 만들어집니다. 그런데 제 2차 농특사업은 1972년 시작되자마자 내무부가 주관하는 새마을 가꾸기 사업과 합하는 것이 좋다고 해서 이름도 '새마을 소득증대 사업'으로 바뀌었어요.

권순직　제 2차 농특사업으로 넘어가기 전에 제 1차 농특사업의 성과부터 좀더 살펴보죠. 전래의 영농방식에서 벗어나 비닐하우스라든가 각종 양식의 보급이 활발해집니다. 상업영농(商業營農)의 시대가 이때부터 열린 거죠.

고병우　우리 농업을 쌀, 보리 등 주곡 생산 위주의 전통 농업에서 상업적 영농, 현금 작목 중심의 농업으로 바꾸자는 것이 농특사업의 최우선 과제였어요. 돈이 보여야 농민이 움직인다는 것을 알았던 겁니다. 그것이 성공 요인이었다고 봅니다.

농특사업에서 양잠, 축산, 양송이, 락교 등 34개 품목을 권장하여 성공도 하고 실패도 했습니다만, 당시로서는 가장 성공적인 것이 바로 비닐하우스 재배방식의 도입과 각종 수산물 양식법의 개발입니다. 조개와 굴, 백합 등의 양식 방법이 개발되어 어민 소득이 획기적으로 향상되고, 과거엔 접하기 힘들었던 각종 수산물을 일반 소비자들도 먹어 볼 수 있게 됩니다. 점차 수출 길도 열리고요. 종전에는 바닷가 바위에서 따는 석화만 먹을 수 있었으나, 청정해역에 발을 치고 줄을 매달아 전복 껍질에 굴 씨앗을 심어 놓고 몇 달 지나면 큰 굴이 나오는 연승식 굴 양식법이 도입되면서 굴의 생산과 소비가 좀더 일반화되었습니다.

우리 양식(養殖)산업의 혁명이 이뤄진 시기였다고 생각합니다. 종전에는 김 생산 방식이 원시적이어서 생산량도 적고 볼품도 없었는데, 양식을 본격적으로 추진하면서부터 증산은 물론이고, 품질이 월등하게 좋아졌어요. 일본 사람들이 김을 좋아하니 수입해 가는데 자기네 김보다 더 좋거든요. 수출이 얼마나 잘되겠습니까. 본격적인 수산물 수출 시대가 열립니다.

권순직　수산물도 수산물이지만 갖가지 과일혁명도 일어납니다.

고병우　귤 이야기 좀 할까요. 1960년대 제주도 귤나무는 육지의 감나무처럼 높았어요. 귤나무 두 그루면 아들 대학 보낸다고 하여 '대학나무'로 불렸죠. 그런데 일본에 갔더니 귤나무 높이가 사람 키밖에 안돼요. 일본 귤농장 주인에게 어떻게 이렇게 귤나무 키를 줄였느냐고 물었더니, 십수 년 고생하고 연구한 끝에 성공한 것이라고 해요.

이처럼 키 작은 귤나무를 우리도 재배하면 농사가 얼마나 편해지고 소득도 높아질까 하는 생각에 "이 귤 묘목을 한국에 팔 수 없느냐?"고 물었어요. 귤농장 주인이 흔쾌히 승낙하여 그 자리에서 3천 그루의 묘목을 구입했습니다. 그리고 서귀포에 재배단지를 조성하여 그 묘목을 심어 놓고 행여 추위를 버티지 못하고 죽지나 않을까 조바심하기를 몇 달, 드디어 성공했어요. 몇 해 전 락교 재배를 권장했다가 큰 낭패를 경험한 저로서는 모험이었죠. 키 작은 귤나무는 잘 자라니 수확하기 편리하고 비료 주거나 소독하기 좋아서 생산성이 엄청나게 높아졌죠. 그전에만 해도 귤은 큰 명절 선물로나 이용하는 귀한 과일이었는데 누구나 언제나 먹을 수 있게 됩니다.

후지사과 이야기도 재미있어요. 1969년 가을 일본 농림대신이 한국에 와서 양국 각료회담을 하는데 이분이 나에게 시간 나면 자기 방에 들르라는 거예요. 그래서 갔더니 "한국 사과는 왜 이렇게 맛이 없느냐?"며, 사과 한 보따리를 주더군요. 당시 우리나라 사과는 국광과 홍옥인데, 일본 주종 사과는 후지였어요.

그 무렵 일본 나가노 현의 임업시험장을 방문합니다. 그곳의 후지사과가 맛도 좋고 수확량도 우리 국광이나 홍옥보다 훨씬 많아 거기서 묘목을 수입해서 경상남도 거창 산간지대 과수원에 심었어요. 5년쯤 지나야 본격적으로 생산된다는데 2년 지나니 열매가 열려요.

그해 가을에 큼지막하고 보기 좋은 후지사과를 신세계백화점에 진열하고 판매합니다. 국광 하나에 10원인데, 후지는 5백 원 가격표를 떡 붙여 놓으니 야단났죠. "무슨 사과 하나가 5백 원이냐. 어떤 죽일 놈이 이런 짓을 했느냐?"고 아우성입니다. 그런데 그 이후 국광, 홍옥은 사라지고 지금까지도 후지사과 아닙니까. 농특사업으로 추진한 34개 품목에 얽힌 얘기를 하나하나 풀어놓자면 재미도 있고 가슴도 아프고 그래요.

자수성가 농민 '하사용 신화'

권순직　그 무렵 '하사용 신화'가 탄생했습니다. 하사용 새마을 운동 지도자의 인터뷰는 따로 했습니다만, 그때 서울시민회관(현 세종문화회관)에서 있었던 이야기를 기억나시는 대로 들려주시죠.

고병우　1970년 11월에 제가 국장으로 승진하고 처음 치른 큰 행사인 '전국 농어민 소득증대 특별사업 경진대회'가 열렸어요. 대통령을 비롯한 전 국무위원과 3천여 명의 공직자·농민 대표가 참석한 이날 행사에서 하사용 씨가 발표한 농민 성공사례가 장내를 숙연케 하며 감동을 줍니다.

감명을 받은 박 대통령이 직접 하사용 씨를 격려하고 청와대로 식사 초청까지 하면서 대표적인 농업·농민 성공사례로 꼽히게 되었죠. 하사용 씨는 정말 가난해서 자신은 남의 집 머슴살이, 부인은 식모살이로 7년 동안 돈을 모아 농지를 사고 농사를 지어 성공한 인물입니다. 특히 1968년도에 농특사업에 참여하여 비닐하우스 채소 농사로 일어선 자수성가형 농민입니다.

하사용 씨는 이날 행사장에서 자신의 피눈물 나는 성공사례를 발표하여 대통령까지 눈물 흘리게 했습니다. 그는 농특사업 덕분에 비닐하우스 농사로 부자가 되었다는 식으로 설득력 있게 이야기함으로써 나중에 새마을 전도사로 큰 역할을 하게 됩니다. 그의 연설을 듣고 감명받은 박 대통령은 준비했던 치사는 제쳐놓고 즉석에서 연설을 합니다.

"지금 들으신 것처럼 아무것도 가진 것 없는 하사용 씨도 이렇게 해내는데, 누군들 못하겠습니까. 우리는 누구나 하면 됩니다"라는 취지의 연설을 했습니다. 그때 '우리도 하면 된다'(Can do spirit)라는 말이 만들어지고, 1970년대를 관통하는 슬로건이 탄생합니다.

권순직　제1차 농특사업의 성과에 고무된 정부는 농촌에 대한 투자도 늘리고 사업 규모도 확대합니다. 새마을 사업과 연계 추진되기 시작했죠?

고병우   제2차 농특사업 계획을 1972년부터 시작되는 제2차 경제개발 5개년 계획과 맞춰 수립하고, 농특사업 지구도 1차 때 51개에서 2차 계획에는 90개로 대폭 늘렸어요. 그런데 당시 내무부에서 주관하여 벌인 새마을 가꾸기 사업과 농특사업을 통합하여 추진하기로 정부 방침이 정해지면서 사업 이름도 '새마을 소득증대 사업'으로 바뀝니다.

새마을 가꾸기 사업에 관해서는 시멘트 이야기가 나옵니다.

그 당시 우리나라 주요 산업 중의 하나인 양회업계가 재고 과잉으로 공장 문을 닫게 생겼었어요. 업계가 대통령에게 어려움을 호소하자 정부가 시멘트를 사들여 농촌 부락에 나눠 줍니다. 대통령은 "남아도는 시멘트를 농촌에 한번 나눠 줘 봐, 어떻게 쓰는지 보자"라고 김현옥 내무부 장관에게 지시합니다.

그리하여 1970~1971년에 전국 3만 4천여 개 자연부락에 시멘트 2백 부대와 철근 0.5톤씩을 나눠 줍니다. 난데없는 시멘트와 철근을 받은 농촌 부락에서는 이장 지휘하에 이를 잘 활용해서 길도 내고 아궁이도 고치는 등 보람 있게 사용한 곳이 많았어요. 그러나 어떤 부락은 공짜 자재가 오니 주민들이 나눠 각자 사용해 버리는 곳도 적지 않았어요.

시멘트를 나눠 준 뒤 1년이 지난 1971년 말 정부는 평가 교수단을 구성해 전국 마을의 사용 실태를 분석합니다. 어떤 마을은 자동차 길도 내는 등 성공한 반면, 어떤 마을은 계획 없이 나눠 써 버려 표시도 안 난다는 조사 결과가 대통령에게 보고됩니다. 보고를 받은 대통령은 그 자리에서 잘못 사용한 1만 6천 개 마을에 대해서는 한마디도 안 하고 "주민들이 합의해 잘 쓴 부락이 1만 8천 개나 있으니 다행이다. 효과적으로 사용한 그 1만 8천 개 마을에 시멘트 2백 부대씩을 더 지원하라"고 지시해요. 잘 쓴 곳은 추가 지원하고, 잘못 쓴 곳엔 아예 안 줘 버립니다.

그러니 자재를 나눠 먹은 부락은 낙후되고 잘 쓴 부락은 추가 지원까지 받아 더 좋아지고, 이런 방식으로 새마을 가꾸기 사업이 잘 추진되어 나갑니다. 성과 주의(成果主義) 차등지원 방식의 정부 정책이 시작됩니다.

권순직   새마을 가꾸기 사업의 추진 방식도 과거의 정책과는 달라요. 성과에 따른 차등지원이라든가 철저히 주민 자율에 맡기는 식으로 사업을 이끕니다.

| 울진 새마을 가꾸기 사업 전후
경상북도 울진군 기성면 망양 1리의 새마을 가꾸기 사업 전(위)과 후(아래)의 모습.
깨끗이 개량된 지붕과 잘 닦인 길 등이 눈에 띈다.

고병우   내무부가 '지붕 개량은 이렇게 하는 것이 좋다, 다리는 이렇게 놓자, 빨래터며 우물은 이렇게 만들어라!' 하는 식으로 10개 시범사업을 제시했어요. 꼭 그렇게 하라는 게 아니라 '하려면 이렇게 하라'는 식이었죠. 시범사업을 제시만 할 뿐 반드시 그렇게 해야 한다고 강제하지 않았어요. 시멘트와 철근을 농민들에게 주면서도 '이렇게 저렇게 잘 써라' 라는 말은 한마디도 없었어요. '너희 부락에서 알아서 써 보아라!'였습니다. 이게 새마을 가꾸기 사업이고, 새마을 운동의 기본 원칙입니다.

처음에는 마을 이장이 주도하여 사업을 추진하는데 나이가 많은 이장들이 젊은 사람들에게 일을 넘기게 됩니다. 그 당시 군에서 제대한 청년들이 주로 마을 지도자로 추대되어 활동합니다. 마을 지도자로 뽑히면 중앙에 가서 교육을 받고 타 지역 성공사례도 배워서 활기차게 사업을 추진했어요. 마을별로 경쟁을 시키니까 주민 스스로 분발하고 적극적으로 참여하죠.

정부에선 자재 지원을 해 준 뒤 잘했다 못했다 말없이 그냥 잘한 곳에만 더 많은 지원을 하니 가만히 있을 사람이 있겠습니까. 이렇게 새마을 가꾸기와 소득 증대 사업이 한데 어우러져 좋은 성과를 보이자 박 대통령은 1972년 무렵 이것을 전 국민 운동으로 발전시켜야겠다고 생각합니다.

권순직   새마을 운동의 모델은 어디서 찾을 수 있을까요? 새마을 초창기에 관여했던 분들마다 조금씩 얘기가 다르긴 합니다만 ….

고병우   농어촌 대책을 펴나가는 초기에 제가 농개공 설립이라든가 농특사업 등 중요한 몇 가지 사업을 지시받아 수행하였기 때문에 대통령께서 자주 저를 불러 의견을 묻곤 하셨습니다. 청와대 경제비서관으로 일할 때인데 당직실에 들러서 여러 가지를 물으셨습니다.

'새마을 가꾸기'를 '새마을 운동'으로 바꿀 즈음입니다. 대통령이 저에게 "외국에선 농촌운동을 어떻게 하느냐?"고 물어요. 마침 제가 연구하던 참이어서 금방 대답했어요.

"덴마크에서는 그룬트비라고 하는 농촌 지도자가 노래를 하며 국민을 계도하고 다니더니 낙농(酪農) 선진국을 만들었습니다. 이스라엘은 조그마한 땅에 모래밖에 없었는데 외국에서 흙을 사다가 사막을 덮어 옥토를 만들었습니다. 모샤브 키부츠 운동입니다."

일본에서는 어떠냐고 물어서 다음과 같이 말했어요.

"일본은 제가 직접 가 보았습니다. 일본도 패전 후 농촌이 피폐해질 대로 피폐해져서 우리만큼이나 못살았는데 농촌마을마다 '아타라시 무라스쿠리 운도'(신농촌 만들기 운동)라고 써 붙여 놓고, 농촌 부흥운동을 벌입니다. 부락 중심부에 공동 농기구 창고를 세워 놓고 농기구를 오늘은 이 집, 내일은 저 집에서 순서대로 사용한 뒤 깨끗이 닦아 놓는 걸 보고 왔습니다."

박 대통령은 제 이야기를 들으신 뒤 '일본이 새마을 만들기 운동을 해?' 그렇게 생각하시는 것 같았어요. 저는 지금도 그 시절 내가 말씀드린 외국의 사례가 부강한 대한민국을 만든 새마을 운동의 실마리가 되었다고 자부심을 느낍니다.

들불처럼 번지는 새마을 운동

권순직 농특사업과 새마을 가꾸기가 통합되어 '새마을 소득증대 사업'이라는 명칭으로 펼쳐지다가 이제 '새마을 운동'으로 탈바꿈합니다. 우리나라 농어촌에 일대 변혁이 시작되는 순간입니다.

고병우 1972년 4월 박정희 대통령은 전남 광주에서 '새마을 운동 선포식'을 합니다. 이때부터 새마을 운동이 본격적으로 전국으로 확산되어 나갔습니다. 직접 펜글씨로 14쪽에 걸쳐 작성한 새마을 운동의 원리를 명확히 선언해요.

새마을 운동의 정의는 근면·자조·협동으로 정했어요. 근면은 부지런한 것이고 자조는 스스로 돕는 것이라고 쉽게 알겠는데 협동에 대해서는 개념이 잘 안 들어와요. 박 대통령은 선포식에서 하나하나 해설을 하는데 "물건은 하나에 하나를 보태면 둘이 되는데, 사람은 하나에 하나를 더하면 둘이 아닌 셋도 되고 넷도 되고 오히려 마이너스가 될 수 있다. 협동이론이란 이런 것이다. 1 + 1은

| 새마을 운동의 정의(1975)
박정희 대통령이 친필로 쓴 새마을 운동의 정의 '勤勉(근면), 自助(자조), 協同(협동)'.
이는 이후에 '새마을 정신'으로 불리며 새마을 운동의 견인차 노릇을 했다.

새마을 운동에서는 2 + α(알파) 다. 이 알파가 마이너스(-)일 수도 있고 무한대일 수도 있다"라고 설명해요.

"그러니까 이 알파가 마이너스로 가는 마을은 새마을 운동이 실패하는 것이고, 큰 곳은 성공한 곳이 된다. 새마을 운동의 불길이 꺼지지 않도록 모두가 협동해서 알파를 무한대로 키우는 것이 새마을 이론이라는 것"이 그날 선포식의 핵심 메시지였다고 봅니다.

권순직　　새마을 운동을 추진하는 과정에서 지도자들의 역할은 아무리 강조해도 지나치지 않습니다. 지도자들을 교육하고 육성하는 데도 정부는 많은 노력을 기울였죠?

고병우　　새마을 지도자는 물론이고 공직자, 기업체 관계자 등 모든 계층의 사람들에게 새마을 교육을 받도록 했습니다. 새마을 운동 이전에는 농협대학 안에 독농가(篤農家) 연수원이 있어서 그곳에서 농어촌 지도자 교육을 시켰어요. 독농가연수원 시절이 2년여 계속되다가 1972년부터 수원 '새마을지도자연수원'으로 바뀌었어요. 연수원을 만들기 전부터 박 대통령은 독농가연수원 교육장에 슬그머니 들어와 뒷자리에서 교육내용을 메모해 가면서 들었어요. 그런 다음 교관들과 교육내용 및 방법 등에 관해 토론하고 지시하는 식으로 농민 지도자들

58

에 대한 교육에 지대한 관심을 가졌죠.

수원에 그럴듯하게 연수원을 짓고 나서 연수원장을 누구를 시킬 것인가 고심하다가 가나안농군학교 김용기 선생을 모셔오자는 의견이 나왔어요. 그러나 김 선생은 "정부가 무슨 운동을 하느냐. 정부가 주도하는 운동은 성공할 수 없다"며 거절합니다. 그 후에 찾아낸 분이 김준 씨인데, 그분은 당시 농협 차장이었지만, 원래 농과대학 교수였어요. 교수 시절 농대 졸업생들이 농촌에 갈 생각은 안하고 도시 직장에 취직할 궁리만 하는 것을 보고 "이런 놈들 가르칠 필요 없다"면서 더 이상 교수를 안 하겠다고 선언하고 산골로 들어가 개척농장을 시작했습니다. 그러나 그 개척농장 운영에 실패하고 농협 차장으로 근무 중이었어요.

그런 훌륭한 분이 있다는 걸 알고 교섭 끝에 새마을지도자연수원장으로 모셔옵니다. 저도 김 원장 강의도 많이 듣고 함께 농촌 현장에도 수없이 갔죠. 그가 농촌에 가면 청년들이 많이 모여들어 막걸리를 마시면서 우리 농촌, 농업을 어떻게 할 것인가에 대한 토론도 하고 그랬어요.

김준 원장은 농민 지도자 교육에 혼신의 힘을 다했어요. 그의 철학은 '콩 심은데 콩 나고, 팥 심은 데 팥 난다. 정직해라. 식물(농산물)은 거짓이 없다'는 겁니다. 자기가 노력한 만큼 보답이 돌아온다는 것이 김 원장의 이른바 '농심(農心)철학', '농심교육'입니다. 김준 원장의 이 같은 열성적인 연수원 운영을 잘 아는 박 대통령은 몇 달에 한 번씩 보약을 지어서 보낼 정도로 고마워했어요.

권순직　새마을 운동과 관련한 교육이 농민 지도자와 공직자는 물론이고 사회 각계각층을 대상으로 확대됩니다. 직장으로 공장으로 학교로 새마을 운동 바람이 요원(燎原)의 불길처럼 번져간 데는 교육의 영향이 컸겠죠. 이 시기에 정부가 새마을 운동을 정치적으로 이용한다는 비난도 있었습니다.

고병우　새마을 교육을 받고 나가면 직장에서건 공장에서건 좋은 효과를 보이니 인기가 높았습니다. 기업체 사장들도 연수원에 들어와 교육을 받았는데, 언젠가 롯데공업(현재 농심)의 신춘호 회장이 연수원에 왔어요. 김준 원장의 이른바 농심철학에 감명을 받은 신 회장이 '농심, 그것 참 거짓이 없는 게 농심이구나'라는 생각을 하고 롯데라면의 이름을 농심라면으로 바꿨답니다.

새마을 운동의 열기가 일반 기업체와 공장으로까지 번지는 등 날로 확산되자 야당 측이 놀랍니다. 박 대통령이 새마을 운동을 악용하여 정권 유지의 수단으로 이용하려 한다고 의심하고, 이러다가는 선거에서 진다는 위기감이 높아지죠. 하지만 새마을 운동은 조직을 이루어서 하는 것도 아니고 비교적 정치적으로 중립적이었기 때문에 꼬투리를 잡기가 쉽지 않았어요.

1979년 박 대통령이 서거하고 신군부가 들어선 뒤, 새마을 운동의 성격은 1970년대와 크게 달라집니다. 농촌의 발전과 농민 소득을 증대하는 것에 초점을 맞추었던 새마을 운동에 정치적 입김이 강해지고 정치적으로 이용하는 세력이 운동을 주도함으로써 1970년대의 새마을 운동과는 거리가 멀어졌어요.

박 대통령이 광주에서 발표한 14쪽짜리 '새마을 교과서'에서 강조한 것 중의 하나가 소득증대입니다. "아무리 새마을사업을 잘해도 주민의 소득증대와 연결되지 않으면 아무 의미가 없다. 그러니 새마을 사업에 반드시 소득을 올리는 방안이 들어가야 한다"고 강조합니다. '모양으로만 하는 운동은 멀리 못 간다. 실적이 있는 운동으로 가야 오래간다'는 철학에 기반한 거죠.

새마을 운동을 펼치는 과정에서 박 대통령이 보여준 결정적 특징은 잘못한 사람, 실패한 농촌 부락에 대해 절대 꾸중하지 않는다는 점입니다. 시멘트며 철근 등을 잔뜩 지원하고 나서 사후검증은 철저히 합니다. 검증 후 사업을 효과적으로 열심히 추진한 부락에 대해서는 다음해에 더 많은 지원을 해요. 그러나 부진한 마을에 대해서는 일언반구(一言半句) 말을 않고 지원만 뚝 끊어 버립니다. 못한 사람에게는 꾸중해야 하는데 꾸중은 하지 않고, 잘한 사람만 상을 주는 거예요. 잘못한 곳에서는 야단을 맞았으면 반감이 생겼을 텐데 그냥 지원만 중단되니까 오히려 분발하는 계기가 됩니다. 참 멋있는 방법입니다.

권순직 1960년대 후반까지도 쌀 자급자족이 안 된 상태였습니다. 통일벼가 개발되는 등 1970년대 초에 들어서면서 녹색혁명이 이뤄지기 시작하죠?

고병우 1960년대 초반 우리 농업정책을 간단히 살펴보면 이렇습니다. 5·16

| 통일벼 보고 (1971)
김보현 농림부 장관(왼쪽)이 박정희
대통령에게 통일벼에 대해 설명하고 있다.

군사혁명 직후 맨 처음 나온 농업정책이 1961년의 농어촌 고리채 정리사업입니다. 결과적으로 보면 고리채 정리는 농가 빚을 탕감해 주는 식이어서 농민들에게 의타심만 심어 주었지 생산적이지 못했습니다. 재건국민운동도 있었지만 별 성과가 없었고 ···.

그다음에 나온 정책이 수리(水利)사업, 경지정리사업이었는데, 이런 사업들은 특성상 속도가 느릴 뿐만 아니라 시간이 오래 걸립니다. 지하수 개발사업도 벌이고 온갖 시책들이 다 동원되면서 시행착오도 많았죠.

1960년대 중반까지도 식량이 절대적으로 부족하여 4~5월 보릿고개가 되면 쌀이 나오려면 멀었는데 보리까지 떨어지니 나물을 캐 먹으며 끼니를 때워야 하는 그야말로 초근목피로 생계를 잇는 실정이었습니다. 실제로 식량이 없어 영양부족으로 죽는 사람도 적지 않았어요.

이 무렵 정부는 다수확 쌀 품종개발에 전력을 기울입니다. 농과대학 교수들과 농촌진흥청 관계자들이 쌀 품종개발에 고생을 많이 했죠. 여러 가지 쌀 품종이 나왔는데 1969년 드디어 통일벼 육종 교배에 성공하고 1971년부터 통일벼를 농가에 보급하기 시작해요. 주곡자립 혁명의 위업이 달성된 겁니다.

물론 통일벼가 다수확 품종이긴 하나 초기엔 병충해에도 약하고 취약점이 있어 보급에 어려움도 있었지만 식량 자급의 길을 터놓은 건 사실입니다.

통일벼 보급이 아직 시작되기 전인 1968년엔가 극심한 한해로 큰 흉작(凶作)이 들어요. 별수 없이 일본에서 쌀을 수입했습니다. 그런데 일본 사람들이 당해에 생산한 쌀은 자기네가 먹어야 하고, 작년산 고미(古米) 쌀은 비축미로 쌓아놓고, 우리에겐 재작년산 쌀인 고고미(古古米)를 수출한 겁니다. 고고미는 사료용으로 사용하던 쌀이에요.

그러니까 우리나라 국민들은 1968~1969년에 일본의 사료용 쌀을 사다 먹은 겁니다. 일본 사람들에게는 36년 압제에 대한 반감도 있었지만, 가축을 먹이는 사료용 쌀을 우리에게 판 것에 대한 민족적 감정도 있었어요.

그런 와중에 나온 통일벼 생산량은 단보당 250~300kg으로 기존 쌀 품종 생산량 150kg의 두 배에 가까운 겁니다. 이로써 우리나라에서 보릿고개가 사라지는 계기가 마련되었고, 영농구조도 식량 생산 위주에서 돈을 버는 상업영농으로의 전환을 맞게 됩니다.

권순직 새마을 운동은 민간과 관(官) 중에 어느 쪽이 주도했다고 보십니까?

고병우 새마을 운동은 관 주도도 민 주도도 아닙니다. 농촌에서 마을별로 잘살기 운동을 한 것입니다. 그러니까 누가 주도한 것이 아니라 농촌이 스스로 우리도 좀 잘살아 보자고 시작한 운동이라고 보아야 합니다.

'우리 마을은 어떻게 해서 지붕을 개량하고 마을길도 넓히면서 뭘 해서 먹고살까? 우리는 밤나무를 심어야지, 우리는 송아지를 길러야지 …..'

이렇게 마을별로 소득사업을 찾아서 한 것입니다. 정부는 다소의 지원과 행정적 뒷받침으로 도움을 주었어요.

새마을 운동을 이끌어간 마을 지도자도 누가 임명해서 한 것이 아니라 마을에서 자기들끼리 선출해요. 나이가 많은 이장이 '우리 마을은 아무래도 아무개가 하는 것이 좋겠어' 하면 주민들이 박수를 쳐서, 그 사람이 지도자가 되고 밀어주고 하는 방식이었죠.

새마을 지도자가 열심히 하면 가장 적극적으로 지원하는 세력이 동네 아낙네들이었어요. 부엌이 편리하게 개량되는 등 생활 여건이 좋아지면서 가장 혜택을 많이 받은 사람들이 주부들이거든요. 그러면서 자연히 여성들의 새마을 운동 참여가 늘고 여성 권리도 눈에 띄게 높아집니다.

권순직   새마을 운동의 시발점은 언제라고 봅니까?

고병우   새마을 운동이 시작된 시점을 꼭 집어서 말하기는 좀 어려운 대목이 있어요. 5·16이 출발점인지, 1967년 농공병진 정책을 선언한 시기가 출발점인지, 농개공을 설립할 때가 시발점인지, 새마을 선포식이 출발점인지 모호한 점이 있어요. 그러나 대부분 당시 새마을 운동에 관해 잘 아는 분들은 1972년 4월 22일의 새마을 운동 선포식을 새마을 운동의 시작이라고 합니다.

선포식이 있기 전까지 10년 이상 새마을의 싹이 움텄던 것은 사실일 겁니다. 새마을 선포식 이전에 추진되었던 여러 가지 농정은 수많은 시행착오도 있었고 성과도 있었습니다. 이런 과정과 경험들이 축적되면서 새마을 운동이라는 정책이 탄생할 수 있었다고 보아야겠지요.

권순직   새마을 운동 추진 과정에서 농림부 과장, 국장 그리고 청와대 대통령 경제비서관으로 재직하셨는데 보람도 있고 아쉬움도 있으셨을 것 같습니다.

고병우   1960~1970년대까지 우리나라 아니 우리 농촌은 정말 못살았어요. 가난한데 희망이 보이질 않으니 농촌과 농민은 절망과 무기력한 상황에서 헤어나지 못했던 시기였습니다. 뭘 해봐야 돈 나오는 길도 없고, 대책이 없으니 자포자기하고 나태해져 그런 굴레에서 벗어나질 못하죠.

그처럼 나태한 농민들이 농특사업과 새마을 운동을 하면서 희망을 갖고 부지런해졌습니다. 뭔가를 열심히 하면 대가가 돌아왔거든요. 오랜 세월을 나태와 절망 상태에 빠져 있다가 한번 일어나 정신을 차리니 그렇게 부지런해질 수가 없었어요.

우리나라 국민 특히 농민을 깊은 잠 속에서 깨어나게 한 것이 바로 새마을 운동입니다. 흔히들 '빨리빨리 문화'를 우리 국민성이라고 말합니다만 아니에요. 빨리빨리 문화는 새마을 운동 이전에는 없었어요. 새마을 운동 이후에 부지런해지고 일을 열심히 하면서 이런 말이 생겼다고 저는 생각합니다.

권순직　고 장관께서는 오랫동안 농정(農政)에 관한 방송도 하셨죠?

고병우　농특사업을 하면서 새로운 영농을 지도하고 홍보해야 하는데, 전국 농어민을 상대로 교육하려면 방송이 가장 효율적이라는 생각에 동양방송(TBC)의 협조를 얻어 〈오늘의 농정〉이라는 프로그램을 진행했습니다.

새벽 6시에 시작해 매일 5분씩 그날의 농업 뉴스와 작목별 재배 방법, 시장 상황, 농특사업 성공사례 등을 설명하는 식으로 방송했어요. 그때 라디오 방송은 6시에 시작되는데 6시가 땡 울리면 '오늘의 농정'이라는 멘트가 나오고 이어 '안녕하십니까, 고병우입니다'로 시작했습니다.

농민들에게 인기가 높았어요. 그때는 TV가 보급되지 않았고, 트랜지스터 라디오가 유행하던 때입니다. 그래서 아침 일찍 논밭에 나가는 농민들은 이 라디오를 일터로 가지고 가서 들으며 일하곤 했죠. 유익한 농사 정보를 알려 주니까 농민들에게 도움이 되었다고 생각합니다. 어떤 때는 미리 녹음을 해 놓고 농촌 시찰을 갔는데 밭에서 일하던 농촌 아주머니가 "아니, 오늘 아침에도 방송을 들었는데 어떻게 이렇게 일찍 여기까지 오셨어요?"라고 물은 적도 있죠.

〈오늘의 농정〉은 1970년 7월 시작해서 1973년 7월 말까지 만 3년을 계속했습니다. 8월 1일 농림부 농정국장에서 청와대 경제비서관으로 자리를 옮기는 날이 마지막 방송이어서 "오늘 방송을 마지막으로 대통령을 가까이서 모시기 위해 청와대로 갑니다"라고 방송 끝에 한마디 붙였더니 청와대 계시는 분이 "청와대로 옮기는 것까지 농민들에게 보고했어"라고 해서 웃었습니다.

이렇게 해서 고병우의 농정 공무원 임무는 마무리된다. 1966년 말에 농림부 과장으로 부임해 1973년 국장을 끝으로 청와대 경제비서관으로 자리를 옮기기까지

7년 동안 그는 농촌이 획기적으로 변화하는 전환기 농정의 핵심에 서 있었다. 그는 농개공 설립의 산파역으로 일했고, 농특사업 정책을 수립하고 추진한 주역이었다. 이들 사업은 훗날 새마을 운동의 초석이 됐음은 물론이다.

그래서 고병우는 "잠자는 농촌을 움직이게 했다. 그것으로 나는 내가 할 일은 했다고 생각한다. 그렇다고 그걸 내 힘만으로 했다는 것은 아니다. 국가 지도자인 박 대통령의 특명을 받아 그 실무 책임자로 일할 수 있는 영광이 나에게 주어졌던 것이다"라고 회고했다.

고병우 전 장관은 농림부를 떠난 이후 청와대 경제비서관을 지낸 뒤 재무부의 재정차관보가 된다. 오랜 농업 통 공무원에서 재무 통으로 직종을 바꾼 그는 재무부 시절 기업공개 추진, 증권감독원 설립, 신용보증기금 설립 등 금융제도의 선진화에도 많은 기여를 했다.

1979년 10월 박정희 대통령이 시해되고 신군부가 등장하면서 이른바 숙정(肅正) 바람이 공직사회에 불어닥쳤다. 숙정 통지를 받은 것이 1980년 8월 13일. 그리고 그는 공직을 떠난다. 그 후 1981년 7월부터 1990년까지 9년간 쌍용양회, 쌍용중공업, 쌍용증권 등 민간기업에서 전문경영인으로 활동한다.

전두환 정부가 노태우 정부로 넘어간 1990년 그는 돌연 정부의 부름을 받고 한국증권거래소 이사장을 맡았다. 당시 신현확 총리의 천거가 있었던 것. 이 시기에 그는 증권시장의 국제화 추진을 비롯하여 증권거래 감시 시스템 도입, 자본시장 개방을 통한 시장 자유화 등을 추진했다.

김영삼 정부가 들어서고 1993년 3월 두 번째 인사에서 고병우는 건설부 장관에 임명되었는데, 그해 12월 우루과이라운드(UR) 협상 타결로 인한 후유증으로 전 내각이 사퇴하면서 건설부 장관직을 단기간에 마감한다. 그 후 고병우는 무주·전주 동계유니버시아드 조직위원장, 동아건설 회장, 한국경영인협회 회장 등을 맡아 다방면에서 활동했다.

고병우 전 장관은 그의 경력에서 볼 수 있듯이 농정에 그치지 않고 재무행정은 물론이고 건설행정을 비롯한 다양한 분야에서 국정에 참여했다.

고병우, 그는 누구?

고병우(高炳佑, 1933~)는 전북 군산에서 태어나 1956년 서울대 경제학과를 졸업하였다. 1963년 경제과학심의회의 상공정책 담당관에 이어 1969년 농림부 농업개발국장을 역임한 그는 새마을 운동의 태동기부터 절정기까지 농정 공무원으로 근무하면서 핵심 농업정책을 입안하고 추진했다. 특히 박 대통령의 특명을 받아 농어촌개발공사 설립을 주도했고, 제1차 및 제2차 농특사업 계획을 세우는 데 중요한 역할을 담당했다.

1973년부터는 청와대 대통령 경제비서관, 재무부 재정차관보, 기획관리실장 등을 역임하면서 금융 분야에서 활약하게 된다. 1983년 쌍용투자증권 사장, 1990년에는 한국증권거래소 이사장을 지냈다.

1993년에는 건설부 장관으로 임명되면서 건설 분야에 입문하여, 1994년 1997년 동계유니버시아드대회 조직위원장을 역임하고, 1998년 동아건설 회장을 지냈으며, 2002년 한국경영인협회 회장에 오른다.

제 3 장

새마을 운동과 농촌 근대화
1970년대의 농정

새마을 운동의 역사적 맥락

새마을 운동의 의의

봄철이면 산에 올라 나무껍질을 벗기고 풀뿌리로 입에 풀칠을 해야 했던 초근목피의 시절이 1960년대까지 한반도에서 펼쳐졌다. 춘궁기, 보릿고개, 절량농가, 체념, 빈곤의 악순환, 절대빈곤으로 일컬어지는 비참한 상황이 되풀이된 것이 1960년대 중반 이전까지 한국 농촌의 실정이었다. 그러한 농촌이 식량 자급자족을 달성하고 삶의 여유를 찾아가는 마을로 변모했다. 1960년대와 1970년대 후반의 농촌 실정을 비교하면 상전벽해(桑田碧海)라 해도 손색이 없을 만큼 큰 변화였다. 1970년대 10여 년에 걸쳐 일어난 사건이다. 그 가운데 새마을 운동이 있었다.

특히 1970년대 새마을 운동은 관민 합작으로 이룬 농촌 잘살기 운동인 동시에 무력감과 실의에 빠진 국민들에게 '우리도 할 수 있다'는 활력을 주었다는 점에서 큰 의미를 갖는다. 농촌 살리기에서 시작된 새마을 운동은 도시, 학교, 공장으로 확산되어 국민들에게 자신감을 갖게 하는 의식 변화를 가져왔다. 논쟁의 소지는 있지만 국민의식 혁명으로 번졌다는 주장도 많다.

새마을 운동 태동의 배경

새마을 운동의 싹은 이미 1960년대에 움텄다. 앞 장에서 서술했듯이 해방 이후 1960년대에 이르는 과정에서 겪은 많은 정책적 시행착오는 1970년대의 새마을 운동과 농촌 근대화를 추진하는 데 반면교사 역할을 하였다. 동시에 농촌 기반 시설을 비롯한 농특사업과 같은 농어촌 대책이 다각적으로 수립 및 추진되면서 새마을 운동으로 이어졌고 큰 성과를 거두었다.

해방 이후 실시된 농지개혁을 비롯하여, 1960년대 초 군사정부에 의해 추진된 농어촌 고리채 대책, 재건국민운동, 4H 운동 등은 사전준비가 미흡했거나 국가 재정의 취약, 정부 당국의 일방적인 하향식 추진방식으로 인해 실패했다. 하지만 훗날 새마을 운동을 추진하는 데 밑거름이 되었다.

새마을 운동 정책 수립과 추진에 깊이 관여했던 박진환[1] 박사(당시 대통령 경제담당 특별보좌관)는 정부에 의한 농촌 부흥시책은 크게 볼 때 세 차례에 걸쳐 실시됐다는 박정희 대통령의 회고를 전한다. 다음은 박진환이 그의 저서 《한국 경제 근대화와 새마을 운동》(2005, 박정희대통령기념사업회)에 기록한 박 대통령의 회고다.

새마을 운동은 농촌 부흥을 이룩해 보려는 세 번째 시도였다. 첫 번째와 두 번째는 성공하지 못했으나 세 번째 것은 그런대로 성공했다. 그 첫 번째 시도는 60년대 초 5·16 군사혁명 직후에 있었던 재건국민운동이었다. 이 운동의 궁극적 목표는 농민들의 자조정신을 높이는 데 있었다. 따라서 재건국민운동의 이념이나 신조는 새마을 운동과 비슷하다. 두 번째는 60년대 말 추진된 농어민 소득증대 특별사업이다. 이 사업에는 비록 전체 농가의 일부가 참여하긴 했지만 비교적 성공한 것으로 세 번째로 시도한 새마을 운동의 발생에 중요한 자료를 제공했다. 이제 공무원들이 농촌개발 사업을 주도할 수 있게 훈련되

---

1 박진환(朴振煥, 1927~): 경남 창원에서 출생하여 서울대 농경제학과를 졸업하고 미국 미네소타대 대학원에서 농업경제학 석사 및 박사학위를 취득했다. 서울대 농대 교수, 대통령 경제담당 특별보좌관, 농협대학장, 북방농협연구소 명예회장을 역임하였다.

어 있다는 것이었고, 다른 하나는 농촌개발을 위한 정부 사업에 농민들의 근면·자조·협동의 정신이 함양되었다.

정부가 농공병진 정책을 표방하고 농촌에 대한 투자를 대대적으로 늘려가는 과정에서 새마을 운동이 태동했다. 농공병진의 정책 기조를 펴기 시작한 것은 박 대통령의 농촌을 살려야겠다는 강한 의지에서 비롯된 것이 사실이다.

하지만 한편으로는 정치적·사회적으로 더 이상 농촌을 홀대할 수 없는 불가피성이 있었던 것으로 보인다. 수출 지상·공업 위주의 성장 전략을 편 정부로서는 도농 간의 소득격차가 날로 심해지고, 이농의 증가, 농촌 소외에 따른 불만이 고조되는 현실을 방치하기 어려웠을 것이다. 하늘 높게 치솟는 농민들의 불만은 물론이고 야당 등 정치권의 요구로 농업투자를 더 이상 미룰 수 없었다.

이 같은 정치·사회적 분위기 속에서 농업부문의 투자 분위기가 조성되었다. 우선 재정적 측면에서의 투자 재원의 여유가 생겼다. 두 차례에 걸친 '경제개발 5개년 계획'이 성공적으로 추진됨으로써 재정적 뒷받침이 가능해졌다. 농특사업과 같은 기존의 농업정책들이 상당 수준 성과를 보이면서 정부도 농민도 자신감을 갖기 시작한 시기였다.

1960년대 중반부터 심혈을 기울인 쌀 증산 계획이 성공적으로 추진되고, 농특사업 등을 통해 성공한 농민들이 곳곳에서 두각을 나타내면서 농촌사회에 '하면 된다!'는 의식이 확산되었다. 새마을 운동이 급속히 뿌리내리고 가시적 성과를 낼 수 있는 분위기가 조성되기 시작한 것이다.

새마을 운동에 단초를 제공한 사건들

감동적인 농민 성공 스토리

새마을 운동 초기에 성공한 농민들의 감동적인 이야기는 새마을 운동이 요원의 불길처럼 전국으로 번지게 하는 촉매제 역할을 톡톡히 하였다. 누가 시킬 필요도 없었다. 절망 속에서 온갖 역경을 딛고 성공한 이웃 농민의 성공사례는 수많은 농민들을 자극하고 용기를 불어넣으며 새마을 운동이라는 용광로에 불쏘시개가 되었다.

"박정희 대통령은 농민들의 감동적인 성공사례야말로 무엇과도 바꿀 수 없는 산 교재라는 신념을 가졌었다"고 박진환 씨는 회고한다. 그래서 1971년부터 대통령이 주재하는 월례 경제동향보고 회의에서 반드시 농민 성공사례를 발표하도록 했고, 그들의 경험을 새마을 운동을 확산시키는 데 활용했다. 1979년 박 대통령이 세상을 떠날 때까지 9년간 무려 150여 명의 성공사례가 발표되었다.

당시 월례 경제동향보고 회의를 주관하는 경제기획원의 실무자로 근무했던 윤대희 전 국무조정실장은 "경제동향을 보고받는 회의가 새마을 성공사례를 보고받기 위해 치러지는 것 같았다"고 회고했다. 박 대통령은 보고회의에 반드시 새마을 사업 추진상황 보고와 함께 지도자의 성공사례를 발표토록 했으며, 회의가 끝나면 경제기획원 사무실에서 오찬을 하는데 새마을 지도자를 필수적으로 참석토록 배려했다는 것이다. 이 오찬은 장관들이 끼워 달라고 부탁할 정도였는데, 농민 대표는 단골 참석자였다.

성공사례를 발표한 농민들은 새마을지도자연수원 교관 요원으로 활동한 것은 물론이고, 전국 방방곡곡을 돌며 새마을 전도사 역할을 수행했다. 뿐만 아니라 이들 성공한 새마을 지도자들은 자신의 농장을 견학 장소로 개방하여 다른 지역 농민들에게 성공 노하우를 전수하는 기능도 수행하였다. 새마을 운동이 성공할 수 있었던 것은 이처럼 수많은 남녀 새마을 지도자들의 헌신이 뒷받침되었기 때문이다.

남아도는 시멘트

1970년대 초 기간산업 중 하나인 시멘트가 공급과잉으로 남아도는 사태가 발생했다. 이 잉여 시멘트가 농촌 개혁을 가져오는 새마을 운동에 단초가 된 것은 우연치고는 기적 같은 우연이었다. 다음은 김정렴 전 대통령 비서실장이 그의 회고록 《한국 경제정책 30년사》(1990, 중앙일보사)에서 소개한 시멘트 사건의 전말이다.

대통령의 지시로 새마을 가꾸기 사업이 진행되던 1970년 여름 어느 날이다. 여당인 민주공화당의 재정위원장인 김성곤 의원이 청와대를 방문하여 당무 보고를 마친 뒤 박 대통령에게 시멘트의 과잉재고로 시멘트 업계 자금난이 심하다며 특별 재고융자 지원을 요청했다. 대통령은 "남아도는 시멘트를 부진한 새마을 가꾸기 운동에 돌릴 수 있는 방안을 강구해 보라"고 분부했다.

당시 김현옥 내무부 장관, 김학렬 부총리 등과 협의 끝에 30억 원 정도의 예산을 투입하기로 결정, 그해 10월 전국 농어촌 3만 4,665개 부락에 300에서 350부대씩의 시멘트를 무상으로 공급했다. 분배받은 시멘트는 개별적으로 나눠 쓸 게 아니라 반드시 마을 공동사업에 써야 한다는 조건을 붙였다. 용도는 마을 진입로 확장, 작은 교량 및 농가 지붕 개량, 우물 시설 개선, 공동 목욕탕, 공동 빨래터 등 약 20개 종목의 사업을 정해 사용토록 하고, 사용 방법은 일체 정부가 간섭하지 않고 주민 자율에 맡겼다.

시멘트를 나눠 주고 벌인 제1차 연도(1970. 11~1971. 3)의 새마을 사업에 대한 마을 주민들의 반응은 정부의 기대보다 훨씬 좋았다. 많은 부락 주민들은 배분받은 시멘트에다 자신들의 엄청난 노동력을 제공하여 많은 사업을 성사시키고 자랑스러워했다. 박 대통령은 내무부로 하여금 각 마을의 사용효과를 면밀하게 파악할 것을 지시했다. 조사 결과 전국 3만 5천여 마을 가운데 절반가량인 1만 6천여 마을이 좋은 반응과 성과를 올린 것으로 평가되었다.

대통령은 중대한 결심을 한다. 제2차 연도인 1972년에는 첫해 반응이 좋았던 1만 6천 6백 개 마을에만 시멘트 5백 부대와 철근 1톤씩을 추가 지원토록 했다. 이에 내무부는 지원받지 못하는 마을 농민들의 반발이 거셀 것이라며 난색을 표시했다. 또 이런 방침을 전해 들은 여당에서도 대경실색(大驚失色)했다. 다음 선거에 악영향이 있고 공화당이 망할지도 모른다며 대통령의 재고를 요청했나. 그러나 박 대통령의 의지는 요지부동이었다. 많은 우려 속에 차등적으로 지원된 시멘트 새마을 사업이 제2차 연도를 넘기면서 농촌에 놀라운 일을 일으켰다. 지원 대상에서 빠진 마을 가운데 자진해서 자력으로 새마을 사업에 참여하는 곳이 늘어 6천여 곳이 넘은 것이다. 이 마을들은 초년도의 미진함을 반성하고 앞으로는 더 잘하겠다고 다짐했다.

그리하여 정부는 우수한 성과를 내는 마을부터 우선 지원한다는 원칙을 세우고 전국 3만 5천여 개 마을을 기초마을·자조마을·자립마을의 3가지로 구분하였다. 잘하는 마을에 집중적으로 지원하는 정책은 농민들로 하여금 많은 변화를 가져오게 했다. 주민들을 자극하고 경쟁하도록 하는 효과를 초래한 것은 향후 새마을 운동이 빠르게 그리고 건설적으로 확산되는 데 기여했다.

박정희 대통령의 결단

박정희 대통령의 초기 경제정책의 기조는 '선공업화·후 농촌 발전'이었다. 따라서 농업 분야에 대한 관심과 투자는 그만큼 늦었다. 그러나 농공병진을 적극 추진하는 박 대통령의 농어촌 대책은 더 적극적이고 치밀했다. 새마을 운동의 구상 및 추진 과정을 살펴보면 박 대통령의 농업에 대한 정책 의지와 철학을 읽을 수 있다.

앞에서 설명했듯이, 1969년 여름 경상남북도 지역이 혹심한 수해를 입었다. 수해지구를 둘러보던 박 대통령은 경북 청도군 청도읍 신도 1리에서 놀라운 현상을 발견한다. 이 마을은 수해복구뿐만이 아니라 마을 안길이 넓어졌고 지붕이 개량되고 담장이 잘 다듬어지는 등 생활환경이 크게 개선되어 있었다. 대통령이 그 경위를 묻자 주민들의 대답은 놀라운 것이었다. "기왕에 수해로 쓰러진 마을을 복구할 바에야 이 기회에 좀더 잘 가꾸자고 마을총회에서 결의하여 이렇게 만들었다"는 것이었다. 박 대통령은 신도리 주민들의 자발적인 자조정신과 협동심에 큰 감동을 받고 농촌개발에 관한 새로운 구상을 한다.

다음해인 1970년 4월 부산에서 열린 전국 지방장관 회의에서 박 대통령은 농민의 자조 노력을 강하게 호소하고 신도리 마을을 예로 들면서 새마을 운동의 구상을 피력했다.[2]

| 새마을 운동 20주년 기념(1990.5.16)
새마을 운동 20주년을 기념하여 새마을 운동의 발상지로 알려진 경북 청도군 청도읍 신도 1리에서
김수학 전 새마을운동중앙협의회 회장(오른쪽 5번째)이 현지 기관장 및 새마을 지도자들과 함께했다.

앞서 설명한 대로 박 대통령은 1970년 11월 하사용 씨의 감동적인 성공사례 발표를 새마을 운동을 전국적으로 확산시키는 계기로 삼았고, 1971년과 1972년 잉여 시멘트를 활용한 농촌 실험에서 알찬 성과를 거둠과 동시에 많은 교훈을 얻는다. 새마을 운동을 통한 농촌 근대화의 골격이 잡혀가는 시기였다. 1972년 4월 광주에서는 전국 새마을 소득증대 경진대회가 열렸다. 여기서 박 대통령은 14쪽의 친필 연설문을 낭독했는데 그의 새마을 운동에 대한 철학과 의지, 내용이 자세히 담겼다.

… 새마을 운동이란 시멘트와 철근을 가지고 농로(農路) 닦고 다리 놓는 것 등의 일이다. 쉽게 말하자면 잘살기 운동이다. 그렇다면 어떻게 사는 것이 잘사는 것이냐. 방법은 다 안다. 문제는 실천이다. 부지런해야 잘산다. 자조정신이 강해야 잘산다. 온 마을사람들이 협동정신이 강해야 잘산다. 혼자만 부지

2 김정렴, 1990, 《한국 경제정책 30년사》, 중앙일보사.

| 박정희 전 대통령의 '새마을 운동 기획 초고'
1972년 박정희 전 대통령이 친필로 써내려간 새마을 운동 기획 초고는
2011년 국가지정기록물로 지정되어 병풍 형태로 새마을 역사관에 전시되어 있다.

런해도 안 된다. 온 집안 식구, 온 동네 사람 모두가 부지런해야 한다. 온 동리 사람들이 다 부지런하면 협동도 잘된다. 근면·자조·협동, 이것이 바로 새마을 정신이다.

이제부터 이 사업은 직접적인 소득증대 사업으로 이끌어가야 한다. 새마을 운동을 성공적으로 발전시켜 나가기 위해서는 다음과 같은 사항에 유의해야 한다. 우선 정부 관리와 농민들은 성과에 대한 성급한 생각을 버려라. 최소한 5년간은 열심히 지속해야 성과가 보인다. 후손에게 물려준다고 생각해라. 조림사업은 40~50년은 걸린다. … 이룩한 업적을 후세 역사에 남겨야 한다. …

부산과 광주에서 있었던 대통령 연설은 그가 혼신의 힘을 다해 필생의 과업으로 추진한 새마을 운동의 철학이 담겼다. 특히 광주에서 행한 친필 메모 연설에는 새마을 운동의 뜻, 정신, 기본 방향, 방법 등이 소상히 담겼다. 이 친필 메모는 새마을운동중앙연수원 부설 새마을역사관에 병풍으로 만들어져 전시 중이다. [3]

3 박정희 대통령의 새마을 운동 친필 메모 연설문은 1972년 4월 26일 전남 광주 새마을대회에서 행한 연설로 그가 구상한 새마을 운동의 지도 이념과 철학이 가장 잘 담긴 것으로 평가된다.

새마을 운동 성공기

새마을 운동 전개 과정

한국적 농촌개발 모델인 새마을 운동은 정부의 자재 지원, 농민들의 근면·자조·협동정신 함양과 자신감 형성, 이 두 가지의 성과를 토대로 한 인프라 개선 및 소득증대의 과정으로 요약할 수 있다.

　새마을 운동은 3단계로 추진되었다. 우선 농어촌의 기초조성 단계(1971~1973년), 자조발전 단계(1974~1976년), 자립완성 단계(1977~1981년)를 거쳐 농가 호당 소득 목표를 140만 원으로 잡았었는데 이 목표가 1977년에 달성되는 성과를 거두었다.

　농가 소득은 1974년부터 도시 근로자 소득을 웃돌았고, 1981년의 소득 목표액을 1977년에 도달해 전국 3만 5천여 마을에서 기초마을을 일소하고 98%가 자립마을이 되었다. 새마을 운동 10주년에 해당하는 1980년 4월까지 정부의 투입자금은 2조 7,521억 원, 운동 참가 연 인원은 약 11억 명, 새마을회관 3만 5,950개소, 신설 농로 4만 4천㎞, 폭을 넓힌 마을도로 4만㎞, 신설 용수로(用水路)는 4,440㎞에 달했다.[4]

　정부 지원에 대한 주민 스스로의 출자, 노동력 제공, 협동작업 능력 및 생산성 향상, 공업품 개발 등 다각적 평가기준이 적용되어 구분되는 기초·자조·자립마을별로 정부 보조금 지원에 격차를 두었다. 이 같은 차등지원 시스템은 당국의 지도와 강요 없이도 마을 구성원 스스로에게 경쟁심을 유발하고 협동정신을 불러일으키는 기능을 수행하였다.

　물론 새마을 운동 초기부터 이처럼 확고한 개발 목표와 추진 전략이 서 있었던 것은 아니다. 추진 과정에서 기초마을이 자조마을로 되기 위해서는 마을 안길의 농로·소교량·소하천의 정비, 농업 수리율, 공동 이용시설, 지붕 개량,

---

4 김정렴, 1990, 《한국 경제정책 30년사》, 중앙일보사.

마을기금, 소득 수준 등의 정해진 기준을 달성해야 가능했다.

자립마을로 올라가려면 보다 높은 수준의 목표를 달성해야 했다. 1972년 7%에 불과했던 자립마을이 1977년에는 82%로 높아졌고, 1980년에는 모든 마을이 자립마을이 된다.[5]

고건 전 국무총리가 설명하는 '새마을 운동의 확대 재생산 선순환 과정'을 살펴보자. 새마을 운동의 첫 번째 목적은 농민들의 의식을 발전 지향적으로 변화시켜 근면·자조·협동을 실천토록 하는 것이었다. 아울러 농촌마을·사회를 새로운 리더십 중심의 적극참여 조직으로 활성화하는 것이었다. 또 하나의 목적은 농촌마을의 인프라를 개선하고 경제적 소득을 증대시키는 것이었다. 이처럼 3가지 목적을 통합하여 달성하려는 패키지 프로그램이 새마을 운동 메커니즘이었다.

1970년대 우리의 농촌마을은 동력 경운기나 자동차가 통행할 수 없을 정도로 마을 진입 도로가 좁고 불편했다. 여기에 정부가 시멘트와 철근을 지원함으로써 ① 마을 주민들은 진입로의 확장·포장 등의 동기를 자극받았다. ② 주민들은 협동작업으로 진입로를 확장·포장했다. ③ 그리고 자조·협동의 노력으로 이루어진 가시적 결과로부터 이용 편익을 실감했다. ④ 더 나아가 경운기가 개별 농가에서부터 경작지까지 왕래할 필요를 절감하고, 진입로와 연결되는 마을 안길까지 확장·개설한다. ⑤ 마을 주변 도로의 개발은 영농 기계화를 추진하고 증산과 소득증대로 이어졌다.

이것이 바로 '정부의 자재 지원을 통한 자극 → 농촌 인프라 개선 동기 유발 → 협동 참여 → 가시적 결과 → 이용 편익 → 자조·협동정신 → 확대 재생산'의 '새마을 운동의 확대 재생산 선순환 과정'이다. 이러한 선순환 사이클은 당시에 '새마을 방식'이라는 유행어로 통칭되었다.

5 김보현, 2013, 《전환시대를 이끈 행정가》, 나남.

새마을 운동의 가시적 성과

정부의 적극적인 농업투자 확대와 궤를 함께하면서 추진된 새마을 운동의 성과는 크게 나눠 식량의 자급자족 달성, 농가 소득의 획기적 증대, 농촌의 생활환경 및 농업 기반의 개선을 들 수 있다. 1970년대 초 새마을 운동의 점화(點火)와 때를 같이하여 통일벼 계통의 다수확 신품종이 보급되어 단기간에 걸쳐 쌀 수확량이 급격히 증가, 주곡자립을 달성한 것이 가장 큰 성과 중의 하나이다.

농특사업, 새마을 가꾸기 사업, 새마을 운동을 거치면서 1970년대 농가 소득은 급속히 증가했으며, 소득 구성도 다양해지는 등 근대화되는 모습을 띠었다. 1970년대 10여 년간 농가의 평균 소득은 무려 3배 가까이 늘었다. 도농 간 소득 격차도 크게 개선되어 1967년 도시 근로자 가구 소득에 대한 농가 소득의 상대소득 비율이 60.1%로 극심한 격차를 보였으나, 그 후 매년 개선되어 1974년부터는 오히려 도시 근로자 소득을 상회하기 시작했다.

소득 구성 면에서도 큰 변화를 보였다. 1965년에는 농업 수입 가운데 쌀과 보리 생산에 의한 수입 비중이 71.7%를 차지했으나, 1979년에는 64.1%로 낮아진다. 반면에 채소, 과수, 축산 등의 비중이 크게 늘어남으로써, 쌀과 보리 위주의 농업경영에서 점차 벗어나 농가 소득원이 다양해지는 모습을 보였다. 따라서 농가 소득 중 농업 이외의 과수·축산·수산 등 농외소득의 비중은 1965년 20.9%에서 1979년에는 31.3%로 높아진다.

1970년대 농가 소득이 크게 늘어난 요인은 다음 몇 가지로 요약될 수 있다. 다수확 벼 품종 보급과 정부의 고미가 정책, 고소득 작목으로의 영농구조 개선, 새마을 운동 본격 추진에 따른 정부의 농업투자 확대 등이다.

농가 소득이 높아진 것은 물론이거니와 농촌은 놀라울 정도의 외형적 변화가 일어난다. 1970년대 중반에는 도서지역을 제외한 전국 모든 농어촌마을에 자동차가 들어가고, 마을 주변의 하천과 둑이 대부분 개수되어 홍수 피해를 막을 수 있게 되었다. 1970년대 초 80%에 달하던 농가 초가지붕이 슬레이트나 기와지붕으로 바뀌었고, 상하수도 시설이 마련되어 생활편익이 눈에 띄게 개선된다.

1965년에 「농어촌전화(電化) 촉진법」이 제정된 이후 추진된 전화사업으로

1960년대 말 농가의 20% 정도에만 전깃불이 들어가던 것이 1979년에 이르면서 98.7%로 높아져 전 국토 거의 모든 곳에 전깃불이 들어가게 된다.

1970년에는 전화가 가설된 마을이 전체의 1/10도 못 미쳤으나, 1979년경에는 모든 행정 리·동에까지 전화망 가설이 완료되었다.

새마을 운동의 성공 요인

1970년대 새마을 운동이 성공할 수 있었던 것은 농촌 주민들의 자발적이고 적극적인 참여와 정부의 전략적 정책 선택 덕분이라는 데는 이론이 없다. 고건 전 국무총리는 그의 논문 "한국의 새마을 운동: 그 성공 요인과 이전 가능성"에서 새마을 운동의 성공 이유를 다음과 같이 요약했다.

(1) 농촌개발의 전략단위로 마을이라는 자연부락을 선택했다. 종래의 개별 농가나 개인에게 자금을 지원하던 정책에서 벗어나 지원 대상을 마을로 삼았다. 공동사업을 유도함으로써 주민들의 협동과 참여·자조의식을 유발하려는 취지였고 적중했다.

(2) 통합적인 농촌개발 전략을 구사하였다. 과거 실패한 재건국민운동을 교훈 삼아 정신개혁이나 하향식으로 정책을 추진하는 방식을 버리고, 경제적 동인을 중시했다. 즉, 농촌 인프라를 개선하고 경제적으로 소득을 증대시키는 것과 정책을 직결하여 추진했다. 이는 농촌 주민들의 참여에 큰 역할을 한다.

(3) 자율적 참여와 민주적 의사결정을 중시했다. 정부는 새마을 운동 초기부터 주민들의 자율적 참여 여부에 성패가 달렸다고 판단했다. 따라서 사업 내용의 선택은 마을총회에서 결정토록 하고, 정부는 다만 농촌 주민들의 선택에 정보를 제공하고 유형별로 알맞은 사업 메뉴를 제시하는 데 그쳤다.

(4) 마을의 리더십을 중시했다. 새마을 운동을 추진하는 데 마을 지도자의 역할이 절대적으로 중요하다는 인식하에 리더의 육성과 활용에 주력했다. 새마을 지도자들은 주민, 정부 지원과 더불어 새마을 운동의 3대 지주였

다. 그들은 새마을 사업의 기획자·집행자·주민 설득 조정자로서 농촌 마을을 혁신하는 선도자 역할을 했다.

(5) 촉매적·전략적 지원방식을 채택했다. 정부의 새마을 지원은 의타심을 버리고 자조 개발의 의욕을 불러일으키는 방향으로 설계되었다. 특히 자율적이고 적극적인 마을에 자원을 차등지원하는 방식을 일관되게 유지함으로써 참여와 협동 경쟁을 이끌어내 새마을 운동이 성공할 수 있었다.

내무부가 1980년에 펴낸 《새마을 운동 10년사》에서는 새마을 운동의 성공 요인을 다음과 설명한다.

(1) 국민적 자각: 많은 시련과 절망 상태에서 헤어나지 못하던 국민들이 자각하기 시작한 것이다. 새마을 운동을 계기로 국민적 각성 및 의식개혁이 일어남으로써 새마을 운동이라는 농촌 근대화가 이뤄져갔다.

(2) 동기부여의 자극: '우리도 한번 잘살아 보자'는 슬로건으로 상징되는 초기 새마을 운동은 수천 년 가난에 찌든 농촌 주민들을 일으켜 세운다. 시멘트 지원과 같은 소규모 정부 지원이었음에도 농민들은 협동과 자율참여로 자신들의 성취를 이뤄낸다. 그리고 발전해 농촌사회의 변혁을 가져온다.

(3) 새로운 유형의 교육제도 도입: 새마을 운동을 이끄는 마을 지도자들을 교육하고 양성하는 방식이 새로운 패턴이었고 효율적이었다. 이론적이기보다는 현장 중심, 성공사례 전파 형식의 교육이 파급효과가 컸다.

새마을 운동의 작동 체계와 관련하여 한도현 교수(한국학중앙연구원)는 자발적 참여 유도, 새마을 지도자, 책임행정주의 등 3가지 이유를 성공 요인으로 지적했다. 즉, 우수마을 우선지원이라는 차등지원 정책을 동원하여 농민들의 자발적 참여와 경쟁을 유도한 것이 새마을 운동 성공의 첫 번째 요인으로 꼽혔다. 다음으로는 마을 지도자를 통해 모든 사업을 기획·추진토록 하는 민주적이고 자율적인 방식을 통해 마을 통합과 협동을 이끄는 데 성공했다. 이와 함께 철저한 행정책임제와 현장중심 행정, 관료주의 극복을 통해 정부와 농민 간의 소통 협력을 원활하게 함으로써 정책의 성공을 가져올 수 있었다.

고건 전 국무총리의 회고(인터뷰)

30대의 젊음과 열정을 새마을에 쏟았다

고건 전 국무총리는 새마을 운동이 깃발을 올려 추진된 1970년대의 10년 기간 중 초창기에서부터 운동이 뿌리를 내려 본격적으로 가동되기까지 전반기 5년 동안 중앙정부의 새마을 운동 주무부처인 내무부 새마을 담당국장(지방국 지역개발담당관)으로 일했다. 이 기간 중 고건 전 국무총리는 전국의 새마을 프로젝트 기획 및 설계 업무를 맡아 진두지휘했다. 그 후 5년 동안은 도지사로서 행정 일선에서 새마을 사업을 지원한 데 이어, 박정희 대통령의 수석비서관(정무 제2 수석비서관)으로서 다시 중앙정부에서 새마을 운동 시책을 조정하는 일을 수행했다.

이처럼 고건 전 국무총리는 새마을 운동을 시종 기획·추진·조정하는 정부의 중책을 수행한 산증인이다. 고건 전 국무총리는 "한국의 새마을 운동: 나는 30대의 젊음과 열정을 새마을과 산림녹화에 쏟았다"(함께 열정을 쏟은 사람들)라는 회고에서 당시 상황을 다음과 같이 회상했다.

새마을 운동 전 단계인 새마을 가꾸기 사업은 초기에 시멘트를 마을별로 지원해 사업을 추진했는데, 상당수는 괄목할 만한 성과를 거뒀음에도 불구하고 적지 않은 마을에선 공동사업을 하는 대신 시멘트를 가구별로 나눠 써 버리기도 했다. 따라서 언론을 비롯한 일각에선 비판 여론이 적지 않았다. 냉소적인 분위기를 해소하기 위해 나는 언론사 사회부장 모임을 시작으로 YWCA 등 사회단체, 그리고 내 모교인 서울대 문리대 강당에까지 찾아가 슬라이드를 보여주며 일부 부작용에도 불구, 많은 성과가 있고 또 계속 추진할 가치가 있음을 설득하느라 노력했다.

그의 회고는 이어진다.

나는 이때 '지역개발 담당관'이라는 관직명을 '새마을 담당관'으로 개칭하는 직제개편을 추진했다. 새로운 직명인 새마을 담당관은 우리 정부 조직상 최초의 한글 명칭이다. 이어 각 도·시·군에 '새마을 과장'과 '새마을 부군수'라는 직명이 생겨 새마을 운동추진의 정부 쪽 기관사 역할을 하게 됐다.

    … 나는 매월 한 번씩 새마을 국무회의에 참석하여 한 달 동안의 새마을 사업의 성과와 문제점 그리고 각 부처의 필요 및 지원 사항, 다음달의 사업 방향을 제안하고 설명했다. 이 자리에서 대통령은 정부 관계부처가 협력하고 지원하도록 조정하여 주었고, 향후 새마을 운동의 방향에 대해 가이드라인을 제시했다. 새마을 담당관실은 대통령이 제시하는 새마을 운동의 큰 방향을 구체화하는 실시 설계자의 역할을 수행하였다. … 또한 전국의 새마을 사업 현장에서 발생되는 문제점들을 수집 및 분석하고 그 대책을 마련해서 각 부처 간의 협의 조정을 도출하였다. 나는 지금도 당시 새마을 담당국장으로서 대통령이 제시하는 새마을 운동의 큰 방향을 구체화하는 실시 설계자 역할을 하였음을 큰 보람으로 여긴다.

고 총리는 그의 저서[6]에서 새마을 운동 업무를 맡아 수행하였던 시절에 대한 소회를 이렇게 밝혔다.

나는 관운(官運)이 좋은 사람이다. 관운의 의미는 사람마다 다를 수 있다. 나에게 관운은 시대적으로 중요한 국가적 과제를 맡는 자리에 있었다는 뜻이다. 내무부 지역개발 담당관으로 일하며 '치산녹화 10개년 계획'을 수립하는 기회를 얻었고, 새마을 운동을 담당하게 됐다. 나는 사업 전과 후 달라진 마을의 모습을 담은 슬라이드를 만들어 짊어지고 곳곳에 설명을 하러 다녔다.

    … 모교인 서울대에 가서도 설명회를 열었다. 권위주의 통치체제하에서 관료가 대학에 가서 강연한다는 것은 꽤 용기가 필요한 일이었다. 총학생회장 출신 선배가 설명회를 한다니 학생회에서 도움을 주었던 것 같다.

    당시 학생과의 대화가 생각난다. 새마을 가꾸기 설명이 끝나자 한 여학생이 물었다.

---

6 고 건, 2013, 《국정은 소통이더라》, 동방의 빛.

"농촌의 초가집이 소박한 정취가 있는데, 왜 지붕 개량을 해야 합니까?"

나는 이렇게 답했다.

"보기엔 좋을지 몰라도 해마다 초가집 지붕을 갈려면 짚이 많이 필요하고 힘도 듭니다. 그 짚을 소의 사료나 가마니, 새끼 등 고공품(짚을 엮어 만든 생활용품)으로 쓰면 더 생산적이지 않을까요?"

고건 전 국무총리의 육성 회고와 논문, 연설문 "한국의 새마을 운동: 나는 30대의 젊음과 열정을 새마을과 산림녹화에 쏟았다", "한국의 새마을 운동: 그 성공 요인과 이전 가능성", "한국의 치산녹화", "한국의 치산녹화 그리고 북한의 산림녹화" 등을 토대로 1970년대 가난과 절망의 늪에서 벗어나지 못하던 농어민이 만성적 정체 상태에서 탈출, 자립의 길로 들어서는 역정을 새마을 운동의 전개 과정을 통해 조망해 본다.

권순직 새마을 운동의 태동기인 1970년대 초 한국 농어촌 실정은 어땠습니까?

고 건 새마을 사업이 시작되는 1970년대 초 공업 위주 수출 드라이브 정책 추진의 뒤안길에서 농촌은 아직 빈곤의 악순환에서 벗어나지 못했어요. 그야말로 절대빈곤의 참상에서 허덕였습니다. 1960년대 후반부터 한해대책과 수자원 개발 그리고 농특사업이 진행되었지만 보릿고개가 상존하고 농촌 가구의 80%가 초가집이었으며, 20% 정도의 가구에만 전기가 들어오는 실정이었죠. 농촌마을 절반 이상에 자동차가 들어갈 수 없었고, 대부분 마을 안길에는 동력 경운기가 다닐 수 없었습니다.

권순직 새마을 운동은 어떻게 해서 시작됩니까?

고 건 시작부터 새마을 운동이 아니고, 처음엔 '새마을 가꾸기'로 출발해서 '새마을 운동'으로 전환했어요. 가난한 농촌에서 태어난 박정희 대통령은 농촌과 농민을 빈곤의 굴레에서 벗어나게 해야겠다는 집념이 무척 강했습니다. 그래서 박 대통령은 자조적(自助的)인 농촌개발을 위한 새마을 운동을 제창한 겁

| 한해 극복 현장 시찰(1968)
극심한 한해를 극복하려는 농민들을 격려하고
지원하는 정부의 노력은 계속되었다. 굴착기
왼쪽으로 육영수 여사의 모습이 보인다.

니다. 당시 남아돌아 골치 아픈 시멘트 처리 문제와 열악한 농촌 인프라 개선 숙원이 맞아떨어져 '시멘트 지원을 통한 새마을 가꾸기 운동'이 시작됩니다.

당시 박정희 대통령이 집념을 갖고 새마을 운동을 추진한 배경에 대한 고건 총리의 회고다.

고 건   5·16으로 정권을 잡자마자 빈곤 탈출을 목표로 재건국민운동을 추진했습니다. 그러나 톱다운(top-down: 위에서 결정해 아래로 전파하는) 방식의 관 주도 국민운동이었던 탓에 호응은 적었고 실패로 돌아갔습니다. 하지만 새마을 운동은 시작부터 달랐습니다. 어느 한 사람이 고안한 운동이 아니었던 것이죠. 그때 경북 청도의 신도리, 영일의 문성동(지금의 포항), 전남 담양의 도개마을 등 스스로 잘 가꾸는 마을이 나타나기 시작했습니다. 농촌 곳곳을 다니던 박 대통령이 이러한 변화를 목격했습니다.

1970년 4월 22일 박 대통령은 부산에서 열린 한해대책 지방장관 회의에서 이런 변화를 전국 마을에 전파하자며 '새마을 가꾸기 운동'이라고 이름을 붙였습니다. 재건국민운동과 반대로 현장에서 출발한 운동이었습니다. 그해 10월 정부는 전국 3만 3천여 개 마을에 각각 335포대의 시멘트를 지원했습니다.

남아도는 시멘트가 새마을 운동 단초가 되다

권순직 새마을 가꾸기 사업은 시멘트 지원으로부터 시작됩니다. 구체적으로 어떻게 진행되었습니까?

고 건 정부는 '새마을 가꾸기 사업'의 이름으로 전국 3만 3,665개 농어촌마을에 335포대의 시멘트와 철근을 지원했어요. 이 335라는 숫자는 전체 시멘트 재고량을 마을 수로 나눠 산출된 것입니다. 시멘트를 나눠 주면서 단 두 가지 조건만 달았어요. 첫째, 가구마다 개별적으로 나눠 쓸 게 아니라 반드시 마을의 공동사업에 쓰도록 유도했습니다. 둘째, 시멘트로 무슨 사업을 할 것인가를 마을주민들이 스스로 합의해서 결정하라는 것이었어요. 농민들이 스스로 마을의 숙원이었던 개발사업을 하도록 동기를 부여했던 겁니다. 자연히 주민들이 협동작업을 펼치기 시작합니다. 어디에 어떻게 쓸지를 정부가 일일이 정해 주던 이전의 사업 방식과는 큰 차이점이 있었지요.

이것은 곧 정체된 농촌마을 사회에 새로운 변혁을 초래하는 촉매제로 작용합니다. 새마을 사업에 대한 정부의 자재 지원은 농어촌 주민들로 하여금 자율적 참여와 더불어 마을의 노동력 및 토지 등 모든 자원을 공동사업에 투입하게 만드는 분위기를 조성하는 계기도 마련했어요. 이 같은 주민들의 자율적인 참여와 자조적인 자원 동원으로 성과가 눈덩이처럼 불어나는 효과(snowball)를 가져오면서 새로운 형태의 농촌사회 개혁과 자조·자립의 사회운동이 본격적으로 점화되었다고 볼 수 있습니다. 정체되었던 농촌마을에 새로운 변혁을 초래하게 됩니다.

처음부터 새마을 운동의 성패는 주민들의 자율적 참여 여부에 달려 있다고 판단, 참여 유도에 초점을 맞춥니다. 1960년대 재건국민운동이 농민들의 참여를 강요함으로써 실패로 끝난 교훈을 거울삼았다고 볼 수 있겠지요.

권순직   시멘트 지원은 어떻게 해서 이뤄졌습니까?

고　건   1970년 여름으로 기억됩니다. 당시 여당인 민주공화당의 재정위원장이던 김성곤 의원이 청와대에서 박 대통령과 당무 협의를 하던 중 시멘트의 과잉재고로 시멘트 업계가 어렵다며 자금 지원을 요청했어요. 김 의원은 여당 중진의원이기도 했지만 시멘트 공장을 운영하는 대기업 사업가였죠.

이 말을 들은 박 대통령이 "남아도는 시멘트를 새마을 가꾸기 사업에 사용할 방안을 강구해 보라!"고 관계부처에 지시하게 됩니다. 이에 따라 당시 김정렴 대통령 비서실장과 김현옥 내무부 장관은 머리를 맞대고 내무부 예산을 점검해 봤으나 도무지 시멘트를 구입할 예산이 없는 거예요. 그래서 김학렬 경제부총리에게 도움을 요청해 상의한 결과 무리하면 30억 원 정도는 염출(捻出)할 수 있다는 결론을 내리고 어렵게 30억 원의 예산을 확보하여 농어촌에 시멘트 지원을 하기 시작했어요. 그때 새마을 가꾸기 운동을 어떻게 추진할까 고민하던 박 대통령으로선 '마침 잘됐다' 싶었을 것입니다.

우수마을 우선지원, 차등지원 원칙 고수

권순직   과잉재고 시멘트가 새마을 가꾸기 사업에 불을 붙였고, 다시 새마을 운동으로 확대 발전된 셈이군요. 어쨌든 새마을 운동 초기 남아도는 시멘트가 효자 노릇을 한 셈입니다.

고　건   1971년 3만 3천여 마을과 같은 성과를 토대로 '새마을 가꾸기 사업'이 새마을 운동으로 발전합니다. 1972년엔 전체 마을 중 성과가 좋은 1만 6천 6백여 개 마을(전체의 약 절반)을 골라 새마을 자재를 중점 지원했어요. 이른바 '우수마을 우선지원'이라는 자조 개발의 원칙을 가시적으로 적용함으로써 후진 마을을 자극한다는 전략이었습니다. 그 효과는 대단히 만족할 만한 것이었죠.

이 자극은 6천여 마을이 자체 자원만으로 새마을 운동에 참여하는 파급효과를 가져왔고, 그 결과 이 해에는 정부 투자의 7배 이상의 투자 성과를 거둔 것으로 분석되었습니다. 1971~1978년 기간 동안 정부 투자는 5,519억 원으로 사업성과는 1조 9,992억에 이른다는 분석이 있었습니다.

새마을 프로젝트는 농로, 소교량, 마을 진입도로, 간이 상수도, 마을회관, 농촌 전화(電化) 사업, 소규모 수리(水利) 개선사업과 같은 농촌 인프라 개선사업에서부터 경제작물, 축산, 잠업, 유통 개선과 같은 소득증대 사업에 이르기까지 농촌마을이 필요로 하는 다양한 사업들을 모두 포괄했습니다.

각 마을은 이 다양한 사업 메뉴 중에서 자신들의 마을에 가장 절실한 사업을 마을총회에서 선정하여 추진합니다. 초기에는 대부분 마을들이 환경개선 등 인프라 개선에 우선순위를 둡니다. 그 결과는 가시적인 것이고 그 혜택이 피부로 느낄 수 있는 것들이어서 적극적인 참여 유도에 기여했다고 봅니다.

1971~1979년 새마을 운동 기간 중 마을 주변 도로가 한 마을당 2.6㎞, 전국적으로는 8만 5천여 ㎞가 건설되었어요. 이러한 눈에 띄고 당장 편익을 가져다주는 인프라 개선은 농촌 주민의 자발적 참여 동기를 부여함은 물론 이를 토대로 새마을 운동 후반기에 사업의 중점을 소득증대 사업 쪽으로 이동시키는 데도 중요한 역할을 했다고 봅니다.

정부의 전략적인 자재 차등지원은 농어촌 주민들의 자발적인 참여 동기를 자극하여 마을 주민 스스로의 노동력과 토지 현금을 비롯한 동원 가능한 모든 자원을 투자하게 만들었어요. 정부 보조와 외부 지원에만 의존하던 과거의 관습과는 정반대의 자세를 이끌어낸 겁니다.

이 같은 분위기가 조성되고 확산되면서 농어촌사회는 집단적인 자조정신으로 더 큰 새마을 사업을 밀고 나가려는 적극성을 띠었습니다. 이것이 1970년대 자조적 농어촌 개발 모형으로서의 새마을 운동이 성공한 진화 과정이라고 생각합니다.

| 박정희 대통령과 농부(1977)
박정희 대통령이 농부와 논두렁에 앉아
김밥 도시락을 펼쳐 놓고 막걸리를 마시고 있다.

권순직　　새마을 운동 초기에는 재원 마련이 무척 어려웠죠?

고　건　　제 1~2차 경제개발 계획(1962~1971년)이 비교적 성공적으로 추진됨으로써 1970년대 새마을 프로젝트를 지원할 수 있는 정부 재정을 뒷받침하였다고 볼 수 있습니다. 두 차례의 '경제개발 5개년 계획'이 성공적으로 추진됨으로써 우리나라 공업 발전의 틀이 잡혔고, 재정적 여유가 생기기 시작하면서 도시와 농촌의 병행 발전, 도농 격차 해소가 큰 과제로 떠오릅니다.

　　재정적 여유도 여유지만 재원 조달에 또 한 측면의 계기가 있었어요. 한일 국교 정상화 과정에서 들여온 대일(對日) 청구권 자금 사용과 관련해 당초 1억 달러는 농업부문에 투입키로 했지만 공업 발전 우선전략에 밀려 농업부문의 투자가 미미했었는데 바야흐로 농업투자 시기가 도래한 것입니다.

　　자신이 가난한 농촌 출신일 뿐만 아니라 농어촌 발전에 애착이 컸던 박 대통령으로서는 농어민에 대한 부채 의식(미안함)을 안았던 터라 새마을 운동을 통한 본격적인 농업부문 투자를 결심했다고 볼 수 있습니다.

주민 자율 참여가 성공의 열쇠

권순직　다양한 새마을 프로젝트는 누구에 의해서 선택되고, 어떻게 만들어졌습니까?

고 건　새마을 가꾸기와 새마을 운동 사업을 기획하는 과정에서 가장 중시한 것은 어떻게 농어민의 자율적 참여를 유도할 것인가에 있었어요. 새마을 운동의 성패는 주민의 자율적 참여 여부에 달려 있다고 보았기 때문입니다. 1960년대 재건국민운동은 관 주도하에 농민들의 참여를 강요하는 방식을 취함으로써 실패한 경험이 있었습니다. 당연히 새마을 사업은 자율적인 마을 주민의 참여를 이끄는 데 초점을 맞춰 설계해야 했어요.

마을 주민들의 자율적 참여를 유도하기 위하여 새마을 사업의 내용을 마을 총회에서 민주적으로 결정하도록 유도했습니다. 이와 동시에 정부는 주민들의 선택에 기술적 정보를 알려주는 길잡이 역할을 담당, 농촌마을에 유형별로 적합한 다양한 사업 메뉴를 제공했습니다. 주민들은 '새마을 가꾸기 사업의 길잡이'(메뉴)에 제시된 메뉴를 참고해서 자신들에게 가장 필요하고 시급한 사업을 주민총회의 논의를 거쳐 선정하는 방식을 활용함으로써 자율성과 참여 의식을 높일 수 있었지요.

그 과정에서 무슨 사업부터 해야 하나 하는 주민들의 고민도 많았지요. 과거에는 정부의 지원이 내려오고 마을이 해야 할 일도 정부가 정해서 일방적으로 지시하는 방식이었잖습니까. 그런데 난생처음 정부는 자원만 지원하고, 마을 주민이 알아서 하라고 하니 주민들은 무슨 일부터 해야 할지 고민에 빠지지 않을 수 없게 됩니다.

예컨대 시멘트를 주면서 사용조건은 단 한 가지뿐으로 '마을 공동사업'을 하라는 것이었으니까요. 마을 주민총회에서 민주적으로 결정하라는 게 유일한 조건인 셈이었으니 …. 과거엔 생각도 못한 상황에 처한 주민들은 마을 공동의 오랜 숙원 사업을 놓고 난상토론을 하고 의견을 모아 사업계획을 짜게 됩니다. 정부가 지원한 시멘트와 철근으로 무슨 사업을 할 것인지 마을사람들이 민주적으로 논의하고 결정하는 과정을 통해 자연히 주민들의 자율 참여의 폭이 확대되고 그 효율성은 상상을 초월할 정도로 높아집니다.

5가지의 새마을 성공 요인

권순직 한국의 새마을 운동은 세계에서 유례가 없는 농어촌 개발 방식으로, 흔히 농촌개발의 '한국적 모델'로 일컬어집니다.

고 건 그렇습니다. 새마을 운동은 투입과 산출 그리고 추진 방식, 즉 프로세스에서 '통합적 농촌개발'의 한국적 모델이라 할 수 있죠. 새마을 운동의 주요 투입 요소는 '주민 참여'와 '전략적 지원'입니다. 한편으로 새마을 운동 성과에서는 '농촌 주민의 의식개혁'과 '농촌 인프라 개선'이라는 농촌 혁신을 산출합니다. 새마을 운동의 프로세스는 정부와 농촌 주민 간의 긴밀한 상호협력으로 조직화된 '민과 관의 협력사업'이었어요.

고건 전 국무총리는 새마을 운동의 성공 요인을 5가지로 정리한다.

(1) 농촌개발의 전략 단위(마을) : 정부는 왜 개별 농민이 아닌 자연부락에 자재를 지원했는가?
(2) 통합적 농촌개발 전략: 정신개혁인가, 경제적 유인인가?
(3) 자율적 참여와 민주적 의사결정: 정부가 지원한 시멘트로 무슨 사업을 할 것인가?
(4) 새마을 리더십: 새마을 리더 양성과 체계적 교육, 그리고 그들은 무슨 보상을 받았는가?
(5) 촉매적 전략적 지원: 정부 지원은 어떻게 자조 개발 동기를 점화시켰는가?

이와 같은 5가지 성공 요인을 한 가지씩 분석 평가해 본다.

권순직   농촌개발의 전략 단위로 '마을'을 선택한 데 특별한 이유가 있었습니까?

고 건   새마을 운동은 농촌 근대화 사업의 전략적 단위로 마을, 즉 자연부락 취락을 선택했습니다. 옛날부터 한국 농촌에는 두레, 향약과 같은 주민들이 상부상조하는 조직이 있었고, 마을에 관한 일에 서로 협동하는 특성을 가졌어요. 따라서 새마을 프로젝트의 추진 주체로 '마을'을 선정하였고, 정부의 자재 지원 대상도 '마을'이었습니다.

마을(village)을 이른바 새로운 마을(new village)로 혁신시키자는 통합적 노력이 새마을 운동이지요. 정부는 8년 동안 새마을 사업에 마을당 평균 시멘트 2천 1백 포대와 철근 2.6톤씩을 지원했습니다. 1974년 시가로 환산하면 마을당 1년에 2천 달러씩을 지원한 셈이고, 한 마을의 농가가 50호라면 호당 지원액은 40달러 정도가 됩니다.

종전의 농어촌 지원은 개별 농가나 개인에게 자금을 지원하는 것이 통례였습니다. 종전 방식대로 만일 정부가 개별 농가에 40달러씩을 지원했다면 이처럼 큰 성과를 거두지 못했을 겁니다. 마을 단위로 지원하고 마을 인프라 개선사업에 공동 투입재로 사용토록 유도함으로써 주민들의 자조 의욕과 협동 참여를 유발시킨 것이죠.

특히 1950년대에 농지개혁을 성공적으로 추진함으로써 한국 농민 대부분이 농지소유자였고, 마을 주민들의 동질성이 높아서 협동사업에 동등한 참여가 가능한 상황이었던 게 중요합니다. 한국의 농민들은 키부츠나 공산주의하의 집단농장 구성원과는 다르게 시장경제하에서 농지소유자로서 각자가 개별 경제주체였어요. 만일 아시아의 다른 나라처럼 지주와 소작인 간의 긴장과 분쟁이 존재했다면 협동사업이 성공을 거두리라는 보장은 없었을 것입니다.

권순직   두 번째 성공 요인으로 '통합적 농촌개발' 전략을 꼽으셨는데요?

고 건   새마을 운동은 우리 농촌의 천년 묵은 빈곤을 추방하려는 잘살기 운동입니다. 1960년대 전반에도 '재건국민운동'이라는 이름하에 농촌 근대화 운동이 추진됐지만 경제적 동인이 부족한 상황에서 정신개혁에 초점을 둔 결과 실패했어요. 1960년대 후반에 추진된 농특사업은 경제적 측면이 강조되고, 정신적 측면이 간과되어 아쉬움이 있었습니다.

이 두 차례의 경험을 거울삼아 새마을 운동이 태동합니다. 새마을 운동의 첫 번째 목적은 농민들의 의식을 발전 지향적으로 바꿔 근면·자조·협동의식을 이끌어내는 것이었어요. 아울러 농촌사회를 새로운 리더십 중심의 적극적 참여 조직으로 활성화하고, 농촌의 인프라를 개선하며, 경제적으로 소득을 증대시키는 것이 목적이었습니다. 이 3가지 목적을 통합하여 달성하려는 패키지 프로그램이 바로 '새마을 운동 메커니즘'이라고 말할 수 있습니다.

권순직　새마을 운동 메커니즘이 확산되는 과정을 설명하시면요?

고　건　정부의 자재 지원과 주민들의 참여로 농촌마을의 진입로가 확장 및 포장되고, 그 결과 이용편익을 피부로 느끼기 시작하며 나아가 경운기가 마을에서 경작지까지 오가면서 영농 기계화가 가능해져 증산과 소득증대로 연결됩니다. 이것이 바로 '정부의 자재 지원과 주민 자극 → 농촌 인프라 개선 동기 유발 → 협동 참여 → 가시적 결과 → 이용 편익 → 자조·협동정신 → 확대 재생산'이라는 '새마을 선순환 사이클'로 나타납니다. 이로써 이른바 '새마을 방식'이라는 용어가 등장해요. 새마을 방식에 의한 성과는 농민들로 하여금 '우리도 할 수 있다'는 자신감을 심어 주고, 새마을 운동이 전국으로 확산되는 효과를 가져옵니다. 자극과 학습 효과는 새마을 운동의 엔진 역할을 하였죠.

대부분 개발도상국의 농촌개발 전략에서 마을 주민들의 의식을 우선적으로 개혁하려는 노력을 찾아보기 어렵습니다. 오히려 농촌마을의 전래적인 의타(依他) 정신, 협동의 기피, 리더십 부족 등을 어쩔 수 없는 바닥문화의 구조로 받아들입니다. 그래서 종합적인 농촌개발 계획을 세우면서 마을주민과 농촌사회 구조를 변화시키려는 진지한 노력이 보이지 않아요. 그런 면에서 한국의 새마을 운동은 여타 개도국과는 차별성을 보이며 성공적인 농촌개발로 발전된 이유를 찾을 수 있을 것입니다.

권순직　세 번째 성공 요인으로 '자율적 참여와 민주적 의사결정'을 드셨군요?

고　건　나는 처음부터 새마을 운동의 성패는 주민의 자율적 참여 여부에 달렸다고 보았어요. 새마을 운동을 실시 및 설계하면서 역점을 둔 것은 자율적인 마을의 참여, 특히 주민 그리고 농촌 부녀자의 참여를 어떻게 유도하느냐 하는 것이었습니다. 따라서 사업 내용의 선택은 마을총회에서 결정하도록 설계하고, 정부는 다만 이들의 선택에 기술적 정보를 제공하는 길잡이로서 농촌마을에 유형별로 적합한 각종 사업 메뉴를 제시하는 데 주안점을 두었습니다.

　이 메뉴를 참고하여 주민총회는 다수가 원하고 절실한 사업을 구체적으로 결정토록 하는 방식을 채택하였어요. 마을주민들이 민주적으로 논의하고 결정하는 과정을 통해 자율적 참여폭이 확산되어 갑니다.

권순직　이 같은 참여 의식의 고양은 농촌사회, 나아가 우리 사회에 풀뿌리 민주주의의 싹을 틔웠다는 평가도 있고, 특히 여성의 참여와 지위 향상이라는 큰 변혁도 가져온 획기적인 사건으로 기록될 수 있을 것 같습니다.

고　건　농촌 부녀자들은 운동 초기부터 절미(節米) 운동, 부녀회 기금 마련, 마을 구판 사업, 공동탁아소 사업 등을 벌이면서 남자보다 더 열성적이고 실질적으로 참여합니다. 당시 농촌 빈곤의 원인이 남편들의 나태와 음주, 도박에 있다고 믿는 분위기에서 부녀회원들은 동네에서 주점을 몰아냈고, 도박용 화투를 불살랐어요. 한국의 농촌 여성들은 '암탉이 울면 집안이 망한다'는 오랜 편견을 극복한 것입니다.

　이 같은 자율적 주민 참여의 확대는 그들의 에너지와 자원을 농촌마을 개발에 최대한 투자하는 결과를 가져옴과 동시에, 한국 사회의 풀뿌리 민주주의의 착근에 기여하였음도 특기할 만한 일입니다.

　모든 마을에는 주민 의사결정 조직으로 '리·동 개발위원회'와 '주민총회'가 결성됐어요. 개발위원회에서 마련된 사업계획 시안은 주민총회에 회부되어 토론 합의를 통해 최종 결정됩니다. 개발위원회는 새마을 지도자를 위원장으로 선출된 12명의 위원으로 구성되었고, 이 기구를 통해 마을 사업을 기획 조정 실시하는 시스템이 구축됐습니다.

권순직 '새마을 리더십'을 네 번째 성공 요인으로 드셨는데, 그들은 어떤 역할을 하였나요?

고 건 '새마을 리더십'은 '주민', '정부 지원'과 더불어 새마을 운동의 3대 기본 요소 중의 하나입니다. 새마을 지도자들은 새마을 사업의 기획자·집행자·주민의 설득 조정자로서 농촌마을 혁신의 선도자 역할을 담당했습니다. 새마을 사업의 성과가 좋은 마을에는 반드시 헌신적인 새마을 지도자가 있었어요. 마을에는 이장 이외에 주민들이 선출한 남녀 두 명의 지도자가 있었는데, 이들은 무보수였지만 자기 마을을 새마을로 발전시키기 위해 열과 성을 다해 헌신했습니다. 그들은 모두 성실, 책임감, 결단력, 설득력을 갖춘 리더로서 새마을 운동을 이끈 역군들이죠. 유능한 새마을 지도자가 있는 마을일수록 주민 참여가 극대화되는 모습을 보였습니다.

새마을 지도자의 헌신, 지도자 양성 교육

권순직 주민들의 자율적인 참여는 훌륭한 마을 지도자의 영향이 컸습니다. 그런 만큼 정부는 리더십 양성에도 적지 않은 노력을 기울였죠?

고 건 그렇죠. 초기에는 농협의 독농가연수원을 활용하다가 새마을지도자연수원을 창설, 본격적으로 새마을 리더 교육을 실시했습니다. 교육 프로그램은 1주 또는 2주 단위의 집단수련으로 마을개발의 동기부여, 새마을 리더십 역할의 확신, 리더십 역량, 주민을 설득하는 기술을 함양시키는 데 주력했습니다. 성공사례를 발표하고 토론하는 케이스 스터디가 효율적인 교육방법으로 활용되었어요.

새마을 지도자와 일반 사회 엘리트, 새마을 지도자의 파트너인 지방 공무원들이 함께 합숙교육을 받는 방식으로 시너지 효과를 거두기도 했습니다.

새마을 지도자들의 헌신과 지도자 양성에 관한 고건 총리의 회고이다.

유엔은 1960년대를 '지역사회개발연대'(Community Development Decade)로 설정했다. 당시 농촌 지역사회 개발의 일반이론에 따르면 저개발국의 농촌을 개발하기 위해서는 훈련받은 외부의 지도자(social worker)를 농촌마을에 투입할 것을 권고했다. 그러나 정부의 실태조사 결과 새마을 사업성과가 좋은 마을엔 이미 헌신적인 지도자가 있었다.

정부는 외부에서 지도자를 투입하는 대신 마을 내부에서 지도자를 뽑아 양성하는 길을 택했다. 이 같은 방침에 따라 1972년 1월 31일 경기도 고양의 농협대학 부설 독농가연수원에 전국에서 선발한 140명이 입교했다. 새마을 교육과정의 출발이었다. 농협대학의 김준 교수가 초대 원장을 맡았다. 교육받을 인원이 늘면서 그해 경기도 수원의 농민회관으로 자리를 옮겨 '새마을지도자연수원'으로 정식 출범했다.

김준에 이어 2대 원장을 했던 정교관 씨의 당시 회고다.

농촌 지도자는 흙색, 부녀 지도자는 하늘색, 사회지도자는 회색 옷을 입었지만 같은 장소에서 교육을 받았다. 농민뿐만 아니라, 장관, 차관, 대학교수, 기업인, 대학생, 문학인 등 각계 인사들이 교육을 받았고, 농촌의 눈물겨운 새마을 성공사례를 듣고는 감명을 받고 돌아갔다.

고건 총리는 지금도 대통령 주재 경제동향보고 회의에서 성공사례를 발표했던 훌륭한 새마을 지도자들의 이름을 생생하게 기억한다. 전남 담양의 정희원, 전북 임실의 정문자, 강원 삼척의 박재명, 충북 청원의 하사용, 경북 영일의 홍성표, 충남 당진의 임광묵 ···.

새마을 지도자 교육에 열과 성을 다했던 김준, 정교관 원장 말고도 새마을 운동이 자리 잡는 과정에서 숨은 조력자가 많았다. 현장을 누비고 청사에 돌아와서도 밤을 새우고 토론하며 함께했던 내무부 동료인 전석홍(새누리당 여의도연구소 전 이사장), 김형배(전 강원도 지사), 강우혁(전 국회의원), 이효계(전 숭실대 총장), 최인기(전 행정자치부 장관), 그리고 정종택(전 환경부 장관), 김종호(전 국회부의장), 송언종(전 체신부 장관) 등 청와대팀도 함께 열정을 쏟았다.

새마을 운동을 기획하고 연구했던 교수단도 빼놓을 수 없다. 원로로 농협대학장을 지냈던 박진환 청와대 특보, 소장 교수로 이질현(서울대), 김대환(이화여대), 김유혁(단국대), 정영채(중앙대), 류태영(건국대) 교수 등이 새마을 운동 초기에 함께 힘을 모아 젊음과 열정을 바쳤던 분들이다. [7]

권순직 새마을 지도자에 대한 사회적 대우랄까, 지원은 어땠습니까?

고 건 새마을 지도자에 대한 높은 사회적 평가 또한 새마을 리더십을 함양시키는 데 기여했어요. 특히 박 대통령은 월례 경제동향보고 회의에서 전국에서 선발된 두 명의 새마을 지도자로 하여금 성공사례를 발표토록 하고 훈장을 수여하는 등 사회적 인정감을 높여 주었고, 새마을 지도자는 필요할 때는 언제든지 군수를 만날 수 있게 했습니다. 무보수이면서도 헌신적으로 쏟은 열정에 대한 정부의 보상은 이 같은 표창과 사회적 인정감이 큰 역할을 했다고 볼 수 있죠. 1973년에는 새마을 지도자에 대한 훈장제도가 법률로 정해졌어요.

큰 방향은 대통령이 지시하였지만, 새마을 정신을 현장에서 몸소 실천한 사람들은 지도자들이었습니다. 무보수인데도 헌신적인 열정을 쏟은 이들에 대한 보상은 정부의 표창과 사회적 인정감밖에 없었죠. 아마도 그들에게 제일 큰 보상은 자기 마을이 변화한 모습을 보는 것이었을 겁니다.

권순직 마지막 성공 요인으로 '촉매적·전략적 지원'을 꼽으셨습니다. 의타심을 버리고 자조·개발 의욕을 불러일으키려는 노력입니다.

7 고 건, 2013, 《국정은 소통이더라》, 동방의 빛.

고 건　대부분 개발도상국의 농촌개발은 정부의 재정적·기술적 지원 없이는 추진된 예가 거의 없습니다. 그러나 정부 지원 중심의 정책은 농민의 의타심을 키우기 일쑤였고, 한국도 예외일 수 없었어요. 그래서 정부는 새마을 운동을 추진하면서 정부 지원을 의타심이 아닌 자조·개발의 의욕을 불러일으키는 방향으로 설계합니다. 운동 초기 시멘트를 지원하면서 그 활용 방법과 사업 선정을 주민 자율에 맡김으로써 참여와 협동을 자극했고, 그러한 전략이 주효했다고 평가할 수 있습니다.

정부는 전략적으로 면밀하게 계획된 지원을 새마을 운동 기간 중 일관되게 지속했고, 모든 마을의 자조·개발 역량을 정기적으로 평가해 이에 상응하는 지원을 했어요. "스스로 돕는 마을을 돕는다!"는 정부 전략을 끝까지 고수한 거죠. 그런 과정에서 마을 간, 주민 간 경쟁심도 큰 역할을 했죠.

새마을 지도자와 주민들은 자기 마을의 개발과 함께 경쟁 대상인 이웃마을보다 앞서가려는 욕구가 강하게 작용합니다. 마을 상호 간의 경쟁적인 참여 동기를 자극하기 위한 '우수마을 우선지원'이 경쟁과 분발을 촉진시켰고, 결과적으로 새마을 운동이 성공적으로 진행되는 데 결정적인 역할을 합니다.

새마을 운동에 참여한 동기가 무엇인가에 대해 5천여 명의 농민을 대상으로 조사한 적이 있습니다. 그 결과, 첫째가 자기 마을의 개발이고, 둘째가 경쟁 대상인 이웃마을보다 앞서가려는 욕구인 것으로 나타났습니다. 새마을 사업 지원에서 우수마을 우선지원 원칙을 고수함으로써 마을 상호 간의 경쟁적인 참여 동기를 효과적으로 자극하는 데 성공했다고 봅니다.

권순직　새마을 운동 규모가 커지면서 정부의 역할도 커집니다.

고 건　새마을 사업에 대한 정부 지원은 지방의 군·읍·면을 통해 이루어졌어요. 지방정부는 농촌마을의 발전 단계에 따라 다양한 새마을 프로젝트를 제시하고 때로는 이를 통합 조정해야 했습니다. 각 마을이 필요로 하는 지원 자재를 적시에 전달하는 역할을 이들 행정기관에서 맡아 수행했고, 지방공무원들은 자기가 맡은 새마을 사업의 성과에 의해 근무평가를 받았습니다.

새마을 운동이 날로 확산되며 새마을 프로젝트 수는 전국적으로 2만 6천여 건에 이르게 됩니다. 이처럼 사업 내용이 다양해지고 규모가 커지면서 중앙정부 각 부처의 지원정책을 조정하는 일이 중요한 과제로 부각됩니다. 이에 정부는 내무부 장관을 위원장으로 하고 농수산부, 상공부, 교육부 등 관계 부처 차관이 위원으로 참여하는 새마을운동중앙협의회를 만들었어요. 협의회는 프로젝트에 대하여 각 부처의 지원 정책을 조정하고, 가이드라인을 세우는 일을 담당합니다.

동시에 내무부에는 새마을 담당관실이 신설되어 새마을 운동의 전략과 지원 정책을 수립하고 새마을운동중앙협의회의 간사 역할을 맡았어요. 농촌 사회의 근본적인 혁신을 목표로 추진된 새마을 운동이 성공을 거두는 데는 주민들과 정부 리더들이 지대한 역할을 했고, 여기에 덧붙여 국가 지도자의 지대한 관심도 큰 몫을 했다고 봅니다. 박정희 대통령은 수시로 새마을 현장을 방문하고 신년 기자회견에서, 매월 열리는 월례 경제동향보고 회의와 새마을 국무회의에서 지대한 관심을 표명하고 지원했습니다.

이 같은 대통령의 관심 표명은 정치인, 언론인 사이에 새마을 운동을 지지 및 후원하는 분위기를 조성하는 데 기여했습니다. 우리 사회 전체가 지원 분위기 속에 농촌의 문제를 인식하고 새마을 운동의 필요성을 이해하면서 정부와 사회에서 우호적인 정책 수립과 자원 배분이 이루어질 수 있었다고 생각합니다.

권순직　다시 처음으로 돌아가서 농어민이 적극 호응, 자율적 참여를 통해 새마을 운동이 성공을 거둘 수 있었던 당시의 사회적·경제적 조건은 어땠는지요?

고　건　새마을 운동이 시작되기 전에 농지개혁, 국민교육, 경제개발이라는 사회적·경제적 변화가 있었어요. 제2차 세계대전 후 실시된 농지개혁이 성공적으로 추진됨으로써 모든 농민들에게 동등한 파트너십으로 참여할 수 있는 정서적 기반이 마련되어 있었다고 볼 수 있죠. 아울러 전 국민을 대상으로 실시한 무상 의무교육은 대부분 농민의 교육 수준을 끌어올려 새마을 사업의 참여 동기를 불러일으키는 데 많은 도움이 되었습니다.

특히 제1·2차 경제개발 계획이 성공적으로 추진됨으로써 1970년대 새마을 프로젝트를 지원할 수 있는 재정적 뒷받침이 가능했다는 게 중요합니다. 앞에서도 언급했듯이 대일 청구권 자금의 일부를 농업부문에 투자할 수 있었던 것도 적지 않은 도움이 되었음을 부인할 수 없습니다.

권순직　새마을 운동 이전에도 농어촌을 살리려는 정책이 수차례 추진됐었죠?

고　건　그렇습니다. 박정희 대통령은 5・16 군사혁명 직후부터 '수출 주도의 공업화'와 '농촌개발'이라는 두 가지 경제정책을 적극 추진했는데, 공업화는 비교적 순조롭게 진행되었으나 농업 쪽은 부진을 면치 못했어요. 춘궁기, 절량농가, 초근목피로 상징되는 농어촌의 절대 빈곤과 절망적인 상황에서 탈출하기 위해 정부는 고리채 정리라는 초비상적인 조치를 취하기도 했습니다. 아울러 수천 년 숙명적으로 체념과 실의의 무력감에서 헤어나지 못하는 농어촌을 자조・자립으로 무장시켜 살리려는 수단으로 일종의 국민 정신개조 운동이라 할 수 있는 재건국민운동을 대대적으로 벌이기도 했습니다.

　　그러나 그 취지와 의욕에도 불구하고 당시 한국의 재정 사정이나 국력은 이를 성공적으로 뒷받침하기엔 역부족이었어요. 농어촌 고리채 정리는 일부 성과는 있었겠지만 재정 부족으로 신고된 부채를 완전히 정리하지 못한 실패작이었고, 재건국민운동은 극도로 궁핍한 상황의 농어촌에 자금이나 물자 지원 없이 자조・자립만을 강조하는 정신개조에 치중함으로써 성과를 거두지 못하고 말았어요. 그러나 이 두 가지 정책 실험은 역설적으로 1970년대 새마을 운동을 추진하는 데 밑거름이 됩니다.

권순직　새마을 운동은 어떻게 확산되어 갑니까? 농촌에서 불기 시작한 새마을 바람이 학교로 공장으로 도시로 번져나가기도 했습니다.

고　건　농촌의 새마을 운동이 성공적으로 추진되면서 새마을 운동은 도시로 공장으로 학교로 번져나갑니다. 공업화의 역사가 짧았던 우리나라에선 당시 도시 주민이나 공장 근로자 대부분이 농촌 출신일 뿐만 아니라 그들의 부모, 형제,

| 1970년대 공장 새마을 운동

공장 새마을 운동은 1973년 독자적 프로그램으로 만들어지기 시작해 1977년 대한상공회의소에
공장새마을운동추진본부가 발족한 후 4천여 개의 공장에 새마을 전담부서를 생기면서 적극 추진된다.
공장 내에 인격존중 풍토와 가족적 분위기를 형성해 생산성 향상과 노사 화합에 기여한 것으로 평가받는다.

친척이 시골에 살았어요. 우리 고유의 전통에 따라 도시에 나가 사는 사람들은
설이나 추석이면 반드시 고향에 가지 않습니까. 이때 고향마을에서 벌어지는 새
마을 운동의 성과를 피부로 느끼게 됩니다. 마을 앞까지 길이 뚫리고, 초가지붕
이 기와나 슬레이트로 바뀌었으며, 전기가 들어오고 상수도가 들어온 고향마을
을 보며 새마을 운동이야말로 잘살기 운동이라는 것을 피부로 느꼈을 것입니다.
새마을 운동으로 환골탈태(換骨奪胎)한 고향 소식이 도시로 공장으로 전해지면
서 자기도 모르게 도시에서도 새마을 운동이 일어나야 한다는 생각이 자연스럽
게 퍼져나간 거죠.

이런 가운데 농촌 새마을 지도자를 중심으로 한 새마을 교육에 공무원은 물론
대학교수, 언론인, 기업인 등 사회 각계각층의 인사들이 연수원에 들어가 농민
들과 함께 합숙교육을 받습니다. 이렇게 해서 농촌 새마을 운동이 도시로 공장
으로 학교로 확산되는 계기가 됐어요. 도시에선 질서를 지키는 운동에서부터
주변 환경정비, 이웃과 알고 지내기, 경로효친(敬老孝親), 자연보호에 이르기
까지 갖가지 캠페인이 벌어졌고, 학교에서는 선생님, 학생, 학부모가 함께 참
여하여 새마을 운동을 펼칩니다.

공장에선 새마을 교육을 본받아 임직원과 근로자가 함께 먹고 자면서 밤새워 분임토의(分任討議)를 하는 등 협동과 의식개혁을 추진하는 과정에서 기숙사나 식당 시설이 좋아지고, 노사 협력의 분위기를 조성하는 데도 적지 않은 성과를 나타냈어요. 이제 새마을 운동은 농촌 잘살기 운동을 넘어서 전 국민적 운동으로 확산되기에 이릅니다. 공장 새마을 운동이 확산되면서 노사 분위기가 좋아진 측면이 분명히 있습니다.

하지만 공장 새마을 운동은 자생적이라기보다는 관 주도의 성격이 강했기 때문에 당시의 호전된 노사 분위기를 건전한 노동운동으로 발전시키지 못한 것은 매우 아쉬운 대목입니다.

시대를 풍미한 〈새마을 노래〉

권순직　〈새마을 노래〉가 한 시대를 풍미했습니다. 농촌이나 공장, 학교 등에서 불리었죠. 이 노래는 어떻게 만들어졌나요?

〈새마을 노래〉

1절
새벽종이 울렸네 새아침이 밝았네 / 너도나도 일어나 새마을을 가꾸세
(후렴) 살기 좋은 내 마을 우리 힘으로 만드세

2절
초가집도 없애고 마을길도 넓히고 / 푸른 동산 만들어 알뜰살뜰 다듬세

3절
서로서로 도와서 땀 흘려서 일하고 / 소득증대 힘써서 부자마을 만드세

4절
우리 모두 굳세게 싸우면서 일하고 / 일하면서 싸워서 새 조국을 만드세

고　건　〈새마을 노래〉는 박정희 대통령 작사·작곡입니다. 1971년 가을 어느 날 아침 청와대에서 국정보고를 받는 자리에서 박 대통령이 노래 한 곡이 적힌 종이를 내놓으며 "새마을 운동을 할 때 남녀노소 함께 즐겨 부를 노래를 하나 작사·작곡했다"는 겁니다. 그러면서 권위 있는 사람의 감수를 받자는 의견을 내셨습니다.

　　비서실에서 당시 국립교향악단의 홍연택 씨에게 연락해서 몇 군데 음정만 고쳐 보여드리니 잘되었다고 만족해하셔서 〈새마을 노래〉가 탄생합니다. 이 노래는 몇 시간 뒤 육군 군악대 병사 두 명에 의해 처음 불립니다. 매우 우렁차고 경쾌했으며 참석자 모두 경탄하는 분위기였습니다.

새마을 운동에 대한 오해와 편견

고건 총리는 오랜 기간 새마을 운동의 시작 단계에서부터 뿌리를 내리는 과정까지를 체험한 원로로서 새마을 운동과 관련해 오해가 있거나 의견이 엇갈리는 등의 몇 가지 사안에 대하여 그의 저서인 《국정은 소통이더라》(2013, 동방의 빛)에서 다음과 같이 문답식으로 설명한다.

　새마을 운동은 관이 주도한 운동이 아닌가?
　관이 주도한 게 아니라, 관이 유도한 민관 협력사업이다. 정부가 농민의 자발적 참여를 유도한 지역사회 개발운동이다. 새마을 운동의 전신인 새마을 가꾸기 운동에서 가장 중점을 둔 것은 '어떻게 농민의 자율적 참여를 유도하는가?'였다. 시멘트를 지급하면서 동기를 유발했다. 시멘트로 무슨 사업을 할 것인지 마을사람들이 총회를 열어 민주적으로 결정토록 했다. 새마을 운동은 동기 유발의 과정이었고, 민과 관이 협력해서 일하는 방식이었다.
　　5·16 직후 추진된 재건국민운동은 관 주도로 농민 참여를 강제해 실패했다. 새마을 운동이 관제 운동이었다면 10년은 물론이고 5년도 못 갔을 것이다. 재건국민운동처럼 2~3년 내에 사라졌을 것이다. 역설적으로 볼 때 새마

을 운동도 1970년대 10여 년의 수명밖에 누리지 못한 것은 사업의 추진 주체(농민)에게 완전한 자율이 부여되었다기보다 관의 입김이 적지 않게 작용했기 때문이라는 설명도 가능할 것이다.

정부가 농촌의 노동력을 새마을 운동이라는 포장 아래 무상으로 이용했다는 주장이 있다. 근대적 부역(負役)이라는 비판이다
정부는 자재를 지원하고 마을은 인력을 투입한 민관 협력사업이 새마을 사업이다. 자기 마을의 사업을 마을 주민 스스로 해냈다. 압력이 아닌 자발적인 참여였다. 자기 집 앞의 눈을 치우는 것이 부역인가. 국도 등 큰 도로를 건설하는 데 사람들을 동원했다면 부역일 수 있겠지만, 그런 일은 없었다.

전국적으로 획일화된 농촌개발을 부추기지 않았나?
1970년대 초 몇 년에 걸쳐 새마을 운동 성공사례가 대통령 주재 월례 경제동향보고 회의에서 소개됐다. 보고된 수십 개 마을 중 동일하거나 유사한 사례는 하나도 없다. 초기부터 사업 선택권을 마을 주민에게 맡겼기 때문이다. 각마을 특성에 따라 가장 절실한 사업부터 시작한 것이다. 하나의 모델을 놓고따라 하라고 하지 않고 다양한 성공사례를 보여주는 데 초점을 맞췄다.

새마을 운동 때문에 품앗이 등 전통문화가 사라졌다는 지적이 있다
새마을 운동은 두레, 향약 같은 전통적인 마을의 협동의식을 존중하고 권장하고 활용했다. 새마을 운동의 성공 요인 중 하나가 사업 단위를 협동의 관행이 있는 마을 단위로 정했다는 점이다. 면이나 리·동 등 대규모 행정구역 단위로 했다면 협동의식을 기대하기 힘들었을 것이다.
　　새마을 운동은 오히려 전통의 협동문화를 활용했다. 마을과 마을 간에 경쟁과 협력이 있었다. 새마을 사업으로 이뤄진 것 중 마을과 마을을 잇는 교량이 많았다. 한 걸음 나아가서 더 넓은 생활권을 형성하는 여러 마을 간의 협동사업으로 확대됐다. 그런 형태를 당시 협동권 새마을 사업이라고 불렀다.

10월 유신을 뒷받침하기 위한 운동이 아니었나?
10월 유신이 있기 2~3년 전에 새마을 가꾸기 운동(새마을 운동의 전신)이 시작되었다. 직접적 인과관계는 없다. 그러나 한 시대에 오버랩이 되는 일이긴

하다. 새마을 운동이 농민들의 환영을 받으면서 유신시대의 국정 지지도가 올라가는 데 기여한 것은 사실이다.

새마을 운동으로 농촌이 잘살게 됐다는데 왜 사람들은 농촌을 떠났나?
국제부흥개발은행(IBRD: International Bank for Reconstruction and Development) 은 농촌개발을 위한 특별대책이 없었다면 수출 경제가 아무리 발전하더라도 도농 간 격차는 더 커졌을 것이라고 지적했다. 경제 발전과 새마을 운동의 성과는 상호보완적으로 시너지 효과를 가져왔다. 또 산업화·도시화 과정에서 농촌 인구가 감소하는 것은 세계 공통적인 현상이다. 미국, 영국, 프랑스 등 선진국의 농촌 인구 비중은 한국보다 낮다. 농촌이 빈곤해서 그런 것인가? 아니라고 생각한다.

　이와 관련, 경제학자들은 농촌 인구의 감소가 1인당 농가 소득 증가의 가장 큰 요인이었다고 분석한다. 만약 농촌에 인구의 50% 이상이 계속 머물러 있었다면 도농 간의 소득격차는 더욱 커졌을 것이라는 설명이다.

새마을 운동 발상지를 두고 논란이 있다. 원조는 어디인가?
원조는 한 곳이 아니다. 1970~1971년 월례 경제동향보고 회의에 성공사례로 여러 마을이 보고되었다. 새마을 운동의 전신인 새마을 가꾸기의 원조가 그렇다는 이야기다. 새마을 가꾸기 운동 2년차 때, 전해의 절반 규모인 1만 6천 6백여 개 마을에만 시멘트와 철근을 지원했다. 성과가 좋지 않은 마을엔 지원하지 않았다. 지원 대상에서 빠진 마을 가운데 6천여 곳이 새마을 가꾸기 운동에 자진해서 뛰어들었다. 정부의 지원 없이 스스로 마을 공동사업을 시작했다. '새마을 가꾸기 운동'이 '새마을 운동'으로 진화한 계기다. 굳이 새마을 운동의 원조를 따지자면 이름이 알려지지 않은 그 6천여 개 마을이라고 할 수 있다.

새마을 운동 본부에서 많은 비리가 발생하기도 했다
1970년대와 1980년대 새마을 운동을 분리해서 봐야 한다. 1970년대 새마을 운동에서 마을에 있는 새마을 지도자 이외의 다른 조직은 의도적으로 기피했었다. 거대한 중앙조직이 만들어져 이권화·관료화되는 것을 철저히 막았다. 조직이라고 하면 새마을지도자협의회밖에 없었다.

그런데 1980년대 제5공화국이 들어서며 새마을운동본부가 생겼다. 본부가 생기면서 새마을 운동은 변질됐다. 당시 김포가도를 차로 가다가 '새마을 헤드쿼터'라는 간판을 봤다. 새마을 운동에 헤드쿼터가 어디 있나? 외국인이 봤다면 군대 조직인 줄 알았을 것이다. 그때 '새마을 운동의 종언(終焉)이구나'라고 생각했다.

고건, 그는 누구?

고 건(高 建, 1938~)은 1960년 서울대 정치학과를 졸업하고 1961년 고등고시 행정과에 합격한 뒤에 1968~1971년 전라북도 식산·내무국장, 1971~1973년 내무부 지역개발담당관, 새마을 담당관, 1973년 강원도 부지사, 1973~1975년 내무부 지방국장, 1975~1979년 최연소 전남 도지사, 1979~1980년 청와대비서실 정무 제2 수석비서관, 정무수석비서관을 지냈다.

1981년 교통부 장관, 1981~1982년 농수산부 장관, 1987년 내무부 장관을 역임한 데 이어, 1985~1988년 제12대 국회의원, 1988~1990년 제22대 서울시장, 1994~1997년 명지대 총장을 역임했다. 1997~1998년 김영삼 정부에서 제30대 국무총리를 지냈고, 1998년 새정치국민회의에 입당한 뒤 제2기 민선 서울특별시 시장에 당선되어 2002년까지 역임했다.

2002년 국제투명성기구 한국본부회장을 지냈고, 2003년 노무현 정부에서 두 번째로 제35대 국무총리에 임명되어 2004년 3월 12일부터 5월 14일까지 대통령 직무를 대행하고 5월 24일 퇴임하였다. 이명박 정부에서 2009년 12월부터 2010년 12월까지 대한민국 사회통합위원회 위원장을 맡았다. 2008~2010년 기후변화센터 이사장을 지내고 현재 기후변화센터 명예이사장으로 있다.

새마을 담당관(새마을 사무관)들의 회고(좌담회)

일시: 2014년 11월 19일 17:00
참석자: 윤대희 (제12대 국무조정실장)
　　　　이기찬 (손해보험협회 상임고문)
　　　　정병석 (한양대 석좌교수)
진 행: 권순직 (전 동아일보 논설위원)

엘리트 사무관들, 새마을 현장으로

새마을 운동이 활발하게 전개되던 시기인 1970년대 중반 박정희 대통령은 행정고등고시에 합격해 관료생활을 막 시작하는 젊은 엘리트들을 시골의 오지 농촌에 배치했다. 막 발령을 받은 이들 수습 사무관들은 각 도의 군청에 파견되어 새마을 운동을 담당한다. 새마을 운동의 회오리가 전국 농촌을 휘감을 때 그들은 그 소용돌이의 한복판에 던져졌다. 젊은 사무관들은 농촌을 잘 알지 못하는 경우가 대부분이었지만, 매일매일 눈만 뜨면 농촌 주민들과 머리를 맞대고 어떻게 하면 우리 농촌이 더 잘살 수 있을 것인지를 고민했다.

행정고시에 합격하고 중앙공무원교육원에서 중견 공무원 관리 과정과 새마을 교육을 동시에 받은 수습 사무관들은 임관과 동시에 자신들의 연고지 인근의 군청으로 발령받았다. 군청에 배치된 그들은 '새마을 담당관'이란 직함을 받고 새마을 관련 업무를 전담하였다. 부군수 직속으로 배속된 그들은 '새마을 담당 사무관'으로도 불렸다. 그 당시 농촌 군청의 행정은 새마을 운동이 주종이었다. 국가 최고지도자 통치의 핵심 관심사가 새마을 운동이었으므로 그야말로 '새마을 총력전'이 전개되던 시기였다. 새마을 사무관들은 1년간 현지에서 근무했다.

박정희 대통령이 청운의 꿈을 안고 관직을 시작하는 젊은 엘리트 사무관들을 이처럼 농촌에 배치한 의도를 명확히 밝힌 바는 없다. 그러나 당시 농촌에 근무했던 관료들의 회고를 종합하면 그의 의도가 두 가지로 엿보인다.

첫째, 앞으로 나라를 이끌어 나갈 동량들로 하여금 행정의 최일선 현장을 몸소 겪어 경험하라는 뜻이 담겼고, 둘째는 대통령 자신이 필생의 사업으로 추진하는 새마을 운동을 세태에 물들지 않은 젊고 열정적인 초임 사무관들로 하여금 한 축을 담당케 하여 활력을 불어넣으려는 의지가 담겼다고 보인다. 통치자의 의지에 부응하듯 젊은 사무관들은 몸을 던져 새마을 운동을 돕고 지도하면서 당국과 농촌 주민 간의 교량 역할을 담당하고 행정 경험도 쌓는다. 이러한 소중한 체험은 훗날 이들이 정부의 각 분야에서 활동하는 데 큰 도움을 주었다고 당시 사무관들은 회고한다.

1975년 최초로 새마을 담당관으로 일선 군청에 배치된 행정고등고시 제17기인 이기찬, 윤대희, 정병석, 세 분을 모시고 당시 새마을 운동 현장에서 활동한 경험을 듣는다.

권순직 1970년대 중반은 유신이다 뭐다 해서 시대적으로 암울했고, 대학가는 온통 반정부 데모로 영일(寧日)이 없던 때입니다. 같은 세대의 고민을 안고 있던 젊은 지식인으로서 공직자의 길을 걸으면서 겪은 고뇌 또한 없지 않았을 것입니다. 시골 오지의 농촌에서 공직을 시작할 당시의 소회는 어땠습니까?

윤대희 1975년 9월 12일 내무부 수습 행정관으로 임관된 뒤 대전 중앙공무원교육원에서 석 달가량 신임 관리자 과정과 새마을 교육을 동시에 받고 곧장 군청으로 발령받았습니다. 저는 원적지가 충청북도여서 단양군청에 배치되어 새마을 담당관으로 부임합니다. 행정고시 출신 초임 사무관을 이처럼 농촌에 배치한 것은 박 대통령의 지시가 있었던 것으로 들었습니다.

제가 성장하고 교육받은 곳은 인천과 서울이었기에 농촌 지역을 실제 피부로 접한 것은 처음이었어요. 부임하니 농촌 환경은 상상할 수 없을 만큼 열악했고 충격적이었습니다. 제가 배치된 단양은 광산 지역인데 광부들 생활이라는 게 그야말로 '막장 인생'이라는 말로밖에 표현할 길이 없었죠. 농번기가 지나면 주민들은 놀음이나 음주로 날을 지새우기 일쑤였고, 주부들은 화투 추방운동, 술집 몰아내기 캠페인 등을 벌이며 새마을 운동이 한창 진행되는 시기였습니다.

| 권순직 전 동아일보 논설위원(오른쪽)이 윤대희 전 국무조정실장(왼쪽 2번째), 이기찬 손해보험협회 상임고문(왼쪽), 정병석 한양대 석좌교수와 좌담회를 진행하였다.

정병석　저는 전라남도가 연고지여서 지금은 여수시가 된 여천군에 발령이 났습니다. 군청 조직은 부군수 직할로 새마을계, 감사계, 예산계 등이 있고, 저희 새마을 담당관들은 부군수를 보좌하여 이들 계를 총괄하는 역할을 맡았어요. 사실 우리는 대학에서 공부만 했지 새마을 운동이 뭔지도 잘 몰랐는데, 현장에서 보니 군 행정의 대부분이 새마을과 연계되어 있었어요. 여천군은 농촌 지역과 함께 당시 조성 중인 여천공업단지를 관할하기 때문에 농촌 새마을 운동과 함께 새마을 차원에서 항구 관리 등도 했어요.

이기찬　저는 경상북도 의성군청에서 관리 생활을 시작했습니다. 그곳은 18개 읍·면을 거느린 전국에서 두 번째로 큰 군이었어요. 순수한 농촌 지역이어서 비교적 새마을 운동에 일찍 호응한 지역인데 체계는 아직 잡히지 않은 상황이더군요. 초기에는 군청의 새마을계, 감사계 할 것 없이 상부에서 새마을 운동 관련 지침이 내려오면 매일 노래나 부르고 모자 쓰고 왔다 갔다 하는 분위기였습니다. 그러다가 부군수실을 중심으로 새마을계는 기획을 하고, 감찰계는 확인 및 점검을 하는 기능을 수행하는 식으로 점차 틀이 잡혀 갑니다.

부군수가 매일 출근하자마자 현장으로 달려가 농촌 주민들을 독려하는데 새마을 사무관들도 동행했어요. 한참 뒤에는 저희 새마을 담당관들이 독자적으로 현장지도를 나갔는데 하루 종일 읍·면을 모두 돌아보는 날도 있었어요.

모든 행정이 새마을 운동을 중심으로

권순직　그 당시 모든 군 행정이 새마을 운동 중심으로 돌아갈 때였죠. 농촌 주민들이 새마을 운동을 받아들이는 분위기는 어땠나요? 새마을 운동이 갖는 의의도 컸습니다.

윤대희　당시의 새마을 운동은 경제개발의 과정에서 낙후된 농촌을 살리기 위한 보완책으로 출발했지만 우리 사회에 정신적인 혁명을 가져오는 계기가 되었다고 생각합니다. 1960년대와 1970년대에 아시아에선 두 개의 큰 문화혁명이 있었는데 하나는 중국의 1960년대 문화혁명이고, 다른 하나는 우리의 새마을 운동이었다고 봅니다. 이 두 혁명의 결과는 정반대로 나타났지만요…. 그런 과정을 현장에서 체험한 저희들은 훗날 공직생활에 굉장한 영향을 주었다고 개인적으로 생각합니다.

정병석　윤 장관님 말씀대로 새마을 운동은 농촌 소득증대 사업 측면 못지않게 국민들의 정신혁명, 의식개혁의 측면이 어쩌면 더 중요하지 않았나 생각합니다. 새마을 운동 하면 농촌의 환경개선 사업과 소득증대 부문만 크게 부각되는 것 같아요. 우리나라의 경제성장 과정에서 국민들의 의식개혁이 크게 기여한 측면에 대한 재평가가 이뤄져야 한다고 봅니다.

이기찬　의성군은 전형적인 농촌 모델이기 때문에 당시 아직 보급이 정착되지 않은 통일벼 재배 문제로 논란이 많았어요. 통일벼는 기존 품종에 비해 수확량은 30%가량 늘어나지만 냉해와 병충해에 취약하다는 약점이 있었습니다. 정부에서는 통일벼 재배를 권장하고 상부에서 실적을 올리라고 야단인데 농민들이 말을 잘 안 들어요. 군수실에서 참모회의를 하면 매일 깨지는 사람이 농촌지도소장입니다. 재배 권장 실적이 저조하다는 거죠.

그런 와중에서 '새마을' 자가 붙으면 따라 하는 분위기여서 새마을 운동을 통한 통일벼 보급은 급속히 늘어납니다. 통일벼 재배가 성공하다 보니 자연히 농가 소득이 크게 늘게 됩니다. 그때부터 '정부가 권장하는 정책을 따라 하니까 소득이 있구나' 하는 인식이 고조되어 새마을 운동을 추진하는 데 밑거름이 되지 않았나 생각합니다. 결국 모든 정책은 실질적으로 소득과 연결되어야 효과를 낼 수 있다는 걸 단적으로 보여줍니다. 과거 4H 운동이나 재건국민운동 등의 예에서 보듯이 형식적인 슬로건에 그쳐서는 호응을 얻을 수 없는 것이죠.

윤대희   그렇습니다. 주민들의 피부에 와 닿지 않는 정책은 백번 해봐야 먹혀들지 않아요. 어느 날 새마을 계장이 저에게 "어느 마을에 농로(農路)를 만드는 데 시멘트 얼마만큼을 지원해 달라"는 거예요. 지원해 준 뒤 잊고 있었는데 몇 달 뒤 농로 준공식에 같이 가자는 겁니다. 현장에 가 보니 번듯한 농로가 만들어졌어요.

그런데 여기서 중요한 것은 농로가 만들어진 게 아닙니다. 군에서는 시멘트만 지원했을 뿐이고, 농로를 만들려면 토지가 필요하고 시멘트 값보다 훨씬 비싼 골재며 인건비가 많이 소요되는데 …. 그러나 주민들은 해냅니다. 주민들이 합심하여 노동력을 제공하니 노동비용(labor cost)이 제로지요. 필요한 땅은 주민들이 기증해서 해결합니다. 정부 입장에서 보면 그야말로 최소 비용으로 사업을 추진하는 시스템이 바로 새마을 운동 방식입니다.

이렇게 해서 농로가 개설되니 경운기가 들어갈 수 있어 농사짓기가 얼마나 편해집니까. 자동차도 마을 안까지 들어오고. 물론 그런 과정에서 새마을 지도자들의 헌신적인 봉사와 설득을 통한 리더십이 큰 역할을 합니다. 주민은 주민대로 자신들에게 눈에 띄게 이익이 돌아오고 생활이 편해지니 새마을 사업에 더 열성적으로 참여합니다. 새마을 운동의 선순환이 이뤄지는 것이죠.

소득과 연결되는 정책이라야 호응

정병석　주민들의 협동·자조·자립을 통한 의식개혁으로 새마을 운동이 성공적으로 추진된 것은 사실입니다. 그러나 그에 못지않게 중요하게 작용한 것이 정부의 성과에 따른 보상 방식입니다. 예를 들어, 첫해에는 마을당 시멘트 3백 부대와 철근 몇 톤씩을 일률적으로 지급해 사업을 추진토록 합니다. 그리고 나서는 사업의 추진 실적을 평가하여 근면·자조·협동 3단계로 나누어 다음해엔 잘한 곳은 많이 주고, 중간 마을은 약간 주고, 못한 곳은 아예 지원 대상에서 제외시킵니다.

이처럼 마을 단위로 차등지원을 하고 경쟁을 시키니 처음엔 야단이 납니다. 지원을 못 받은 마을 주민들은 이장이나 새마을 지도자에게 옆 마을은 지원을 받는데 왜 우리는 빠졌느냐며 항의도 했지요. 하지만 정부는 이 같은 성과주의 지원 방식을 강력히 밀어붙입니다.

특히 박 대통령이 이 같은 방식을 강력히 추진했어요. 여당에서는 '이러다가는 다음 선거에서 패배한다'면서 강력히 반대했지만 그대로 밀고 나갑니다. 당시 우리 사회의 의식구조로 볼 때 이 같은 차등보상 방식의 지원 정책은 그야말로 파격이었고 모험이었습니다. 그러나 성공했어요.

이기찬　다른 측면에서 성공 요인은 새마을 운동이 마을 단위, 자연부락 단위로 추진되었다는 것입니다. 당시엔 아무리 작은 마을이라도 양반, 비양반 이런 세력들로 눈에 띄지 않게 양분되었고, 남녀 구분도 아주 엄격하던 시대 아닙니까. 그런 공동체를 한데 묶는 계기가 새마을 운동을 통해서 만들어집니다. 마을 단위로 정부 지원금이 내려오면 주민 합의를 거쳐야 용도를 정하고 사용할 수 있기 때문에 자연히 주민 간의 의견수렴 과정이 있어야 함은 물론이고 필요한 노동력도 공동으로 제공해야 하니 상호 협력이 필요합니다. 그럼으로써 전과 다른 마을 공동체가 형성됩니다.

이 시기 여성들의 지위도 향상되는 모습이 나타납니다. 부엌 개량 같은 생활환경 개선사업이 초기 새마을 운동의 역점사업 가운데 하나였는데 여성들의 역

110

할이 중요해집니다. 절미운동을 통한 살림살이 장만에서부터 저축 운동, 마을 기금 마련을 위한 좀두리쌀 모으기 캠페인 등 할 일이 많았어요. 자연히 여성의 활동 범위가 넓어지고 지위도 향상됩니다.

권순직   새마을 운동은 그 이전에 정부가 추진한 방식과는 완전히 다르죠. 앞서 말씀들 하셨듯이 정부는 자재 등의 지원은 하되 간섭은 최소화하고 사업 추진을 주민 자율에 맡김으로써 협동·자조·자립정신을 유도합니다. 한편으로는 차등지원 시스템을 가동해 경쟁을 유발함으로써 동기를 부여해 운동을 이끌어 나가는 방식입니다.

윤대희   제가 정부를 떠나 참여하는 프로그램이 있는데, 동남아시아나 아프리카 같은 저개발 국가들에게 우리나라의 경제개발 경험을 전수하는 사업입니다. 이른바 지식공유사업(knowledge sharing program)인데, 이런 나라 사람들은 우리의 1970년대 새마을 운동에 관심이 많아요.

맨 먼저 하는 이야기가 '할 수 있다!' 이른바 'Can do spirit' 개념입니다. 근면·자조·협동을 통한 주민들의 의식개혁이 필수적이라는 이야기죠. 실제로 우리 새마을 운동이 성공을 거두는 데 가장 중요한 기능을 한 것 중의 하나가 '우리도 할 수 있다!'는 정신 아니었습니까.

다음으로는 성과에 따른 보상 체계로 우리가 농촌 현장에서 가장 유용하게 적용한 시스템이지요. 개인적으로 친분이 있는 무토 마사토시 전 주한일본대사가 "새마을 운동 추진과정에서 농촌에 전기를 넣어 주면서 성과와 연결시켰느냐"고 물어요. 1970년대 농촌에 전기가 들어온다는 것은 대단한 일이었어요. 그 시절 새마을 운동을 열심히 하는 마을에 우선적으로 전기를 넣어 주었죠.

다른 사업과 마찬가지로 농어촌 전력화 사업도 새마을 운동 성과와 연계시키자 정치권에서 반대도 많았지만 박 대통령은 고집스럽게 추진했지요. 정치적 파급이 우려되는 상황인데도 밀어붙인 것은 대단한 정책 추진력이었다고 봐요.

과거와 다른 정책추진 방식

정병석　새마을 운동은 최고통치자의 강력한 의지로 추진되었어요. 1970년대엔 공무원 교육이건 일반 기업체 교육이건 모든 교육과정에는 반드시 새마을 교육이 최우선시됩니다. 행정고시에 합격한 우리들도 12주 교육을 받는데, 첫 1주일은 새마을 교육 코스였어요. 새마을 교육에 꼭 들어가는 게 농촌 지도자들의 성공사례 발표인데 그분들의 강의를 들으면 눈물이 나요. 초근목피로 연명하며 춘궁기에는 식량이 없어 영양실조 상태인 농촌 주민을 어디서나 볼 수 있는 상황이었죠. 그런 절망적인 시대에 역경을 극복한 농민들의 성공담을 들으면 우리도 한번 저렇게 해봐야겠다는 생각이 저절로 들 정도로 생생하고 감동적이었습니다.

성공한 농촌 지도자들은 대부분 학력도 그리 높지 않고 어려운 환경에서 갖은 고생 끝에 자립하고 마을을 이끌어가며 새마을 운동을 리드한 분들이었죠. 그중에는 아주머니들도 많았어요. 지도자들의 성공사례는 농촌뿐만 아니라 공장으로, 직장으로, 도시로, 학교로, 새마을 운동이 번져나가게 만든 촉매제 역할을 했던 것입니다.

새마을 운동을 하면서 농촌마을에는 우선 앰프 시설이 갖춰졌어요. 새벽 6시만 되면 앰프를 통해 "새벽종이 울렸네, 새아침이 밝았네" 하는 노래를 계속 틀어대요. 늦잠을 잘 수 없게 만듭니다. 모두 일찍 일어나 무슨 일이든 하게 됩니다. 사람들을 계속 격동시키는 거예요. 경제개발 과정에서 국민들에게 동기를 부여하고(motivation) 뛰게 만드는 데 새마을 운동이 굉장히 중요한 역할을 했다고 봅니다.

이런 과정에서 일부 정치적으로 이용되었다는 지적도 있지만, 어쨌든 잠자던 국민들을 일으켜 깨우고 부지런하게 만든 건 사실입니다. 새마을 운동처럼 대통령부터 시작해서 모든 행정부처, 기관들이 일사분란하게 동원되어 추진한 운동은 과거에도 없었고, 앞으로도 나타나기 어렵지 않을까 생각합니다.

이기찬　새마을 운동이 시작되는 시점으로 돌아가 보면 농촌이 가난에 찌들고 못사는데 우리 자식세대만큼은 어떻게 해서라도 잘살게 만들자 이런 생각밖에 없었던 것 같아요. 나는 모든 걸 다 희생해도 좋지만 내 자식만은 성공하고 잘살기를 바라는 소망이 억척스럽게 새마을 운동에 뛰어들게 만든 하나의 요인이었다는 생각이 들어요.

부엌을 개량하고 변소를 깨끗하게 만들고 마을길을 다듬고 이런 사업을 하다 보니 자연스럽게 기왕이면 소득도 올려 보자는 쪽으로 관심이 옮겨가는 거였다고 봐요. 소득과 결부되면서 마을 주민들이 공동으로 여러 가지 사업을 전개하고 참여도 더욱 활발해집니다.

권순직 새마을 운동에 대해서는 대체적으로 긍정적인 평가가 많고 성공적이라고 말할 수 있을 겁니다. 물론 관 주도의 군대식 추진 방식으로 국민을 동원했다는 일부 비판적인 평가도 없는 건 아니지만요. 지금 시점에서 다시 평가해 본다면 어떨까요?

윤대희 국내는 물론이고 해외에서도 새마을 운동에 대한 새로운 조명이 활발히 이뤄집니다. 후진국 경제발전론자로 유명한 아서 루이스(Arthur W. Lewis)는 경제개발에서 '경제를 하려는 의지'(willing to economy)를 가장 중요한 요소로 강조합니다. 다행스럽게도 우리나라는 새마을 운동과 연계가 되어서 그 의지가 경제 발전에 기초가 되었고 굉장한 기여를 했다 볼 수 있습니다.

당시 박 대통령은 매월 한 차례씩 경제기획원에 와서 월례 경제동향보고를 받는데 제가 담당 사무관이었어요. 각종 경제지표를 챙기고 주요한 프로젝트의 진행 상황을 점검하는 자리인데, 월례보고에 반드시 들어가는 행사가 새마을 유공자 포상입니다. 보고회가 끝나면 부총리실을 개조해 오찬을 하는데 조촐하게 치러집니다. 부총리와 관계 장관 등 소수만 참석하는 자리인데, 대통령은 꼭 포상을 받은 새마을 지도자를 참석토록 해요. '이분이 새마을 지도자를 만나러 온 행사구나'라는 생각이 들 정도였어요.

그만큼 국가 지도자가 최우선 순위 정책으로 새마을 운동을 추진했습니다. 새마을 운동이 성공을 거둔 것은 이같이 대통령의 강력한 의지가 뒷받침되었기 때문이라고 봐요. 새마을 운동이 성과를 나타내기 시작하면서 그 바람이 공장 새마을, 도시 새마을 등으로 확산되어 갑니다.

새마을 운동은 정교한 성장이론

정병석　새마을 운동을 시작할 때는 아마도 정치적 이유도 없지 않았을 터인데, 그럼에도 불구하고 지금에 와서 성장이론 측면에서 볼 때 굉장히 잘 만들어진 거예요. 누가 처음부터 정교하게 이론을 세워 설계한 것이 아닌데도 사후적으로 이론적으로 살펴볼 때 그렇습니다.

농촌에 전기를 넣고 도로를 확충해 경운기를 들어가게 하고, 경지정리를 하는 방식으로 사회간접자본(SOC) 기반을 확충하니 농촌 근대화에 가속도가 붙고, 경제성장에도 많은 도움을 줍니다. 그것도 정부는 시멘트나 철근만 지원하고 노동력과 토지는 주민들이 부담함으로써 적은 비용으로 엄청난 효과를 낸 거죠.

다음으로는 의식개혁 측면인데, 경제성장 이론에서는 의식개혁을 가장 중요한 요인으로 꼽습니다. 성장을 하면 의식이나 가치관 문화가 뒤따라 발전한다고 보는 사람도 있지만, 가치관이나 문화가 먼저 바뀌어야 한다는 이론이 우세합니다. 의식이 먼저 바뀌어야 생산성을 올리고 자본과 인적 자본을 축적하여 성장을 뒷받침한다고 개발전략 이론에서는 강조합니다.

의식, 문화, 가치관을 중요시하는데 이것을 비공식 제도(informal institution)라고 합니다. 새마을 운동을 시작하면서 그런 점을 염두에 두고 정책을 편 것도 아닌데, 나중에 보니 공교롭게도 오늘날의 경제성장 이론 측면에서 분석해도 가장 앞선 제도를 만들었구나 하는 것이 새마을 운동 체계입니다.

윤대희　우리나라 경제개발 전략은 불균형 성장 아닙니까. 그러다 보니 계층·지역·산업 간 불균형이 심해졌고 그중에서도 특히 농촌·농민의 소외가 두드러집니다. 농촌에 대한 투자가 상대적으로 소홀했던 건 사실이고.

도농 간의 소득격차가 날로 심해지고 도시로의 인구 유출이 급속화되는 등 농촌의 불만이 갈수록 커지자 정치적으로 부담을 느낀 정부가 뒤늦게나마 농촌 투자를 늘리는 쪽으로 눈을 돌립니다.

그러한 상황에서 새마을 운동이 태동했다고 보는 시각도 있어요. 결과적으로 보면 농촌 소득이 올라가 소비가 늘고 경운기 같은 농기계의 수요가 증대된 것은 여타 산업의 발전에도 일정 부분 기여했다고 봐요. 비약일 수도 있으나 훗날 자동차 같은 기계산업으로도 연결되었다고 봅니다.

이기찬 새마을 운동 과정에서 실패한 경우도 많았을 겁니다. 제가 경험한 사례 한 가지만 소개합니다. 농촌 소득 작목을 개발하여 보급하는 시기인데 어느 새마을 지도자가 마을 단위로 해야 할 양송이 공장을 개인 것으로 만들었어요. 주민들이 뒤늦게 이를 알고 분열이 생겨 그 마을 새마을 운동 조직이 해체될 위기까지 가기도 했어요. 대다수의 새마을 지도자들은 무보수에 헌신과 열정으로 마을개발에 노력했지만 일부 그런 사례도 있었어요.

헌신적이고 열성적인 지도자를 만난 마을은 단시일 내에 성과를 내며 성공적으로 새마을 운동을 추진했어요. 성공적인 새마을에는 반드시 훌륭한 지도자가 있었습니다.

정병석 국가적으로 엄청난 사업을 하는데 수많은 사람이 참여했어요. 그 와중에서 실패한 곳, 시행착오를 빚은 곳도 많았지요.

권순직 젊은 사무관들이 농촌 현장에서 겪은 애환도 많았으리라 생각합니다.

윤대희 새마을 운동과 산림녹화 사업이 동시에 추진되었습니다. 군수의 가장 중요한 관심사가 이 두 가지인데 만약 산불이 나고 뒤처리를 잘못하면 군수가 엄한 처벌을 받기도 했어요.

단양군에는 모두 122개의 마을이 있는데 저는 마을 단위로 소득증대 사업계획을 짜 보기로 했습니다. 제가 주관하고 새마을계장, 기획계장, 주작물계장, 농촌지도소장이 참여하는 태스크포스를 만들어 운영합니다. 새마을 운동이라고 큼지막하게 쓰인 지프차를 4명이 타고 거의 매일 122개 마을을 돌았어요.

낮에는 주민들이 일해야 하니까 오후 늦게부터 마을을 찾아가 주민들이 한저녁에 막걸리를 함께 마시며 이 마을에는 무슨 작물을 재배하면 좋을 것인가에서부터 자금 마련, 영농기술 문제 등을 풀어 나갔어요. 그때 정말 물불 안 가리고 열심히 일한 기억이 납니다. 계획은 머리를 맞대고 함께 세웠지만 결과는 보지 못하고 서울로 올라왔지요.

그런데 십수 년이 지나 재정경제부 기획관리실장을 하던 어느 날 단양군수로부터 연락이 왔어요. 그 시절 새마을계장 하던 분이 민선 군수로 당선됐다면서 새마을 운동 함께할 때 정열과 성과가 오늘의 자신을 있게 만들었다고 감사 인사를 해 왔어요. 저는 까맣게 잊었는데 감회가 새롭더군요.

또 하나의 에피소드는 군에 비정규직·잡급직 직원 중 승진시험 공부를 하는 사람이 많은데 이들을 도왔던 일입니다. 당시 승진시험 준비를 위해 장기 출타 신청을 하고 서울에 가서 학원을 다니는 경우 등 문제가 많았습니다. 그래서 군수와 협의하여 주말에 시험공부 클래스를 운영했습니다. 저희들은 고시공부를 수년씩 한 데다 대학 시절 아르바이트 경험도 많으니 이들을 가르치기에 딱 맞았죠. 여러 사람이 주사에서 사무관으로 승진시험에 합격하는 데 제가 도움을 준 것도 기억에 남는군요.

이기찬 한 달에 20일 이상은 출장이었어요. 의성군이 신긴지역으로 산 넘어 물 건너 마을을 방문하는데 거의 매일 하루에 서너 군데씩 돌아요. 부군수와 동행하여 출장을 가는 겁니다. 새마을에 갈 때면 격려금을 주는데 하루에 5천 원 정도씩 가져간 기억이 납니다. 주민들과 마을회관이나 이장 댁에 옹기종기 모여 앉아 새마을 운동 진행 상황과 마을 돌아가는 이야기로 주민들과 친숙해지며 행정을 펴나가던 시절이었습니다.

정병석 새마을 운동 초기 역점사업 중의 하나가 지붕 개량입니다. 전에는 초가지붕이라 매년 지붕을 바꾸기 힘들고 걸핏하면 물이 새서 불편하기가 이를 데 없었어요. 그런데 지붕을 슬레이트나 기와로 바꾸고 빨간색, 파란색으로 칠

❘ 왼쪽부터 윤대희 전 국무조정실장, 이기찬 손해보험협회 상임고문, 정병석 한양대 석좌교수.

하니 크리스마스카드에나 나오는 집같이 되었죠. 농촌 주민들이 이런 걸 보면서 '아, 뭔가 근대화되었구나' 하는 느낌도 들고 자부심도 생기고 해서 새마을 운동에 대한 인식이 높아져 갑니다. 그뿐 아니라 마을길도 넓어져 리어카가 다니고 전기가 들어오고 … .

윤대희 수습 사무관으로서 행정의 최일선에서 보고 느낀 것이 많았어요. 그런 경험들이 훗날 중앙부처에서 근무할 때 큰 도움이 되었다고 봅니다. 박 대통령이 젊은 초임 사무관들을 농촌 군청에 보낸 의도도 그런 점들을 고려한 것이 아니었을까 생각해요. 당시 군청에서는 상부로부터 내려오는 모든 공문을 우리에게 열람하게 했어요. 그런데 충청북도는 4면이 육지여서 바다와는 아무런 관계가 없는데 농수산부에서 만든 바다 관련 공문이 수도 없이 오는 겁니다. 51개 중앙 관서에서 1년간 내려온 공문을 종합해 본 일이 있었어요. 종이값은 얼마고 그걸 처리하느라 소요되는 인력 등을 따져 보니 비용만도 어마어마해요.

중앙공무원교육원에서 주최한 수습 행정관 연찬회에서 제가 이걸 발표해서 좋은 평가를 받은 바 있습니다. 후에 중앙부처에서 일하면서 혹시 내가 기획하고 하달하는 일이 이처럼 우스꽝스러운 일은 아닌지 한 번씩 생각해 보는 기회가 되기도 했습니다.

정병석   봄철이면 저수지 저수량 조사를 해요. A 저수지 수심은 120㎜, B 저수지는 200㎜로 조사되면 이를 합해서 군 평균 저수량은 150.34㎜, 이렇게 나오는 겁니다. 그런데 저수량 조사는 그해 영농과 관련한 대책을 수립하는 것이 목적이니까 평균치라는 게 의미가 없잖아요. 소수점 두 자리까지 만드는 통계방식이 이런 식이었어요. 쥐잡기 캠페인이 한창일 때 군에서 쥐를 몇 마리 잡았는지 보고받아 전국적으로 1억 2,423마리, 이런 식의 통계 발표가 언론에 보도되는 우스꽝스러운 일도 당시 있었습니다.

이기찬   제일 어려운 통계가 쌀 수확량 조사인데, 논 중간의 한 평을 자로 재서 그 안에 있는 벼이삭을 털은 후 쌀알 개수를 헤아려 측정합니다. 일제 강점기 때부터 사용하던 방식인 것 같은데 신뢰도가 어느 정도일지 의문이 들지만 다른 방식이 없을 때였으니 별수 없었겠죠.

하지만 그런 가운데서도 새마을 운동과 관련한 현황 파악이나 통계에는 비교적 허구가 끼어들 자리가 없었어요. 허구한 날 군수나 부군수가 현장에 나가 주민들과 직접 대화하며 파악하니 정확하다고 봐야지요. 행정이 현장에서 실질적으로 이루어지는 최초의 케이스였다고 봅니다.

윤대희   종전의 '군림하는 행정'에서 주민들에게 '다가가는 행정'으로 바뀌는 데 새마을 운동이 꽤 영향을 주었다고 봅니다. 새마을 운동이 워낙 대통령의 관심사다 보니 도지사, 군수, 면장 등 모든 기관장이 새마을 운동을 하는 농민과 지도자를 존중하고 그들의 의견을 귀담아 들을 수밖에 없었어요.

새마을 운동을 계기로 주민들이 조직화되어 단합된 목소리를 낼 수 있는 사회적 분위기가 조성되었습니다. 여기에다 대통령이 직접 새마을 지도자를 만나 얘기를 듣고 표창하고 밥도 같이 먹으니 공무원들은 신경을 곤두세우지 않을 수 없었어요. 새마을 지도자로부터 '우리 군수는 이래저래 형편없다'는 말이라도 나오면 그야말로 큰일이죠. 실제로 그런 사례도 없지 않았을 겁니다.

군청 문턱을 낮춘 새마을 운동

권순직   새마을 지도자들을 인터뷰하는 과정에서 들은 얘기인데 내무부 장관과 도지사 공동 명의로 '언제든지 군수, 도지사, 장관을 만날 수 있다'는 증서를 만들어 줬다더군요. 조선시대 마패(馬牌) 같은 거죠. 그만큼 새마을 지도자를 존중하고 권위를 인정했다는 표시입니다.

윤대희   대통령이 1년 중 가장 관심을 갖는 큰 행사가 전국 새마을 지도자 대회였어요. 군수와 새마을 지도자 몇 명이 함께 참석합니다. 그 자리에서 농민 성공사례도 듣고 표창도 하면서 대통령은 새마을 운동의 나아갈 방향을 제시합니다. 우리 초임 사무관들을 왜 시골 군청에 배치했느냐 하는 의문이 있을 텐데, 모든 정책의 중심에 새마을 운동이 있었기 때문에 그것을 현장에서 이해하면서 모든 행정을 하라는 뜻이 있었으리라는 생각이 들어요.

이기찬   1970년대 중반 공직사회에는 서정쇄신(庶政刷新)이라는 칼바람이 불 때였어요. 그런데 우리 새마을 담당관·사무관 밑에 감찰계가 소속됩니다. 우리 업무 가운데 80%는 새마을 관련 일인데, 새마을계, 기획계, 감찰계를 거느리니 어깨에 힘이 들어갈 법도 했지요.

윤대희   사무관들이 중앙에서 내려오니 군수부터 모든 간부들이 긴장했다는 거예요. 무슨 특명을 받고 온 것이 아닌가 하고.

그건 그렇고 앞서 잠깐 이야기했습니다만, 중국에서 덩샤오핑이라는 지도자가 10년만 일찍 등장했더라면 우리가 과연 1970~1980년대 고속성장을 할 수 있었을까 하는 생각이 들어요. 그에 앞서 중국의 문화혁명이 뒷걸음질했기 때문에 우리가 빠른 경제성장을 할 수 있었다는 분석입니다. 우리도 잘했지만 우리나라가 국운(國運)이 있는 것 같습니다.

이기찬   우리 어릴 때 4 H 운동[8]이 한창 벌어졌지요. 그런데 이 운동은 동네 청년들을 중심으로 아침 일찍 나와 마을을 청소하자, 비 내리면 질척거리는 길을 보수하자 등의 활동이 주종입니다. 4 H 깃발을 동네 어귀마다 걸어 놓고 자발적으로 벌이는 캠페인이니까 캐치프레이즈는 좋았지요. 그런데 자금이 안 나오는 데다 젊은 층만 참여하고 중장년들은 외면하니 오래가지 못했어요. 그냥 한때 청년운동으로만 기억될 뿐이죠.

정병석   새마을 운동에 대한 정치적 비판이 많았기 때문에 역으로 사업내용이나 추진 방식을 신경을 써서 시행한 측면이 있어요. 실제로 주민들 피부에 와 닿는 사업 중심으로 새마을 운동을 전개함으로써 합의와 동참을 이끌어내고 반발을 누그러뜨리는 역할을 합니다. 농촌 주민들의 생활 여건을 획기적으로 개선시키는 한편, 소득증대와도 연결되니까 새마을 운동은 국민들을 격동시키면서 전 국토를 활력 넘치게 만드는 계기를 조성합니다.

   가장 일사불란하게 행정을 추구한 대표적 사례가 근대 정부에서는 미국의 뉴딜정책입니다. 대공황으로 폐허가 된 나라를 재건하기 위해 미국 정부는「전국산업부흥법」(National Industrial Recovery Act)을 제정하고 국가재건기구를 만듭니다. 여기에 육군 대령 출신을 위원장으로 앉히고 생산 조절은 물론 근로시간 단축, 최저임금제 적용 등 초법적인 조치를 취하며 정책을 폅니다. 이런 월권적인 정책 시행으로「전국산업부흥법」은 훗날 대법원으로부터 위헌 판결이 나기도 했습니다. 이게 1930년대 미국에서 일어났던 일입니다. 이러한 행정 스타일을 나중에 많은 나라에서 본받아 시행합니다.

   이러한 정책 방식을 채택하여 성공한 나라가 일본과 한국입니다. 새마을 운동이 이와 비슷해요. 미국이 뉴딜정책을 펼 때 말을 잘 들은 곳에는 청색 독수리 문장을 붙여 줬는데 이와 유사하게 우리도 새마을 운동을 하면서 '모범사업

---

8 4H운동은 농촌 청소년들로 하여금 농사와 가정 또는 사회생활에서 한 국민으로서 높은 이상을 갖고 스스로 지식과 능력을 학습하고 실천하여 지역사회와 국가 발전에 이바지하도록 하는 것을 목적으로, 서로 도우며 전개하는 조직활동을 뜻한다. 여기서 4H란 명석한 머리(head, 지육), 충성스런 마음(heart, 덕육), 부지런한 손(hands, 노육), 건강한 몸(health, 체육)이다.

장'이란 게 있었습니다.

이기찬   독일의 성공을 '라인강의 기적'이라고 하잖아요. 그런데 그 이름이 어떻게 붙여졌나 살펴보면 독일이 그 당시 우리 농촌 상황과 비슷하게 패전 후 모든 공장이 다 무너지고 먹고살 길이 없었던 상황이었음을 알 수 있죠. 방직공장에 다니는 젖먹이 아이 엄마의 '아이 분유 값 좀 벌게 해 주세요'라는 호소가 국민적인 슬로건이 되어 허리띠 졸라매고 일해 라인강의 기적을 일궈냈다는 기록을 본 적이 있습니다. 우리나라의 새마을 운동도 이와 크게 다르지 않는 상황에서 시작되고 성과를 거두었다고 봅니다.

윤대희   코리안 미러클(Korean miracle)이라는 말은 사실 북한에서 처음 사용한 겁니다. 영국의 유명한 여성 경제학자 조안 로빈슨(Joan Robinson) 교수가 1960년대 초 북한에 갔죠. 우리가 헤맬 때 북한은 천리마 운동이다 뭐다 해서 빠른 속도로 발전하는 걸 보고 로빈슨 교수가 북한을 일컬어 '코리안 미러클'이라 칭했다고 해요. 1962년 우리 1인당 국민소득이 82달러인데, 당시 북한은 약 160달러였어요. 그러니 서양 학자 눈으로 볼 때 북한이 미러클이었겠죠.

　　그러나 북한 경제가 오랜 정체 상태에 빠져 있을 때, 우리는 비약적인 발전을 이룩했으니 '코리안 미러클'이라는 용어를 우리가 써도 된다고 봅니다.

이기찬   새마을 운동을 하려면 필수적으로 자금이 필요합니다. 그래서 만들어진 것이 새마을금고인데 이것이 정말 큰 역할을 했어요. 정부가 자금을 충분히 지원하기 어려우니 주민 자급자족 수준에서 마을금고를 만들어 저축도 하고 사업자금도 자체 조성하는 기능을 수행합니다. 새마을금고는 주민들이 저축한 돈을 우선적으로 주민에게 대출하고 남는 자금은 중앙에 맡김으로써 충분한 이자를 붙여 주었습니다. 새마을금고 초기의 역할은 자체 사업자금 마련과 저축심 앙양 이외에도 자조·자립의 정신을 길러 준 것이었는데 이는 높이 평가할 만합니다.

정병석　산림녹화 사업을 하면서 IBRD 차관을 활용했는데 특이한 점이 있어요. 본래 IBRD 차관은 용도가 주로 물질적인 사업을 하는 데 한정되는 것이 통례인데 그것을 우리나라는 산림녹화 이외에 '직업훈련원'을 설립해 활용했다는 것입니다. 이 차관을 일종의 인적 자본(human capital)에 투입한 것이지요. 기능공을 양성하고 직업훈련 소프트웨어를 개발하는 등의 용도로 IBRD 차관을 쓴 나라는 당시로서는 우리나라뿐이었을 겁니다.

권순직　좋은 말씀들 많이 해 주셨습니다. 마무리로 새마을 담당관 1년 동안 겪으셨던 일 중 가장 기억에 남고 보람이 있었던 경험을 이야기해 주시죠.

정병석　제가 근무했던 여천군은 농촌, 공업단지, 항구가 혼재된 곳입니다. 도청에 근무하던 분이 부군수로 오더니 저에게 항구가 새마을과 접목이 안 되었는데 우리가 한번 해보자고 그래요. 그래서 부군수와 저는 여수 앞바다 돌산섬에 가 보았는데 항구는 개발이 안된 낙후 상태였습니다. 부군수는 항구 개발을 새마을 콘셉트로 바꿔 보자고 제안합니다. 그리하여 '소항구 가꾸기'라는 이름을 지으면서 어촌 항구 개발에 나섭니다. 그때는 '무슨 가꾸기'라는 이름이 유행했지요. 소항구 가꾸기는 굉장히 성공적으로 추진되었습니다.

　이 경험을 통해 '새마을 운동은 농촌마을에서만 하는 것이 아니고 어촌에서도 하는구나!' 하는 깨달음을 얻었고, 행정이 유연하게 펼쳐지면 성과가 크게 나타날 수 있음을 피부로 느낄 수 있었습니다.

이기찬　의성군수가 그 이후에 청와대 근무도 하고 대구시장도 거친 분인데, 발상이 기발하고 적극적이었습니다. 하루는 저에게 천수답에 스프링클러를 설치하면 농촌 소득에 얼마나 기여할까 하고 묻는 겁니다. 이처럼 황당무계하면서도 기발한 아이디어를 내놓으며 저에게 과제를 던져 줍니다. 며칠씩 공부하고 궁리하여 실제 적용하는 경우도 많았습니다.

윤대희　단양군 내에는 122개 자연부락이 있는데 군 공무원들은 1인당 몇 개 마을씩을 맡아 지도하는 식으로 새마을 운동을 지원했습니다. 저 자신도 참으로 열심히 뛰면서 근무했지만, 군청 직원, 면사무소 공무원 할 것 없이 혼연일체가 되어 농촌을 근대화하는 데 기여한 점은 높이 평가되어야 합니다. 대통령의 강력한 의지가 새마을 운동을 성공적으로 이끌어간 것은 사실이지만, 일선 현장에서 혼신의 힘을 쏟아부은 공직자들의 공이 큽니다.

이기찬   한 가지 보람 있었던 일이 기억납니다. 어느 날 농촌마을을 격려차 방문했더니 주민 한 분이 동전 빼는 기계를 개발했는데 이를 활용할 방도가 없겠느냐며 군수님을 통해 도와 달라고 해요. 단추를 누르면 동전이 하나씩 튀어나오는 기계였어요. 그래서 그걸 특허 등록하도록 지원하여, 몇 년 뒤에 택시미터기에 부착하는 발명품이 되었지요. 현장행정을 하다 보니 이 같은 주민 민원을 챙겨 해결하는 일도 하면서 보람을 느꼈습니다.

정병석   제가 있었던 여천군은 우리나라 최남단에 속하는 곳으로 1976년에 열대과일인 파파야 재배에 성공합니다. 농어촌 소득을 어떻게 늘릴 것인가 온갖 시도를 다 하던 때에 따뜻한 지역의 기후적 특성을 고려해 열대과일인 파파야를 실험 삼아 재배해 보았는데 소득 작목으로 성공한 겁니다.
　새마을 운동 하면 나오는 이야기이지만 정부는 최소한의 지원만 하고 주민들이 자율적으로 사업을 펼치는 방식이 성공의 열쇠였다고 봅니다. 마을에서 또릿또릿한 사람이 새마을 지도자로 뽑히면 곧장 새마을지도자연수원에 보내 교육을 받게 하는데 몇 주 교육을 받고 오면 이들의 눈빛이 180도 달라져요. 다른 지역 지도자의 성공사례를 듣고 많은 것을 깨닫고 돌아온 젊은 지도자들이 주민들을 설득하고 의견을 수렴하며 새마을 운동을 리드한 것이죠. 군(郡)에서 이거 해라 저거 해라 해 봤자 잘 움직이지 않던 농촌 주민들도 자기 마을 지도자의 말은 잘 따르면서 새마을 운동에 가속도가 붙었습니다.

권순직   오랜 시간 좋은 말씀 감사합니다.

윤대희, 이기찬, 정병석,
그들은 누구?

윤대희(尹大熙, 1949~)는 인천 출생으로, 제물포고를 나와 서울대 경영학과를 졸업하고, 미국 캔자스대에서 경제학 석사를 받았으며, 서울대 행정대학원을 수료하고, 경희대에서 경제학 박사를 취득했다. 1975년 17회 행정고시에 합격한 이후, 1975년 충북 단양군청에서 수습행정관 생활을 시작했다. 2001년 재정경제원 국민생활국장, 2006년 청와대 경제수석, 2007년 제12대 국무조정실장(장관급)을 지냈으며, 2012년부터 가천대 석좌교수로 있다.

이기찬(李玘贊, 1953~)은 경북 선산 출생으로, 경북고를 나와 영남대 행정학과를 졸업하고 동 대학에서 행정학 석사를 받았다. 1975년 17회 행정고시에 합격한 이후, 1975년 경북 의성군청에서 수습행정관으로 공직생활에 입문했다. 1995년 영등포경찰서장, 1996년 청와대 치안비서실장, 1997년 서울시경 수사과장을 지냈으며, 2005년부터 손해보험협회 공익사업부 상근고문으로 활동하고 있다.

정병석(鄭秉錫, 1953~)은 전남 영광 출생으로, 광주제일고를 나와 서울대 무역학과를 졸업하고, 미국 미시간주립대에서 경제학 석사를, 중앙대에서 경제학 박사를 취득했다. 1975년 17회 행정고시에 합격하여 1975년 전남 여천군청에서 수습행정관 생활을 시작한다. 2003년 노동부 기획관리실장, 2004년 노동부 차관, 2006년 한국기술교육대 총장을 역임하였으며, 2009년부터 한양대 석좌교수로 있다.

제 4 장

새마을 운동과
지도자

새마을 지도자들의 역할

성공한 새마을에는 헌신적인 지도자가 있었다

1970년대 새마을 운동이 성공을 거둔 것은 두 축이 상호 협력, 보완의 관계를 이룸으로써 가능했다고 보아야 할 것이다. 그 한 축은 정부이고, 다른 한 축은 새마을 지도자이다. 새마을 운동의 작동 체계는 정부가 자재를 지원하면서 행정적인 뒷받침과 지도를 담당했고, 다른 한편에서는 마을 단위의 새마을 지도자와 주민들이 혼연일체가 되어 사업을 추진하는 방식이었다. 이 과정에서 정부는 지원은 하되 간섭은 최소화하고 주민에게 최대한의 자율성을 보장하는 방식을 채택했다.

　새마을 운동은 이들 쌍두마차를 동력으로 가동함으로써 활력을 얻고 성공을 거둔 것이다. 이와 같은 새마을 운동의 추진 방식은 역사상 일찍이 겪어 보지 못한 실험이고 경험이었다. 전국 농촌마을에는 이 운동을 추진할 '새마을개발위원회'가 만들어졌고 이를 이끌어 나갈 지도자가 필요했다. 자연스럽게 마을별로 리더인 새마을 지도자가 생겨났다. 1970년대 새마을 운동은 이들 지도자를 중심으로 활발하게 전개되었다.

성공한 새마을에는 반드시 훌륭한 지도자가 있었다. 무보수에 온갖 어려움을 앞장서 극복하는 지도자들의 희생과 열정이 없었다면 새마을 운동이 성공했으리라 상상하기 어렵다. 새마을 운동의 성공은 수많은 남녀 지도자들의 피와 땀의 결정체였다. 지도자를 주축으로 한 새마을개발위원회는 그들에게 필요한 사업이 무엇이고 어떤 사업부터 추진할 것인지 우선순위를 정하는 것은 물론, 필요한 물자에서부터 토지, 노동력의 조달 등 모든 것을 결정해야 했다. 이 과정에서 주민의 자치(自治)가 부여되었음은 물론이다.

또한 새마을 운동이 본격적으로 추진되면서 여성들의 참여가 절실히 요구된다. 이 과정에서 자연적으로 부녀새마을위원회가 구성되고 이를 이끌어 나갈 여성 지도자가 나타난다. "암탉이 울면 집안이 망한다"는 속담은 이제 옛날의 이야기로 물러앉았다. 이러한 여성 지도자들의 활약이 오늘의 여성상위 시대를 여는 실마리가 되었다고 볼 수도 있을 것이다.

수천 년 가난의 굴레에서 벗어나지 못하고 무력감에 빠져 있던 농촌 지역에 지도자를 중심으로 한 새마을 운동 추진은 '우리도 할 수 있다'는 자신감을 심어주는 촉매제 역할을 했다. 농민들이 이 같은 자신감을 가짐으로써 새마을 운동은 강한 추진력을 얻게 되었다.

성공사례는 새마을 운동의 산 교본이었다

새마을 지도자들의 역할은 자신들의 동네를 잘사는 마을로 가꿔나가는 데 그치지 않았다는 것에 큰 의미를 부여할 수 있다. 그들의 성공은 이웃 농촌마을 주민들을 자극했고 나아가 전국으로 새마을 운동이 들불처럼 번져 나가게 하는 횃불 역할을 담당했다. 새마을 운동에 가속도가 붙은 데는 성공한 새마을 지도자들의 공이 절대적으로 작용했다.

그들의 성공사례는 곧 새마을 운동의 교본이었다. 눈물겨운 성공담, 그들의 기적과도 같은 성취는 새마을 운동이 전국으로 확산되는 데 결정적인 역할을 한다. 자수성가로 자립한 농민의 성공사례는 새마을 운동의 교과서였고, 그들은 새마을 운동의 교관이고 전도사였다.

새마을 운동이 전개된 1970년대 전국의 모든 농촌마을에서는 남녀 각 한 명씩의 지도자가 활동했다. 한국농촌경제연구원에 따르면 1979년 말 당시 전국에는 7만 1천여 명의 지도자가 존재했다. 이 숫자를 바탕으로 추산하면 1970년대 10년간 연 인원 71만여 명의 새마을 지도자가 활동했던 것으로 보인다.

새마을 지도자 가운데 대통령이 주재하는 월간 경제동향보고 회의에서 성공사례를 발표했거나, 새마을지도자연수원에서 우수 지도자로 선정되어 강의를 한 지도자의 수는 헤아리기 어려울 정도다. 수원 새마을지도자연수원 자료에 따르면 1972~1976년에만 해도 총 151명의 성공 지도자의 사례발표가 있었다. 이들은 연수원 강의에 그치지 않고, 전국을 돌며 농민들을 대상으로 성공 노하우를 전파함으로써 새마을 운동 전도사 역할을 하였다.

앞에서 언급했던 충북 청원의 하사용 지도자의 경우 사례발표를 통한 강연은 물론 자신의 농장을 영농체험장 겸 교육시설로 제공했다. 거기서 전국에서 찾아온 농민들과 숙식을 함께하며 그 시대 농민과 농촌이 어떻게 어려움을 극복해야 할 것인지 고민했다.

새마을 지도자 양성과 교육

새마을 성공의 열쇠, 지도자 교육

초기 새마을 운동의 방향을 설정하고 기획하는 데 참여했던 고건 전 총리는 처음부터 마을 리더십을 매우 중시했다고 회고한다. 주민에 대한 정부 지원과 더불어 새마을 리더십을 새마을 운동의 3대 기본 요소로 설정하고 지도자 양성을 추진하였다는 것이다. 마을의 지도자에게 새마을 사업의 기획자·집행자·주민 설득 및 조정자로서의 역할을 담당토록 함으로써 농촌 혁신을 이끈다는 전략이었고, 결론은 성공적이었다고 그는 평가한다.

박정희 대통령은 농촌 지도자 육성에 관하여 지대한 관심을 가졌다. "새마을 운동을 효율적으로 추진하기 위해 지역사회의 젊고 패기 있는 일꾼들을 찾아 훈련시켜 농촌 지도에 앞장서게 하라"는 것이 박 대통령의 뜻이었다. 외부에서 지도자를 투입하는 대신 마을 내부에서 새마을 지도자를 뽑아 양성하는 길을 택한 것이다.

새마을 지도자 교육이 본격적으로 실시된 것은 1972년 2월부터이다. 대통령의 지시로 농협대학 부설 독농가연수원에 2주간의 새마을 지도자 교육과정을 개설하여 140여 명의 제1기 연수생이 입교한다. 1973년 봄에는 수원의 농민회관으로 옮겨 새마을지도자연수원으로 정식 출범했다. 1970년대 내내 새마을 교육의 요람이 된 곳이다.

이때 박 대통령은 새마을 교육 주관 부서를 농림부에서 청와대 정무비서실로 옮긴다. 청와대 비서관과 특별보좌관으로 하여금 교육행정을 담당토록 하여 교육의 질을 높이고 관료화를 억제한다는 명분이었다. 농림부 관리들이 주관하는 교육은 영농기술 등에서는 유용했지만, 새마을 리더십을 함양하는 데는 역부족이었다는 지적에 따른 조치로 보인다. 새마을 지도자 교육 연수에서 리더십을 중시했음을 보여주는 대목이다. 이때부터 여성 지도자에 대한 입소 교육도 처음으로 실시되기 시작했다.

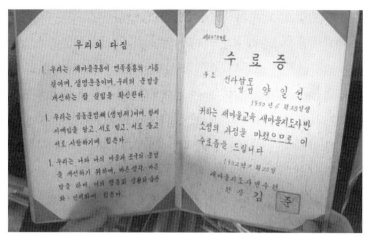

새마을지도자연수원의 교육과정은 가나안농군학교(교장 김용기)와 안양 농민교육원(원장 김일주)의 훈련 과정을 참고해 만들었다. 연수원장은 농과대학 교수와 개척농장 경영을 경험한 분으로 당시 농협 차장이던 김준 씨를 영입했다. 1970년대 새마을 연수가 큰 성과를 거둔 데는 바로 이 김준 원장의 공이 지대했다.

그는 1971∼1984년 원장직 등 연수 책임을 수행하면서 연수생들과 숙식을 함께하고 솔선수범했다. 연수원을 수료했던 많은 농민 지도자들은 "김 원장은 새마을 교육을 위하여 이 세상에 태어난 것 같다"며 존경했다. 독농가연수원 시절의 교육은 주로 농업기술, 영농방법 등에 관한 것이었으나, 수원 연수원에서의 교육은 새마을 리더십을 중점적으로 다뤘음을 볼 수 있다.

《새마을 운동 10년사》에 따르면 1972년 새마을 교육이 본격 시행된 이후부터 1980년 말까지 수원 연수원을 비롯해 각종 연수 시설에서 실시한 '주요 새마을 교육 누계 실적'은 새마을 지도자 26만 7천여 명, 장·차관, 국회의원, 대학교수, 판검사, 기업인 등 사회지도층 인사가 27만 4천여 명, 공무원 26만 8천여 명에 이른다. 이 밖에도 농민을 대상으로 한 작목별 전문교육, 농기계 교육, 동계 새마을 영농기술 교육 등을 통한 교육 인원만도 연 인원 3천여만 명을 헤아린다.

새마을 교육의 내용과 방법

수원으로 옮겨간 새마을지도자연수원의 교육은 농업기술이나 농업경영보다 리더십 개발에 더 역점을 두고 실시되었다. 종전의 농민 지도자나 독농가 교육과 다른 점이다. 새마을 운동을 추진하는 당국이 마을 지도자에 대해 그만큼 높은 관심을 가졌음을 의미한다. 새마을 사업을 평가한 실제 조사에서도 지도자의 리더십 정도에 따라 사업 성과가 확연하게 차이가 나는 현상이 뚜렷이 나타났다.

당시 새마을지도자연수원 교육의 커리큘럼은 물론 교육방식 등은 오늘날의 관점에서도 아주 수준 높은 것이었다고 한도현 교수는 평가한다. 지도자 교육 내용을 보면 정신운동 측면에서의 의식개혁에 중점을 두는 한편 개발 전문가를 양성하겠다는 의도도 엿보인다. 기업가에게 필요한 사업계획, 사업실행, 구성원 설득, 마케팅, 조직론, 우수사례, 벤치마킹, 회계 등을 새마을 지도자들에게 상당 수준으로 체계적이고 집중적인 교육을 했음을 발견할 수 있다.

특히 전국에서 엄선된 성공 농민의 사례발표를 통한 교육은 파급 효과가 엄청났다. 당시 사례발표에서 언급된 농민들의 성공담은 연수생들을 감동시켰고 자극했으며 분발하게 하는 역할을 했다. 새마을 운동이 활활 불붙는 데 결정적인 몫을 담당했던 것이다. 밤을 새워 실시된 분임토의 방식의 교육 또한 당시로서는 매우 이례적이고 선진적인 교육방법이었다.

교육 기간은 초기에 2주였다가 후기에는 남성의 경우 10일로 줄었다. 여성 지도자 교육은 1주일로 짧았는데 장기간 가정을 비우기 힘든 사정을 배려한 것이었다. 합숙생활을 통해 집중적 교육을 실시했고, 농민과 농민 지도자들에게 요구되는 태도 변화(정신교육)와 성공사례를 통한 벤치마킹, 농업기술 등 농촌개발 현장에서 반드시 필요한 내용이 교과목에 망라되었다. 다음은 한도현 교수의 이야기다.

스토리텔링, 생애사, 수기, 상호학습, 사례연구, 분임토의, 벤치마킹 등을 적극 활용한 1970년대 새마을 교육은 상당히 체계적이고 효과적이었다. 이 같은 1970년대의 교육은 오늘날의 대학 교육과 견주어도 손색이 없을 정도로 선진적이었다고 볼 수 있다.

당시 새마을 교육의 특징 가운데 빼놓을 수 없는 것이 현장학습이다. 성공한 농민의 발표를 듣고 감동만 한 것이 아니라 실제 체험을 통해 성공의 경험을 공유함으로써 자기 것으로 만들고 확산시키는 역할을 수행하게 했다. 성공사례의 확산은 농촌의 체념과 냉소적 패배주의를 극복하는 데 결정적으로 작용했다.

성공한 농민들은 교관 요원이나 멘토로 눈부신 활동을 한다. 연수원 교육 강사나 각종 교육 현장에서 연사로서 자신들의 성공담을 전수하는가 하면, 나아가 자신의 마을로 새마을 사업 실적이 저조한 마을 지도자를 초청해 3박 4일가량 합숙하며 새마을 수업을 실시하기도 했다. 이 같은 현장학습 교육장은 1970년대 중반 전국에 20여 군데가 있었다. 우수마을에서 저녁 늦게까지 실천적 교육을 받은 낙후마을 지도자들은 10여 쪽의 수업평가서를 작성했다. 그리고 이러한 교육으로만 그치지 않고 1년 안에 제자들이 새마을 운동을 잘하는지 현장 점검을 나가기도 했다.

새마을 사업이 진전되면서 새마을 교육도 목표가 달라진다. 초기의 농업기술 위주에서 새마을 사업에 대한 내용이 점점 늘어난다. 1973년 새마을지도자연수원의 교과과정을 살펴보자. 영농 지식(식량증산, 경제작물 재배, 농기구 조작), 농협 운동(협동조직), 새마을 사업(환경개선, 치산녹화, 복합소득, 새마을 공장, 가정의례, 농민 지도자 기법, 회의 진행법, 건전한 오락), 교양·정신교육(지도자의 자세, 목민정신, 새마을 지도 이념, 정신혁명), 성공사례(농특사업, 부녀활동, 협동조합), 야간 분임토의 등 교육내용이 광범위하고 체계적이며 리더로서의 자질을 함양하는 데 주력했음을 알 수 있다.

여성 새마을 지도자들의 등장

암탉, 담장 밖으로 나오다

새마을 운동이 추진되면서 담장 안에 머물던 여성들이 비로소 가정 밖으로 나오는 획기적인 변화가 일어난다. 새마을 운동을 통해 여성들에게 우리 역사상 처음으로 마을 공동체 사업에 참여하는 기회가 주어졌고, 시간이 지나면서 참여를 넘어서 의사결정에 적극적인 역할을 허용하게 된다. 농촌 여성들의 발언권이 높아지고 권위를 인정받는 혁신적인 변혁이 이뤄진 것이다. 여성들에 대한 이 같은 권리 부여는 우리 사회에서 전통적으로 인식되던 '암탉이 울면 집안이 망한다'는 관념을 역사의 뒷전으로 물러앉히는 계기가 되었다.

어떻게 해서 이처럼 여성의 지위가 획기적으로 높아졌을까? 새마을 운동 초기에는 부엌 개량, 식생활 개선과 같은 생활환경 개선이 큰 비중을 차지하였기 때문에 실수요자 격인 여성의 참여가 필수적이었다. 따라서 자연히 여성들의 참여와 역할이 확대되었다. 정부도 새마을 운동 초기부터 여성의 역할을 중시하여 여성 참여를 적극 유도했다. 마을 단위로 구성된 '새마을부녀회'는 농촌 사회의 분위기를 획기적으로 바꿔 놓는 역할을 했다.

당시 우리 농촌은 겨울철 농한기가 되면 남자들은 과음이나 도박으로 세월을 허송하는 게 일상이었다. 이때 새마을부녀회가 앞장서서 남자들의 도박 장소를 찾아가 화투를 빼앗아 불을 지른다든지, 마을의 술집을 추방해 과도한 음주를 사라지게 하는 등의 캠페인을 벌였다.

화투를 불 지르고 술집을 추방

마을 주부들은 더 나아가 부엌에 좀두리 쌀통을 비치하고 밥을 지을 때마다 쌀을 한두 숟가락씩 아껴 통에 넣어 뒀다가 매월 이를 모아 마을 공동기금으로 활용하는 절미운동을 벌였다. 이렇게 모은 돈을 여러 가지 사업에 사용함으로써 저축의 유용함을 새삼 일깨웠던 것이다.

이처럼 초기에 새마을 운동의 열기를 한껏 높이는 데 농촌 주부, 특히 새마을 부녀 지도자들의 공이 지대했다는 평가이다. 여성 새마을 지도자들은 자신들의 가정을 변화시키고 마을의 경제 발전에 크게 기여하는 것에 그치지 않았다. 그들은 새마을지도자연수원 등을 통해 체계적인 교육과 훈련을 받으며 리더로 성장한다. 마을 지도자에서 타 지역으로, 더 나아가 전국의 농촌에 새마을 바람을 확산시키는 기능도 수행하였다.

당국의 여성 지도자들에 대한 교육은 남성보다는 다소 늦게 시작된다. 새마을 운동을 추진하는 데 부녀 지도자의 역할이 중시되기는 했지만 보름씩이나 가정을 떠나서 연수받기가 쉽지 않았기 때문이다. 정부는 이러한 사정을 감안하여 부녀 지도자의 경우 연수 기간을 1주일로 단축하여 1973년 6월에 제1기 여성 지도자생들을 입소시키면서 연수원 교육을 본격 실시하기에 이른다.

부녀 지도자의 교육은 남성과는 다소 달랐다. 영농기술과 관련된 과목은 줄이고, 대신 농촌의 식생활 개선과 건강관리 같은 과목을 중점적으로 채택했다. 교육 중 실시하는 분임토의 내용을 살펴보면 가정의례준칙이 제대로 시행되지 않아 여전히 힘들다든가, 자녀교육 문제, 부녀회 기금 조성 및 활용 문제 등이 주로 다뤄졌다.

새마을지도자연수원에서 실시된 분임토의 과제를 남녀별로 비교하면 여성들에 대한 교육내용의 특성을 알 수 있다. 1973년 남성 지도자반 분임토의 주제는 마을 주민들의 참여 문제, 농촌의 소득원 개발, 지도자에 관한 것, 새마을 사업 선정, 마을기금 조성, 주민들의 노동력 동원, 지방 행정기관과의 관계 등이다. 여성 지도자반의 주제는 여성의 새마을 운동 참여와 장애요인, 가정 부업의 문제, 여성의 새마을 운동 참여, 가정의례준칙의 활성화 방안, 협동조합 운동과 여성의 참여, 가정복지와 자녀교육, 여성 저축과 생활 합리화 등이다.

1인 3역 부녀 지도자 : 노부모 모시랴, 자녀 양육하랴

농촌 부녀자들이 새마을 운동에 적극 참여하는 것을 저해 요인으로는 노부모의 이해 부족, 남존여비(男尊女卑) 사상이 사라지지 않았다는 점, 가정주부의 역할 때문에 시간 내기가 힘들다는 점 등의 애로사항이 많이 표출됐다는 게 당시 연수에 참여했던 지도자들의 증언이다. 여성 지도자들이 얼마나 어려운 상황에서 새마을 운동에 투신하여 활약했는지 가늠케 한다.

새마을부녀회는 가정살림은 물론이고 자녀교육, 생활개선, 가족계획 등 일상생활에 관한 일을 주로 수행하기 때문에 부녀 지도자의 역할이 중요했고 힘들었다. 그렇기 때문에 지도자 선출에 신중을 기했고 그들의 역할이 마을 분위기 전체를 좌우하기도 했다. 당시 여성 새마을 지도자들은 자신의 가정을 꾸려나가면서 마을 일을 해야 하는 어려움도 어려움이지만, 부인들끼리 모여 일을 하다 보니 뒷말도 많고, 남성에 비해 까다롭고 꼼꼼한 여성의 성격 탓에 설득하고 중지를 모으는 과정이 무척 힘들었다고 입을 모았다.

새마을 지도자들은 1970년대 내내 새마을지도자연수원 강의는 물론이고 타 지역 마을과 각종 단체에 초빙되어 성공사례를 발표함으로써 새마을 운동이 확산되고 성공하는 데 크게 기여했다. 그 과정에서 여성 지도자의 역할은 비록 수적으로는 남성에 비해 많지 않지만 때론 훨씬 감동적인 경우가 많았다. 여기서는 여성 지도자들의 감동적인 성공 스토리 중 몇 사례만 간략히 소개하겠다.

경남 진양군의 이순자 지도자는 초등학교 교사인 남편을 도우면서 마을부인회를 조직해 효행과 새마을 사업을 주도함으로써, 지식 여성의 귀감을 보여준 사례다. 경북 청도군의 홍영매 지도자는 6·25 전쟁에 참전하여 부상당한 남편과 함께 근검절약과 희생정신으로 기울어가는 살림을 일으키고 몸이 불편한 남편에게 삶의 보람을 되찾게 했다. 충남 연기군의 최재희 지도자는 어려운 환경에서 사랑과 인내로 자녀들을 교육시키고 농촌의 저축과 새마을 사업에 이웃 부인들을 참여시킨 대표적인 성공사례였다. 전북 임실군의 정문자 지도자는 마을 젊은 주부들의 선두에 나서서 갖은 난관을 극복하며 주민들을 새마을 운동에 적극 참여시킨 여장부 지도자로 꼽힌다.

새마을 지도자들의 육성 증언(인터뷰)

성공한 농촌 지도자들의 사례는 새마을 운동이 전국으로 번져 나가는 데 결정적인 기여를 하였다. 당시의 수많은 지도자 회고를 모두 듣지 못하는 아쉬움이 있지만, 하사용·정문자·양일선, 세 지도자의 증언을 통해 새마을 운동에 마을 지도자들이 어떤 역할을 했고 얼마만큼 영향을 주었는지 조명해 보고자 한다.

하사용 지도자는 이미 새마을 운동이 본격적으로 시작되기 전에 성공한 농민으로서 향후 펼쳐질 새마을 운동에 자극과 성취동기를 심어 주면서 전국의 농민과 마을에 이 운동이 활발히 전개되도록 하는 전기를 마련한 인물이다. 그의 눈물겨운 성공담은 수많은 사람들을 감동시키면서 새마을 운동에 참여토록 하는 역할을 했다.

정문자 지도자는 여성 새마을 운동의 초창기 기수였다. 당시만 해도 부녀자가 가정 담장을 넘어 활동한다는 것은 상상하기 어려운 상황이었다. 그럼에도 완강한 동네 노인과 이웃들을 설득해 여성들이 새마을 운동의 전면에 나서 능동적으로 참여하도록 한 대표적인 여성 지도자로 꼽힌다.

양일선 지도자는 좀 특이한 케이스다. 전국의 농촌에 이미 새마을 운동의 불길이 당겨져 크고 작은 성과를 거두고 있음에도 불구하고 양 지도자의 마을은 조용한 상태였다. 그러던 중 마침 그곳을 방문한 도지사로부터 새마을 운동을 추진해 보라는 권유를 받고 뒤늦게 참여해 괄목할 만한 성공을 거두게 만든 주역이다.

만약 전국에 이 같은 헌신적이고 열정적인 남녀 지도자들이 없었다면 과연 새마을 운동이 성공할 수 있었을까? 오랜 세월 가난에 찌든 우리 농촌이 상전벽해를 이루며 먹고살 만한 공동체로 탈바꿈하는 기적을 만들었을 수 있었을까? 의문을 갖지 않을 수 없다.

새마을 전도사 하사용

머슴살이, 식모살이를 딛고 일어난 하사용 부부의 성공 스토리

대통령을 감동시키고 울린 하사용. 그는 1970년대 초 새마을 운동이 활발히 전개되면서 가장 많이 인구에 회자된 인물로서 '새마을 운동 전도사'로 널리 알려져 있다. 박정희 대통령이 강력한 의지를 갖고 새마을 운동을 진두지휘하면서 어려움이 있고 힘들다는 사람에게 기회 있을 때마다 했다는 말이다.

우리 국민 모두가 하사용 씨에게 배워야 하겠다.
하사용 씨도 하는데 왜 못하겠다고 하는가?

하사용 지도자는 이처럼 당시 대표적인 농민 성공사례의 주인공으로 꼽혔다. 그는 전국 농촌 지도자는 물론이고 고위 공무원에서부터 기업, 학교 등 사회 각계각층을 대상으로 한 '새마을 강사', '새마을 교관'으로 각광을 받았다.

하 지도자가 당시는 물론이고 지금도 새마을 운동사에서 높이 평가되는 이유는 첫째, 무에서 유를 창조한 성공한 농민이었다는 점이고, 둘째, 새마을 교관으로서 수많은 농민들에게 영향을 주면서 새마을 운동이 성공하는 데 지대한 공헌을 했기 때문일 것이다.

대통령을 울린 농민

하사용의 등장은 새마을 운동이 시작되기 전에 정부가 추진했던 농특사업으로 거슬러 올라간다. 그가 최고통치권자인 박정희 대통령을 감격하게 한 계기가 곧 1970년 11월 11일 개최된 '농어민 소득증대 특별사업 경진대회' 우수 수상자 성공사례 발표였기 때문이다. 하 지도자의 말을 듣기 전에 우선 농특사업을 개괄적으로 살펴보기로 하자.[1]

136

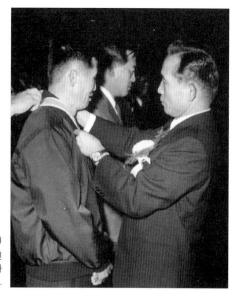

| 농어민 소득증대 특별사업 경진대회 (1970)
1970년 11월 11일에 서울 시민회관에서 열린 농어민 소득증대 특별사업 경진대회에서 하사용 씨가 박정희 대통령으로부터 동탑산업훈장을 수여받고 있다.

1962년부터 시작된 '제1차 경제개발 5개년 계획'의 추진으로 우리나라 경제는 공업화가 급속히 진행되면서 상대적으로 농업부문은 낙후 상태를 면치 못했다. 도농 간 소득격차가 날로 심해지는 상황에서 1967년에 치러진 대통령선거를 맞아 이 문제가 전면 대두되었다. 야당 측은 농가 소득의 주종인 쌀값을 높여야 한다며 이중곡가제(二重穀價制) 등 고미가(高米價) 정책과 비료값 반값 정책을 강력히 주장했다.

그러나 정부는 재정 형편을 고려할 때 이를 수용하기 어렵다고 판단, 주곡(主穀) 생산 위주의 농업정책에서 벗어나 쌀 이외의 다른 작물이나 축산 등을 장려하여 농가 소득을 높이려는 정책으로의 변화를 시도했다. 이것이 바로 1968년부터 실시한 농특사업이다.

농특사업은 주곡 위주인 농가의 생산 기반에서 탈피해 공업원료 작물이나 수출작목 또는 국민의 소득증대에 따라 수요가 늘어나는 작목을 생산하는 상업적 농업으로 전환해 농가 소득을 올릴 수 있다는 생각에 착안했다. 농공병진 정책이 비로소 시작된 것이다.

●
1 김정렴, 1990, 《한국 경제정책 30년사》, 중앙일보사.

그러나 초기 시행착오도 많았다. 앙고라토끼 증식 사업, 송어 양식, 아스파라거스·호프·락교 단지 등의 추진은 수요 예측이나 기술 면에서 많은 문제점을 드러내며 실패했다. 반면 비닐하우스를 이용한 채소 재배와 양잠, 양송이, 과일, 담배, 연안 양식, 비육우, 육성우 등의 사업 분야에서는 큰 성과를 거두었다. 이 농특사업이 비교적 성공적으로 추진되면서 참여 농가의 소득도 크게 높아졌을 뿐만 아니라 농수산물 수출도 가파르게 증대됐다.

농특사업을 추진하면서 정부는 각 지역별로 경진대회를 개최하여 우수 농가를 선정해 시상했다. 1970년 11월 11일 전국 경진대회가 서울시민회관에서 열렸다. 이 대회가 바로 하사용 지도자가 전국적인 인물로 부상하는 계기가 됐다. 충북 청원군 예선대회에서 1위를 한 하사용은 충북 도대회와 전국대회에서도 1위를 차지, 이날 전국대회에 참석해 성공사례를 발표한다.

권순직　열심히 농사만 짓다가 갑자기 전국적인 스타가 되셨죠? 논밭 한 평도 없던 하 선생 자신은 머슴살이로, 부인은 남의 집 식모살이로 돈을 모아 마련한 손바닥만 한 밭에서 농사를 시작해 고생 끝에 16동에 이르는 비닐하우스를 소유한 채소 전업농으로 자수성가한 성공 스토리는 시민회관 행사장 내를 숙연케 했습니다. 당시 시상식장인 시민회관에 모였던 3부 요인을 비롯한 각계 인사 3천여 명이 하 선생의 성공사례를 듣고 감격했다죠. 특히 2층 특별석에서 성공사례 발표를 지켜보던 박 대통령이 단상으로 내려와 하 선생의 손을 덥석 잡고 격려했다고요?

하사용　그땐 정말 정신이 먹먹했어요. 내가 발표를 마치니 박수소리가 요란한데 박 대통령께서 제 앞으로 뚜벅뚜벅 걸어오시더니 제 두 손을 덥석 움켜잡고 "참 훌륭한 일을 해냈다. 공부도 못한 사람이 누구 하나 도와주는 이도 없는데 …. 땅 한 평 없는 사람이 피눈물 나는 노력으로 무에서 유를 창조한 산증인이다" 이러시면서 격려하시더군요.

제가 얼핏 보니 그 양반 눈시울이 젖는 것 같았어요. 그리고 동탑산업훈장을 제 목에 걸어 주시고 등을 두드리면서 또 목이 멘 소리로 "고맙다"는 말씀을 몇 번씩이나 하시는 거예요. 저도 함께 울었어요.

이어서 박 대통령이 치사를 할 차례. 그런데 대통령은 미리 마련된 치사는 제쳐 놓고 즉석 연설을 한다.

박 대통령은 "하사용 씨 같은 분이야말로 우리 농촌의 등불이요, 국민 모두의 스승이다. 우리나라 농촌의 빈곤도 하사용 씨 같은 정신이면 벗어날 수 있다"면서, "성실한 농촌 지도자 한 사람이라도 몇 년 동안의 노력으로 성공해서 그 지역 농민들의 가슴속에 불을 켜 주고, 의욕을 북돋아 주고 해서 우리 농민들이 잘사는 그러한

| 하사용 새마을 지도자

농촌이 되어야 하겠습니다"라고 말했다. 또한 "하사용 씨의 성공사례는 우리 농촌을 지도하는 공무원들이나 농촌 지도자, 기타 농가들이 본받아야 하고 참고해야 할 점이 많다"고 강조했다.

그 이후 하사용의 성공사례는 '새마을 운동의 교과서'가 됐고, 그는 '교본 없는 교사'가 되어 전국적인 새마을 전도사로 활약한다.

권순직　사례발표를 하고 훈장을 받은 다음날 청와대 오찬에 초대됐지요?

하사용　대통령께서 아내와 함께 저를 청와대로 초청해 다과를 베풀어 주시면서 "당신 소원이 무엇이오?" 하고 묻는 거예요. 그래서 제가 "가난은 나의 유일한 적입니다. 가난을 이겨내고야 말 것입니다"라고 말했지요. 그랬더니 대통령께서 "당신들은 무에서 유를 창조한 사람들입니다. 우리나라 농촌에 당신들 같은 농민이 1개 군에 1년에 한 명씩이라도 생겨났더라면 우리나라 농촌은 지금 같지는 않았을 텐데 … "라면서 저희 부부를 치하하셨습니다.

대통령이 보낸 거액 포상금 사양

권순직   그해 연말 하 지도자의 노고와 공적을 인정해 정부가 포상금 1천만 원을 지급키로 했는데 거절하셨다면서요? 당시로선 엄청난 액수였을 텐데요.

하사용   "내 가난은 나의 노력으로 물리칠 것입니다"라고 말하면서 대통령이 보낸 포상금을 사양했어요. 돈에 욕심 없는 사람이 어디 있겠어요. 당시 농지가 평당 3백 원 할 때 수만 평을 살 수 있는 돈인데. 270평 밭뙈기 하나 믿고 움막집에서 출발한 놈이 '내 힘으로 가난을 이겨 보겠다'는 오기 하나로 살아왔는데, 그런 큰돈을 공짜로 받아서는 안 된다는 생각이 들었지요.

  사실 저도 한순간 마음이 흔들리지 않은 건 아니지만 우리 부부가 움막집 짓고 첫날밤을 보내면서 구상했던 결심을 깨고 싶지 않았어요. 그 돈을 받았으면 어엿한 내 농장을 갖고 남부럽지 않은 농장주가 될 수 있었겠지만 '이것은 남의 돈이지 내가 노력해서 번 돈이 아니지 않는가. 이 돈을 받아 농사를 지으면 내 초심이 흩어질 것만 같다'는 생각에 거부한 겁니다. 포상금을 거부한 이후로 정부의 정책자금은 쓰지 않기로 한 게 저를 빚 없는 농민으로 만들었다고 봐요.

이제 그의 파란만장한 성공담을 들을 차례다.

권순직   초등학교 2학년 중퇴, 고물수집, 엿장수, 땔나무 장사, 중국집, 채소장사에서부터 본인은 머슴살이, 부인은 남의 집 식모살이 …. 하 지도자의 인생 역정입니다. 참으로 힘든 어린 시절과 젊은 시절을 견뎌내셨군요.

하사용   그 당시엔 저만 그런 게 아니었어요. 제 경우가 좀더 힘들었을 뿐이지요. 1930년 충북 청원군 강외면 정중리에서 날품팔이와 행상을 하시는 부모님의 8남매 중 4남으로 태어났습니다. 그래서 제 이름이 사용이요. 우리 동네는 가난한 사람들이 모여 떼집을 짓고 살아 떼집거리로 불렸죠. 아버지는 날품팔이, 어머니는 떡장사와 묵장사를 하셔서 생계를 이어갔습니다. 움막집에서 가마니 깔고 새우잠 자면서 배고프면 산나물, 풀뿌리 캐다 먹는 그야말로 초근목피로 연명하는 생활이었습니다. 두부가게에서 나오는 비지나 양조장 술지게미, 엿집에서 나오는 엿밥이라도 구해서 입에 풀칠이라도 하는 날이면 그나마 다행이었지요.

8살이 되어 초등학교에 입학했지만 2학년 때 한 달에 50전이던 월사금을 6개월간 못 내 퇴학당합니다. 이웃 면서기 아저씨의 주선으로 주재소(지금의 파출소)에 심부름꾼으로 취직했는데 당시 일본인 순사들의 못된 짓을 보고 도저히 참을 수가 없더라고요. 내가 있을 곳이 아니라고 생각해 아쉽지만 석 달 만에 그만뒀어요. 그렇다고 집에서 빈둥댈 처지도 못되고, 그래서 종이, 철사, 유리 같은 고물을 주워 팔다가 조치원역 '양아치'들에게 피투성이가 되도록 두들겨 맞고 그만뒀죠. 엿장사를 시작해 보리쌀, 좁쌀 한 됫박씩을 사서 가족들의 생계에 보탬을 줄 때는 세상에 그보다 더한 보람이 있을까 하는 생각이 들더군요.

틈틈이 30리도 넘는 산에 올라가 나무를 해서 땔감으로 팔기도 했지만 산림순시원에게 붙잡혀 낫과 지게를 빼앗기고 산을 내려올 때도 많았습니다. 간신히 시장에까지 나무를 가져가는 날에도 잘 마르지 않은 걸 파느냐는 핀잔만 듣고 돌아서야만 할 때가 한두 번이 아니었습니다.

땔나무 장사에서 채소 전업농으로

권순직　그러다 채소와 인연을 맺으셨죠. 채소는 하 지도자의 인생을 바꾼 작물이 됩니다.

하사용　그렇습니다. 땔나무 장사를 하다가 우연히 중국 사람들이 운영하는 채소농장에서 오이, 호박, 배추, 무 등을 구입해 지게에 메고 다니면서 파는 채소 장사를 시작했어요. 지게에 한가득 채소를 메고 40~50리 조치원시장, 옥산시장, 전의시장을 돌며 팔았죠. 장사를 마치고 밤늦게 집에 돌아오면 발바닥에 물집이 생기고 퉁퉁 부어 잠을 못 이뤘습니다.

이때 곰곰이 생각했어요. 중국인들은 채소 농사로 돈을 버는데 우리 마을 어른들은 왜 호밀, 보리, 콩, 녹두 같은 품목에만 매달려 농사를 지을까. 우리도 채소 농사를 하면 돈을 벌 수 있을 것 같아 어른들에게 말했더니 "이 녀석아, 기술이 있어야지, 아무나 하나!"고 코웃음을 치는 거예요. 그러나 나는 채소를 사러 갈 때마다 그들이 채소를 재배하는 모습을 유심히 살펴보면서 '나도 땅만 있으면 얼마든지 채소 농사를 할 수 있을 것 같다'는 생각을 했지요.

그러던 중 하사용은 6·25 전쟁이 일어나 인민군이 그의 고향까지 밀려 내려오면서 의용군에 끌려간다. 그리고 한 달 만에 평안도까지 올라가 의용군수용소에 머물던 중 탈출, 며칠을 숨어 지내다가 미군에 붙잡혀 인천소년형무소, 동래수용소, 거제도포로수용소로 옮겨가며 지내던 중에 포로 자유송환으로 풀려나 집으로 돌아온다.

피나는 고생 끝에 귀가해 보니 어머니는 행상으로 끼니를 이어가고, 아버지는 이미 돌아가시고 안 계셨다. 동생들과 함께 근근이 연명하는 생활을 하는데 군 입대 영장이 날아와 논산훈련소에 입소했다. 그리고 6·25 전쟁의 전투에 투입되어 싸우다가 부상을 입고 육군병원으로 후송된다. 설상가상으로 치료 중에 폐결핵으로 치료 불가능이라는 판정을 받고 의병제대를 하였다.

권순직 앓던 폐결핵이 점차 호전되면서 숙부님의 중매로 결혼하고 가정을 꾸리죠. 밭 한 뙈기 없는 하 총각에게 시집올 처녀가 있던가요?

하사용 인연이 있었던지 아직까지 해로하는 지금의 아내 신경복과 중매결혼을 했어요. 양가가 다 어려운 형편이라 추운 겨울에 냉수 한 그릇 떠 놓고 혼례를 치렀죠. 혼수라고는 홑청 없는 이불 한 채가 전부였어요. 결혼은 했지만 가정을 꾸릴 엄두도 내지 못할 형편이었고요. 그래서 나는 몇날 며칠 밤잠 이루지 못하고 고민한 끝에 결심합니다.

남의 집 머슴살이라도 한 3년만 하면 살림밑천을 마련할 수 있을 것 같아 이른 봄 어느 날 새벽에 잠자는 아내 몰래 집을 나와 걸식하며 찾아간 곳이 강원도 춘천의 어느 부잣집이었어요. 그곳에서 머슴살이가 시작됩니다.

| 하사용 지도자 부부 (1957)
하사용 지도자가 자신의 거처인 움막집 앞에서 아내와 함께 지게를 지고 서 있다.

1년에 새경으로 쌀 4가마를 받기로 하고 정말 열심히 일했어요. 3년 뒤 새경으로 쌀 12가마에다 이자 3가마를 합해 15가마 값을 받아들고 다시 고향으로 내려왔습니다. 부부가 거처할 움막집이라도 마련할 수 있다는 꿈에 부풀어 집에 돌아와 보니 아내는 남의 집 식모살이를 하고 있더군요. 거칠 대로 거칠어진 아내의 손을 잡으며 둘이 솟구치는 설움을 꾹 참고 "이제 우리도 잘살 수 있다"고 서로 위로하며 껴안고 다짐합니다.

하사용 부부는 3년간 고용살이로 모은 돈으로 조치원읍 미호천 강변 저지대 270평의 밭을 구입하여 한 켠에 움막집을 짓고 채소 농사를 시작한다. 이때가 1957년. 이곳은 하천 유역의 충적토라서 채소 농사에 알맞은 곳이었다고 한다. 두 부부는 흙을 퍼 날라다 모래땅을 옥토로 개간하는 한편, 새벽엔 조치원 읍내에 나가서 인분을 가져다 밭에 뿌렸다. 인분을 퍼오다가 읍내 사람들에게 매를 맞기도 하고, 심지어는 인분통을 빼앗아 부수는 사람까지 있었으나 하사용 부부는 묵묵히 이를 견디며 채소 농사를 지어 시장에 내다 팔았다.[2]

---

2 박진환, 2001, "독농가 하사용 씨의 성공사례와 1970년대의 새마을 운동", 농협대학 농촌개발연구소.

권순직　본격적인 채소 농사가 시작됐군요. 어려움은 없었습니까?

하사용　내 땅에서 내 아내와 함께 농사짓는데 뭐가 어려웠겠어요. 어떻게 하면 남보다 농사를 잘 지어 소득을 많이 올릴까 밤새워 궁리하고 낮엔 몸이 부서져라 일을 했어요. 점차 재미가 붙어가고 소득도 조금씩 올라갔습니다.

권순직　하 선생이 개발한 원시적인 하우스 재배로 재미 좀 보셨다고요. 연구하는 농민, 기발한 영농기술의 개척자인 셈인데 ….

하사용　채소를 가꿔 시장에 내다 팔면서 점차 재미를 붙여가면서 어떻게 하면 남들보다 하루라도 빨리 출하할 수 있을까, 그렇게만 되면 소득을 더 올릴 수 있겠다는 생각이 들었어요. 머리를 싸매고 궁리하던 중 '아하! 식물도 사람과 다를 게 없을 것 아닌가'라는 생각이 번뜩 들었어요. 그래서 이놈들도 따뜻하게 하면 더 빨리 자랄 수 있겠다는 생각에 채소를 심은 뒤 콩기름을 바른 종이를 씌워서 보온해 주었어요. 당시엔 비닐이 없었거든요.
　그랬더니 종이 속에서 작물이 자랄 수 있겠느냐며 이웃사람들이 미친놈이라고 비웃는 거예요. 그러나 우리 부부의 생각이 맞았어요. 작물이 훨씬 빨리 더 건강하게 쑥쑥 자라지 않겠어요. 남보다 며칠씩이나 빨리 오이, 호박 등을 수확하여 시장에 내다 파니 다른 사람보다 10배 이상의 소득을 올릴 수 있었습니다. 종이를 덮기도 하고 가마니를 덮기도 해서 수확 시기를 앞당겨 재미를 봤어요. 원시적인 비닐하우스였다고나 할까요.
　그러던 중 뜻하지 않게 군대 시절 앓았던 폐결핵이 재발해 일을 할 수가 없게 됩니다. 방구석에서 피를 토하며 병마와 싸워야 했지요. 이때부터 집사람이 저 대신 인분통을 지고 나르며 혼자 농사일을 해야 했어요. 그 고생이란 이루 말할 수 없었지요. 서너 해가 지나 병세가 호전되어 다시 농장에 나와 아내와 함께 일을 했습니다.

종이하우스에서 시작된 비닐하우스

권순직   그러면서 농토도 늘리고 소득도 올라가지요? 이제 어엿한 자립농으로 자리잡아 갑니다.

하사용   콩기름을 바른 종이하우스에서 재배한 상추를 단경기에 출하하면 한 평 농사로 3~4평의 밭을 구입할 수 있었어요. 그리하여 1958년에 90평, 1959년에 220평, 1961년 300평, 1964년 1,400평, 1966년 100평, 1967년 420평의 밭을 사들여 농사를 지었습니다. 그렇게 정신없이 농사에 몰두하다 보니 1970년 농특사업 경진대회에서 1등을 해 서울시민회관에 서게 된 겁니다. 이때 저는 상당한 규모의 하우스를 소유한 채소 전업농으로 성장했어요.

하사용은 채소를 판 돈을 한 푼도 허투루 쓰지 않고 저축해 농지 구입을 늘려나간다. 1957년부터 갖기 시작한 은행 예금통장은 10원, 30원부터 쌓여간다. 시장에 나가 상추를 팔면 즉시 은행으로 달려가 예금을 했다. 1964년까지 만들어진 통장만도 12개나 된다.

권순직   본격적으로 하우스 채소 농사를 시작하셨습니다. 어려움도 많았지만, 하우스 재배가 성공을 거두기 시작하면서 중부지방 비닐하우스 재배의 선구자가 됩니다. 하 지도자가 채소 농사를 시작한 1957년경엔 한국에 비닐하우스가 도입되지 않았어요. 1960년대 초에 들어서야 남부지방, 김해, 진주 등지에 비닐하우스 농사가 시작됩니다.

하사용   그렇습니다. 중부지방에 비닐하우스가 본격 도입된 건 1970년대 초입니다. 저는 1967년에 처음으로 50평 규모의 하우스 3동을 세워 채소 농사를 시작했고, 1969년엔 16동, 1975년에는 20개동 2천 1백여 평으로 비닐하우스 면적을 넓혀갔어요. 돈이 많이 필요했지만 대부분 내가 채소 농사로 번 돈으로 충당했습니다.

| 1970년대 비닐하우스 재배 현장
1970년대부터 본격 도입된 비닐하우스 농법은 농가 소득을 증대시키고
소비자들이 사철 내내 싱싱한 과일과 채소를 즐길 수 있는 시대를 연다.

　　1968년인가 청원군으로부터 150평짜리 비닐하우스 한 동을 지을 자금을 융자 받아 겨울에 비닐하우스 농사를 시작했는데 첫해부터 성공적이었어요. 제가 이렇게 겨울 비닐하우스 채소 재배로 재미를 보자 우리 마을 주민과 인근 농민들이 너도나도 하우스 재배에 참여했어요. 제가 중부지방 비닐하우스 보급에 선구자가 된 셈이죠.

　　사흘이나 연이어 엄청난 폭설이 쏟아진 1969년 겨울에 저희 부부는 하우스가 무너질까 봐 밤낮으로 쌓이는 눈을 쓸어내려 하우스를 지켜냈어요. 이처럼 눈물겨운 노력을 하느님이 보셨는지 그해 겨울 상추 값은 그야말로 금값이었어요. 상추 한 관이 쌀 한 말 값과 맞먹을 정도였으니까요. 폭설 덕에 상추 농사로 노다지를 캔 거나 마찬가지였죠. 상추 판 돈으로 하우스를 150평이나 늘렸습니다.

　　그런 소문이 퍼지자 우리 하우스를 방문하는 농민들의 발길이 이어졌습니다. 본의 아니게 비닐하우스 농사 교육장이 되었어요. 그 덕분에 1970년 농어민 소득증대 특별사업 경진대회 전국 1위를 차지하여 서울시민회관에서 성공사례도 발표하고, 저 같은 무지렁이 촌놈이 대통령을 직접 만나고 청와대 가서 점심도 얻어먹고 그랬지요.

새마을 강사로 눈코 뜰 새 없이 활약하다

권순직   이 같은 성공적인 영농 사례가 알려져 TV에까지 방영되면서 하사용 지도자의 하우스 농장은 전국 농민들의 견학농장 교육장이 되었고, 하 지도자는 새마을 교육 강사로 이름을 떨칩니다.

하사용   어찌나 많은 사람들이 찾아오는지, 여기저기서 강의 요청이 쏟아지고 본업인 농사에 전념할 수 없었어요. 그래서 농사는 아내가 도맡아서 해야 할 형편이었죠.

하 지도자는 1971년과 1972년에는 주로 충청북도 지역 내의 농민들을 대상으로 성공사례를 발표한다. 그러다가 1973년부터는 전국의 공무원교육원과 각종 연수, 그리고 개별 기업체들의 초청을 받고 새마을 강사로 출강한다. 하 지도자의 농장엔 경상도, 전라북도, 강원도 등 전국 각지에서 50명, 100명씩 단체로 전세버스를 타고 방문하여 앞서가는 영농기술을 배워갔다.

수원의 새마을지도자연수원에서 하 지도자를 비롯한 전국의 성공한 새마을 지도자들이 사례를 발표한 것은 새마을 운동의 불길이 전국으로 번지는 데 결정적인 역할을 한다. 그동안 하 지도자가 새마을 강사로 특강을 한 횟수가 3천여 회가 넘는다. 수강 인원이 한 회에 200명만 잡아도 어림잡아 60만 명이 넘는다.

이처럼 하 지도자가 새마을 강사로 눈코 뜰 새 없이 바쁠 때인 1975년 초 어느날 박정희 대통령이 수원 새마을지도자연수원 교육 현장을 둘러보다 하 지도자가 사례발표에 너무 많은 시간을 빼앗긴다는 것을 알았다. 그리하여 대통령은 김준 연수원장에게 "독농가는 자기 농사가 항상 앞서야 할 터인데 …. 성공사례 발표 때문에 너무 많은 시간을 빼앗기면 농사가 소홀해질 수 있다. 그러니 하사용 씨를 너무 혹사시키지 않도록 조심하는 게 좋겠다"라는 지시까지 한다. [3]

---

3 박진환, 2001, "독농가 하사용 씨의 성공사례와 1970년대의 새마을 운동", 농협대학 농촌개발연구소.

권순직　한때 하 지도자가 폐결핵이 도져 농사일을 못하고, 새마을 강사로 집을 비우는 날이 많아서 부인 신경복 여사의 고생이 이만저만이 아니었다면서요?

하사용　정말 미안하고 또 고맙고⋯. 제 아내가 아니었으면 어떻게 오늘의 제가 있을 수 있었겠습니까.

하 지도자의 부인 신 여사가 부녀 새마을 지도자로서 이웃 주부들에게 "근검절약과 가정의 행복"이라는 제목으로 발표한 내용을 요약해 본다.

우리 부부가 머슴살이, 식모살이로 돈을 모아 270평 땅을 사서 막 농사에 재미를 붙여가는데 남편의 폐결핵이 도져 생명이 위독하니 입원하라는 병원 진단을 받고 하늘이 무너지는 것 같았어요. 하지만 우리 형편에 입원을 할 수 없고, 제가 주사기와 약을 사다가 집에서 치료했어요. 한 3년 치료 끝에 병세가 호전되어 다시 남편이 밭에 나오게 됩니다.
　이때 우리 부부는 끌어안고 울면서 맹세했어요. 우리가 성공하려면 남들보다 덜 먹고 덜 쓰는 수밖에 없으니 우리 가족이 먹고 입고 쓰는 것은 죽지 않을 만큼 최소한으로 줄이고, 한 푼이라도 남으면 농협에 저축하기로 했어요. 나는 화장도 한 적이 없고, 화려한 옷도 한 벌 입어 보지 못했습니다. 농사 자재비를 줄이기 위해 밤잠도 못 자고 거적을 만들고 손이 불어 터져서 엉망이 되도록 새끼도 꼬았습니다. 농사지은 채소를 리어카에 싣고 시장을 하루 종일 돌며 팔았으며, 점심 한 끼도 도시락을 준비해서 먹어가며 살았어요.

권순직　1970년대 초는 하 지도자의 채소농장 농사가 가장 활발했고 소득 증가율도 가장 높았던 시기입니다. 그런데 하 선생은 하루가 멀다 하고 이곳저곳으로부터 초청받아 성공사례를 발표하고 교육하느라 그야말로 눈코 뜰 새가 없었어요. 농사는 누가 지었나요?

하사용　어떤 날은 하루에도 10여 곳에서 특강을 요청해올 때도 있었지만 모두 사양하고 하루에 한 곳만 나가기로 했어요. 당시 문화공보부에서 나의 성공사례를 영화로 만들기도 했어요. 영화 제목이 〈땀에 젖은 훈장〉이었죠.

이 시절에 내가 만약 새마을 교육 때문에 농장을 비우지 않고 채소 농사에 전념했더라면 훨씬 많은 소득을 올렸겠지요. 그러나 당시에나 지금이나 후회는 없습니다. 내가 농장을 비움으로써 채소농사 소득은 많이 줄었지만, 그 대신 다른 농민들의 소득을 높이고 우리나라 기업체들의 수출이 더 늘도록 헌신한다는 자부심을 갖고 교육에 임했습니다.

그런 상황에서도 아무 불평 없이 내 말을 따라준 집사람이 저보다 더 훌륭해요. 제가 집을 비우니 온갖 힘들고 궂은일을 아내가 도맡아 했어요. 머슴살이, 식모살이로 돈을 모아서 밭 한 뙈기를 구입하여 이만큼 성공하고 먹고살 만해진 우리가 남을 위해서 나라를 위해서 내 몸 바쳐 봉사할 수 있다는 사실이 얼마나 자랑스러웠는지 모릅니다.

권순직　주로 누구를 대상으로 특강을 하셨나요?

하사용　참, 초등학교도 제대로 못 나온 사람한테 온갖 군데에서 강연을 해 달라니 처음엔 난감하기도 했지만 이렇게 생각했어요. '내가 살아온 길을 그냥 꾸밈없이 말하자. 그걸 듣자고 하는 것이 아니겠느냐.' 특강 대상은 따로 없었어요. 농민에서부터 정부의 높으신 분, 기업체, 임직원, 공장 근로자, 학생 등…. 사례발표를 하면 수강생들과 부둥켜안고 울기도 참 많이 울었어요. 제 특강을 듣고 농사에 전념해 성공한 면 지역 농민들이 감사편지를 보내올 때가 새마을 강사로서 가장 보람을 느끼는 순간이었습니다.

권순직　새마을 지도자에 대한 대우도 좋았죠?

하사용　대단했죠. 대통령이 직접 챙기시니까…. 새마을이라 하면 면장, 군수 모두 발 벗고 나설 때 아닙니까. (하 지도자가 자료를 한참 뒤지더니 색 바랜 새마을 지도자 증서를 보여주며 웃는다)

충북 청원군 강외면 정중리 강외농협 중봉분소 앞에는 하 지도자의 송덕비(頌德碑)가 있다. 그의 70회 생일을 맞아 2000년 4월 한국농업경영인 강외면 협의회가 세운 것이다. 다음은 송덕비 뒷면에 새겨진 그의 공적 요약.

| 새마을 지도자 증서(1972)
새마을 운동으로 들끓었던 1970년대에
새마을 지도자는 절대적 존재였고 새마을
지도자 증서는 명예의 상징이었다. 사진은
하사용 지도자의 새마을 지도자 증서이다.

1930년 강외면 정중리에서 태어나 어려서부터 "흙에 살리라"는 신념으로 빈
농의 굴레에서 벗어나려고 생산성 증대를 위한 사계절 연중 영농을 할 수 있
는 방안을 창출, 생산기술의 향상으로 소득의 획기적인 증대와 농산물의 원
활한 유통을 위한 노력 끝에 최초로 비닐을 이용한 하우스 속성재배에 성공하
여 농가 소득에 일대 획기적인 증대를 가져왔고, 전국에 전파된 하사용 씨의
영농기술이 농업의 발전과 생활 향상에 신기원을 창출하였다.

　… 그는 정부 당국의 간곡한 요청으로 20여 년간 전국을 순회하며 3천여 번
의 성공사례 강연을 하여 하면 된다는 국민정신을 계몽하고 근면·자조·협
동의 새마을 정신으로 빈곤 타파에 기여한 공로는 실로 높고도 크다.

　… 오늘날 강외면 내가 도시 근교농업이 발달하여 비닐하우스에 덮여 있고
채소류 생산의 주산지가 되었으며, 하사용 씨의 농장은 전국의 농업인 후계
자들의 교육장이 되어 우리 고장이 농업의 선진지로 전국에 유명해진 것도 하
사용 씨의 노력에서 이룩된 것이다. 하사용 씨는 영농 수입에서 얻은 일부의
자금을 지역 발전과 농업인 후계자 양성에도 지원을 아끼지 않으셨고 ….

경제학자가 본 하사용 부부의 성공 요인들

하사용 씨의 성공 요인 분석을 소개하는 것은 그의 성공담이 당시 전국의 수많은
농민들을 감동키면서 '나도 할 수 있다'는 자신감과 의욕을 불러일으켰다는 점에
서 큰 의미를 갖기 때문이다. 하사용 씨가 무일푼으로 두 손만 갖고 성공한 농민
으로 일어선 성공사례를 보면서 많은 농민들이 새마을 운동에 적극적으로 뛰어
들었다. 다음은 박진환의 "하사용 부부 성공 요인 분석"을 요약한 부분이다.

결혼하고서도 생활기반이 없었던 하사용 부부는 서로 멀리 떨어진 곳에서 머슴살이와 식모살이로 모은 돈을 저축, 한필지의 밭뙈기를 구입하고 그 땅에 움막집 짓고 채소 농사를 시작한 이후 45년이란 세월 속에 채소 농사로 번 돈으로 1만여 평의 농경지를 구입하였다.

1970년대 새마을 운동이 일어나자 그는 새마을 교육 강사로서 3천여 회의 특강을 하였고, 60여만 명에 이르는 농민, 공무원, 기업가, 공장 종업원, 군인, 형무소 재소자 등이 그의 성공사례를 감명 깊게 들었다. 농업경제학을 전공한 필자로서 경제학 측면에서 다음 몇 가지 요인들이 그의 자수성가에 중요한 요인이었다고 분석한다.

첫째, 빚을 지지 않는 생활신조다. 하사용은 빌린 돈으로 농사를 지으면 농사에서 얻어지는 소득으로 원금과 이자를 갚기 어렵다는 것을 알았다. 농업에 투입되는 자본의 수익성(한계효율)은 이자율보다 낮은 경우가 많기 때문에 빚을 얻어 농사지을 생각을 하지 않았음을 뜻한다.

1970년 이전까지만 해도 우리나라 농민들이 돈을 빌릴 때는 고리사채를 써야만 했다. 그래서 그들 부부는 고용살이로 모은 돈과 자신들이 농사지어 남는 돈을 저축한 돈만으로 땅을 넓혀갔다. 또 하사용은 정부의 보조금이나 정책자금도 거의 쓰지 않았다. 그는 "정책자금도 이자율이 좀 낮다뿐이지 빌린 돈임에는 틀림없으며, 주위에서 보면 이자가 싼 정책자금을 많이 쓴 농민들의 경우 대부분 절약할 줄 모르고 소비하다가 빚더미에 앉아 논밭을 팔고 고향을 떠나는 사람이 많았다"고 말했다. 1990년대에 들어와선 정부가 유리온실을 적극 권장했으나 그는 생각조차 하지 않았다. 채소시장이란 항상 불안한데 기름값이 불확실하며 기술도 자신이 없어 유리온실은 아무리 따져 보아도 이윤이 생길 것 같지가 않아 쳐다보지도 않았다.

둘째, 경영비 지출을 최소화하는 농장 운영이다. 하사용 부부의 농장은 하우스 재배의 전업농이다. 하우스 농사는 토지 단위당 조수입도 높지만 경영비 비율이 높다. 1995년 농촌진흥청 조사를 보면 일반 농사의 조수입(粗收入: 필요한 경비를 빼지 않은 수입) 중 경영비 비율은 27%였고, 하우스 재배는 37%로 훨씬 높다. 그런데 하씨 농장의 경영비 지출 비율은 1966년에서 1992년까지는 평균 26%이던 것이 그 이후로는 17%로 크게 낮아진다. 이는 하사용 부부가 채소 농사를 하면서 조수입은 극대화하면서 경영비 지출은 최소화하는

데 남다른 노력을 해왔음을 보여준다. 그는 경영비 지출을 최소화하는 경영 합리화를 위하여 밭갈이에 필요한 트랙터는 빌려 쓰는 임경(貰耕)을 하고, 생산한 채소를 시판할 때 주로 포장판매를 했다. 직접 포장해서 판매하는 것이 가족노동에 의한 보수가 많아지기 때문이다. 농장에서 사용한 비닐종이마저 다음해에 다시 사용하는 철저한 경비 절약을 실행했다.

셋째, 저축한 돈은 농경지 구입에 투입했다. 하씨 부부가 채소 농사로 번 돈으로 구입한 농경지 면적은 1970년에는 3,100평, 1980년에는 7,500평, 2000년에 오면 1만여 평으로 늘어난다. 그들은 이 과정에서 철저히 농사지은 소득으로 자금을 마련한다. 정부가 준 포상금 1천만 원을 거절한 데서 보듯이 남의 돈은 일체 쓰지 않으려는 그들의 철학이 돋보인다. 이들은 1957년부터 2000년도에 이르기까지 44년에 걸쳐 총 44건의 밭, 논, 대지를 구입했다. 매매계약 건수는 40회이다. 매년 평균 한 건씩 농지를 구입한 셈이다. 이들 땅은 거의 모두가 처음부터 터전을 잡은 강외면 내에 위치하며, 하씨는 평생 농지를 구입만 하였지 팔아 본 적은 없다고 한다.

하사용, 그는 누구?

1930년 충북 청원군 강외면 정중리에서 태어나 1940년 강외공립초등학교 2학년으로 학업을 마쳤다. 이후 1941년부터 강외주재소 소사, 고물수집, 엿장수, 땔나무 장사를 거쳐, 1946년에는 중국집 채소장사를 했다. 1952년에 군에 입대해 1953년에 의병 제대하고, 1954년부터 1957년까지 머슴살이(부인은 식모살이)로 목돈을 모아 농사지을 땅을 마련했다. 1957년 채소재배를 시작했고, 1967년 비닐하우스 촉성재배에 성공했다. 1969년 그의 농장이 충북 4H 기술교환 농장으로 지정되면서 4H 지도자 수백 명을 교육했다. 1970년 11월 11일 서울 시민회관에서 열린 농특사업 경진대회에서 성공사례를 발표하고 동탑산업훈장을 받은 이후 52회에 걸쳐 농림부·내무부·법무부 장관 표창을 받았다. 1971년부터 23년간 총 3천여 차례 새마을 지도자 교육 및 새마을 교육 강사로 출강했다.

지각 새마을의 성공 양일선

도지사 방문으로 뒤늦게 눈뜬 마을

젊은 농사꾼 양일선이 살던 전남 나주군 문평면 옥당리 금옥마을은 오랜 침체 상태에서 벗어나지 못하고 고요하기만 한 곳이었다. 1970년대 초부터 새마을 운동이 전국적으로 활발히 전개되었으나 이 마을만은 1970년대 중반까지도 미동조차 보이지 않았다.

그러던 어느 날 이곳을 지나가던 젊은 도지사 고건의 방문으로 금옥마을은 오랜 잠에서 깨어나는 계기를 맞는다. 고건 도지사의 질책과 격려, 뒤이은 군청 새마을 관계자들로부터의 교육과 지원에 힘입어 본격적인 새마을 운동이 시작된 것이다. 다른 지역 농촌마을이 새마을 운동을 벌여 가난에서 벗어나려는 피나는 노력을 하는 모습을 전해 들은 양일선을 비롯한 이 마을 청년들은 비로소 눈을 뜨고 뒤늦게 새마을 운동에 뛰어든다.

양일선 지도자는 1977년부터 1997년까지 20여 년간 마을 이장과 새마을 지도자로서 가난에 찌든 금옥마을을 잘사는 농촌으로 일궈나가는 데 앞장선 대표적인 새마을 지도자로 꼽힌다. 특히 양 지도자가 이끈 금옥마을은 1976년 뒤늦게 새마을 운동을 시작하여 가장 짧은 시일 내에 여느 선진 새마을 농촌에 버금가는 우수마을로 변신하는 놀라운 성과를 거둔 특징적인 곳이다.

청년회를 중심으로 똘똘 뭉친 금옥마을 주민들은 환경개선 사업에서 시작하여 공동작업단을 구성해 이웃마을에서 원정 작업까지 해서 번 돈으로 마을기금을 만든다. 그리고 소득을 늘리기 위해 멀리 사는 축산 독농가를 금옥마을로 이주시켜 기술을 배워가며 축산으로 영농구조를 바꿔 놓는 열성을 보이기도 했다.

양일선은 20여 년간 혼신의 힘을 다해 마을 일에 봉사하면서 모든 사업과 회의 내용 및 과정을 일일이 기록하여 남겨 놓았다. 그의 기록은 학력이 그리 높지 않은 농촌 주민들이 새마을 운동을 어떤 식으로 진행해가는지 역력히 보여준다. 전국 곳곳의 새마을에서 남긴 이 같은 기록들은 2000년대에 와서 그 가치를 인정받으며 유네스코 세계기록문화유산으로 지정되기까지에 이른다.

권순직   1970년부터 새마을 운동이 불길처럼 타올라 전국의 농촌에 열기가 가
득 찼고 이웃마을로까지 확산되었지만, 유독 금옥마을만 깊은 잠에 빠져 있었
다면서요. 어떻게 해서 이 마을에 새마을 운동이 점화됩니까?

양일선   1976년 3월인가, 지방순시를 하던 고건 당시 전남 도지사가 우연히 우
리 마을을 방문했어요. 지사께서 마을 사정을 살펴보고 난 뒤 "왜 이웃마을들은
열심히 새마을 운동을 벌여 성과를 거둬가는데 이 마을만 조용한가?"라며 정부
가 지원할 것이 있으면 지원할 테니 열심히 새마을 운동을 펼쳐 보라고 격려했
습니다.

그리고 나서 며칠 뒤 군청의 새마을 담당 이용호 부군수와 이계훈 새마을 운
동 전문위원이 금옥마을에 찾아왔습니다. 〈새마을 성공사례〉라는 영화 3편을
가져오셔서 마을사람들에게 보여주면서 다른 농촌마을은 이처럼 새마을 운동
을 벌여 잘살아가는데 왜 이 부락 사람들만 손을 놓고 있느냐며 우리들을 자극
했어요.

우리 청년들은 참으로 부끄러워 얼굴을 들지 못할 정도였습니다. 왜 우리만
언제나 가난에 찌든 낙후마을로 남아 있어야 하나, 창피하기도 하고 화도 났지
요. 이게 잠자던 금옥마을이 꿈틀대는 계기가 되었지요. 그래서 저는 마을 젊은
친구 몇 명과 며칠간을 머리를 맞대고 궁리한 결과 가장 먼저 우리가 해야 할 일
은 젊은이들이 나서서 뭔가를 바꿔 보자는 데 의견을 모았어요. 그렇게 해서 우
선 마을청년회를 구성키로 하고, 25세에서 40세 정도까지의 젊은 사람 36명이
뭉쳐 청년회를 결성해 마을개발에 발 벗고 나서기로 했습니다. 그것이 우리 마을
새마을 운동의 단초가 된 셈이지요.

부군수로부터 "이 부락은 왜 새마을 사업을 할 줄 모르느냐. 젊은 청년들이 많
은데 움직일 줄을 모르느냐"는 말을 듣고 저는 한없이 부끄러워 잠을 못 이뤘어
요. 우리도 한번 해보자는 오기도 생기고 해서 이웃 젊은이들 36명이 의견을 모
아 청년회를 조직하긴 했는데 이를 어떻게 끌고 나갈지 걱정이 태산인 겁니다.

청년회 회원 가운데 중학교를 졸업한 사람이래야 저를 포함해 단 두 명, 나머지는 초등학교를 졸업했거나 중퇴자고, 무학자도 많았죠. 자연히 제가 청년회 회장을 맡았어요.

저를 포함한 청년회 회원들은 굳게 결의합니다. "우리도 한번 가난의 굴레에서 벗어나 새로운 마을을 만들어 보자. 뼈에 사무친 가난을 기어이 몰아내자. 그러기 위해서는 우리부터 과거의 타성에서 벗어나 새로운 가치관, 새로운 사고방식, 새로운 생활신조로 자신들을 개조해 새사람들이 모여 사는 새로운 마을을 만들자"고 다짐 또 다짐하면서 앞장서서 일했어요.

당시 금옥마을의 실정을 양일선 지도자의 회상을 통해 살펴보면 다음과 같다. 이 마을은 광주에서 약 40㎞, 나주에서 8㎞ 정도 떨어진 곳으로 1970년대 이전에는 단 한 채의 기와집을 빼고는 모두 토담집이거나 초가집으로 마을 안길은 지게를 지고 다니기조차 어려울 정도로 꾸불꾸불하고 좁았다. 눈이나 비가 오면 마을길은 진흙탕 수렁으로 변해 "마누라 없이는 살아도 장화 없이는 못 산다"는 말이 있을 정도였다.

쌀농사 위주의 영농으로 가구당 농지라야 논밭 합해 0.6 정보도 안 될 정도의 영세 농촌으로 문평면에서도 가장 가난한 마을이었다. 춘궁기에는 고구마나 무밥, 밀가루죽으로 연명해야 했고, 초여름이나 되어야 풋보리를 베어 말려 맷돌에 갈아 풋대죽을 쑤어 먹는 가구가 절반을 넘었다. 그래서인지 다른 동네 사람들은 이 마을을 '찬바람이 부는 메뚜기 이마빡'이라고 불렀다.

주민들의 의식도 나태한데다 가난에 찌든 탓에 인심도 사납고 이해타산과 개인주의가 팽배해 발전성이란 찾아보기 어려울 정도였다. 1년 농사 지어 봐야 방탕한 생활로 빚을 갚고 나면 빈털터리 신세를 면하기 어려웠다.

생계가 곤란하면서도 농한기(農閑期)만 되면 남자들은 주막에 모여서 술 먹는 데 세월을 보내고 음주와 도박으로 밤을 새우기 일쑤였다. 걸핏하면 이웃끼리 싸움질하기가 다반사였고, 내일에 대한 희망이나 개척정신은 찾아볼 수 없었다.

권순직　도지사와 새마을 부군수가 다녀간 뒤 청년회를 조직하고 무슨 일부터 착수했나요?

양일선　우선적으로 마을개발에 착수하기로 했는데 이런저런 용도로 자금이 필요한데 돈이 있어야지요. 그래서 우리는 공동작업을 통해 마을기금을 조성하기로 결심했습니다. 무슨 일을 해서 돈을 마련할 것인지가 문제였죠. 마을 내의 일은 물론이거니와 돈이 되는 것이라면 물불 안 가리고 뛰어들었어요. 이웃마을까지 원정을 가서 봄철에는 과수원 거름 구덩이 파기·객토 작업, 여름에는 모심기와 병충해 방제·논매기, 가을에는 벼베기와 보리갈이 등 하지 않은 일이 없었습니다.

이런 식으로 마을 공동기금이 조금씩 모이자 청년회는 동네 생활환경을 개선하는 작업을 시작했습니다. 국도 주변에 버려진 아스팔트 조각을 리어카로 실어와 비만 오면 질퍽질퍽한 마을 진입로와 안길에 깔고 나니 동네가 얼마나 깨끗해지고 편리해졌는지 마을사람들도 청년회 일에 발 벗고 지원을 합니다.

공동작업으로 기금도 조금씩이나마 쌓여가고 마을 환경도 한 가지씩 개선하니 자연히 주민들도 적극적으로 참여하기 시작하면서 분위기가 좋아지고 협동의식도 생겨납니다. 1976년부터 달아오른 금옥리 새마을 운동 분위기는 더욱 열기를 띠기 시작했고, 이를 눈여겨본 나주군은 1977년 우리 마을에 파격적인 지원을 해줍니다.

군으로부터 영산강 유역 새마을 농촌육성 사업으로 사업비 1천만 원을 지원받고 주민 부담 2천여만 원을 합해 환경개선 사업, 문화복지 사업, 소득기반 사업을 추진하여 성공을 거두자 주민 생활이 눈에 띄게 좋아져 새마을 운동의 의욕이 한결 높아졌어요.

오랫동안 가난을 숙명처럼 여기며 체념하고 살아온 절망감에서 벗어나 주민들의 가슴에 희망의 등불이 켜졌다고나 할까요.

권순직　지도자들의 역할이 더욱 중요해지는 시기가 옵니다.

양일선　　청년회를 중심으로 새마을 운동이 활성화되는 가운데 우리 마을의 이복렬 씨가 새마을 지도자를 자원하여 1976년부터 1978년 6월까지 마을을 잘 이끌어 갑니다. 그동안 청년회 회장으로 이복렬 지도자를 물심양면으로 보좌하던 제가 1978년 6월엔 바통을 이어받아 새로운 새마을 지도자가 됩니다.

　이 지도자 시절 중점적으로 추진한 사업은 마을 안길 확장을 비롯하여 담장·지붕·부엌 개량, 진입로 확장, 창고와 마을회관 건립 등으로 그분은 정말 많은 업적을 남겼습니다. 저는 새마을 지도자로 선정된 뒤 우선 전임 지도자가 추진한 취락구조 개선사업을 완료하고, 집집마다 문패 달기, 하수구 설치, 간이상수도 시설 등의 사업을 마무리했습니다.

새마을 교육의 감동, 정신 차리자

권순직　　새마을 지도자가 되면서 연수원 교육을 받는데, 교육이 감동적이었다면서요?

양일선　　지금이라도 기회가 있다면 한 번 더 가 보고 싶어요. 새마을 지도자가 되니까 연수원에 교육을 가라고 해요. 그래서 수원 새마을지도자연수원에 88기로 입소해 교육을 받았습니다. 우리 마을은 새마을 운동을 뒤늦게 시작해 연수원 교육 참여가 다른 곳보다 한참 늦었어요. 그런데 저는 제가 희망해서 228기로 한차례 더 갔어요.

　연수원 입교 첫날부터 감동을 주는데 …. 당시 김준 연수원 원장님과 교관들이 몇 명씩 조를 짜서 돌아다니면서 버려진 담배꽁초며 휴지를 줍는 겁니다. 지금에야 별일로 보이지 않겠지만 당시로선 높은 양반들이 우리가 버린 쓰레기를 야단 한 번 안 치고 그냥 줍는 걸 보니 놀랍고 부끄럽고 그랬지요.

　그리고 김준 원장이 강단에 서시더니 칠판에 용광로를 큼지막하게 그려 놓고는 그 안에 많은 것을 집어넣고 불을 지펴요. 그러면서 여러분은 새마을 교육을 받으러 왔으니 모두 하나가 되어 완전히 바뀌어서 나가야 한다고 말씀하시더군요. 교육내용은 농사기술보다는 정신교육 위주였습니다. "사람이면 다 사람이냐, 사람다워야 사람이다"라면서 지금처럼 나태하고 안이한 생활 자세를 버리고 우리도 한번 일어서 보자는 내용들이 교육의 주종을 이뤘고, 여기에 우리 교육생들이 감명을 받고 돌아가 새마을 운동에 평생을 헌신했다고 생각합니다.

내가 지금까지 왜 이렇게 살아왔던가, 너무 억울한 생각이 들고 왜 진작 새마을 운동에 뛰어들어 나 자신을 개발하고 마을을 위해 일하지 않았나 반성했습니다. 특히 밤잠도 제대로 안 자며 우리를 도와주고 솔선수범하며 열성적으로 교육하는 교관들에게 깊은 인상을 받았습니다.

연수원에는 정부의 장·차관 같은 높은 분들을 비롯해서 기업체 사장, 대학교수 등 각계각층의 인사들이 함께 들어와 연수를 받았어요. 그런데 인상적인 것은 숙소 배치를 할 때 오르내리기가 불편한 10층같이 높은 곳은 높은 분들에게 배치하고, 우리 시골 새마을 지도자들에게는 저층을 주는 거예요. 얼마만큼 새마을 지도자들을 세심하게 배려했는지 알 수 있었습니다.

성공한 축산농 친구 초빙, 낙농 우수마을로

권순직   양일선 지도자께서는 이제 생활환경 개선이나 취락구조 개선사업에서 한발 더 나아가 어떻게 주민 소득을 늘려나갈 것인가에 몰두합니다. 면내에서 가장 가난한 동네를 제일 잘사는 곳으로 탈바꿈시킨 업적을 이룩하셨지요?

양일선   다른 곳보다 뒤늦게 시작하긴 했지만 이제 우리 마을도 어느 정도 새마을 운동을 본격적으로 추진할 수 있는 여건이 조성되었다고 생각하니 한 차원 높은 운동을 벌여야겠다는 생각이 들더군요. 그래서 '주민들의 의식을 확 바꿔보자. 그러고 나서 본격적으로 소득을 높일 수 있는 방안을 찾아보자'는 구상을 하고 동네 청년들과 의견을 모았어요. 그러기 위해서는 여성들의 협조가 절대적으로 필요하니 부녀회를 만들어 활용하기로 했어요.

부녀회와 손잡고 맨 먼저 착수한 사업이 마을의 술집을 모두 없애 낭비 근성을 뿌리 뽑는 것과, 휴지·담배꽁초·비닐봉지 버리지 않기 운동을 벌이는 것이었습니다. 다행히 주민들이 협조적이어서 단시일 안에 눈에 보일 정도로 마을 분위기가 확 달라지는 것을 느낄 수 있었습니다. 이런 가운데 부녀회는 그들 나름대로 시장 안가기 운동, 좀두리쌀 모으기 운동 등을 통해 저축심도 길러 나갑니다.

여기에 만족할 수 없는 일이지요. 환경만 좋아진다고 모든 게 해결되는 것이 아니니까요. 소득을 늘려야 하는데 도무지 방안이 없는 거

| 양일선 새마을 지도자

예요. 그러던 어느 날 군청에서 마을 지도자 회의를 하는데 부근 마을의 축산농가의 성공담을 듣고는 깨닫습니다. '아, 우리도 축산을 한번 해보자.' 우리마을 여건으로 보아 비육우(肥肉牛) 사업과 양돈사업 말고는 대책이 없을 것 같았습니다. 하지만 축산 경험이 있나, 돈이 있나, 막막했지요.

그런데 이때 아이디어 하나가 떠올랐어요. 우리 마을에서 12㎞ 가량 떨어진 동막골이란 동네에서 축산으로 성공한 김수용이란 친구가 생각난 거죠. 그래서 무작정 그 친구를 찾아가서 자문을 구해 봤으나 별 대책이 안 나와요. 명색이 제가 새마을 지도자이니 어떻게든 우리 마을을 잘사는 마을로 만들고야 말겠다는 생각에 그 친구에게 매달리는 수밖에 달리 방법이 없다고 생각했죠.

그 친구는 이미 14년간 비육우와 양돈사업을 했고 매사 부지런하고 세심하여 소의 구입에서부터 판매는 물론 웬만한 질병은 스스로 약을 조제하여 먹이고 인공분만까지 시킬 정도의 전문가였어요.

제가 자전거를 타고 그 친구를 7차례나 찾아가서 우리 마을로 이주해 함께 축산업을 하자고 설득했어요. 저의 간절한 부탁을 받아들인 김수용 씨가 드디어 우리 마을에 이주합니다. 그때가 1978년이죠. 우리 마을 주민들은 그로부터 한 가지씩 축산기술을 배워가며 소 몇 마리로 비육우사업에 착수합니다.

1978년 김씨가 우리 마을에 이사 와서 시작할 때는 세 농가가 6마리의 소를 키웠어요. 기술은 그로부터 습득하고 자금은 어렵게 농협의 도움을 받아 마련해

| 1970년대 한우목장 전경
새마을 사업 중 하나로 추진된 비육우사업은 산간지역이면서도 논농사가 발달하여
소의 먹이인 볏짚을 구하기 용이하고 일교차가 뚜렷한 청정지역을 중심으로 발전했다.

많은 농가가 참여합니다. 그렇게 해서 1983년 말에 이르러서는 비육우 134마리, 젖소 15마리로 불어나 축산 우수마을로 발전합니다. 마을 소득이 획기적으로 늘어났음은 두말 할 필요가 없지요.

반발하는 주민, 땅 희사하는 이웃

권순직　새마을 지도자로 봉사하면서 어려움도 많았을 것이고 또한 보람도 있었지요?

양일선　그렇습니다. 지도자들의 헌신 없이는 새마을 사업이 잘 안돼요. 1977년 봄인데 폭이 2m가량으로 좁은 마을 안길 1.2㎞ 정도를 경운기도 다닐 정도인 6m 정도로 넓히려는데 토지가 편입되는 주민들이 땅을 못 내놓겠다며 거세게 반발하는 거예요. 그래서 당시 새마을 지도자인 이복렬 씨와 청년회장인 제가 먼저 땅 2백여 평을 희사하고 나서 가가호호 방문해 주민들을 설득한 끝에 확장을 성사시키기도 했지요. 도로를 넓히고 나서 마을회관을 짓기로 했는데 또 부지 확보 문제로 사업이 난관에 봉착해요. 이를 안타깝게 여긴 마을 주민 황해봉 씨가 부지 매입비로 1백만 원을 희사해 이 돈으로 땅 3백 평을 사서 현대식 복지회관을 건립, 마을 발전의 요람으로 활용하기도 했습니다.

사실 마을 일을 추진하면서 지도자만 자신의 돈이나 재산을 내놓은 것은 아닙니다. 그 당시 주민들이 희사한 땅과 출연한 현금 내역을 제가 지금도 보관 중이에요. 어느 한 사람의 힘만으로는 새마을 운동이 결코 성공적으로 추진될 수 없었을 것임을 밝혀 두고 싶어요.

권순직 서로 협력하기도 했지만 때론 반발도 많았지요?

양일선 새마을 운동을 추진하는 과정에서 주민들이 지도자를 잘 밀어주고 지원했기 때문에 성과를 거둔 건 분명합니다. 그러나 때로는 거센 반발도 적지 않았지요.

1977년 여름에 지붕개량 사업을 할 때였습니다. 청년회 회원들이 중심이 되어 초가지붕을 걷어낸 어느 날 밤이었습니다. 깊은 잠에 빠진 한밤중에 난데없이 "이장 놈 나와라"는 고함소리에 놀라 나가봤더니, 주민 10여 명이 낫을 들고 쳐들어와 죽여 버리겠다는 등 고함을 지르는 겁니다.

3대 독자인 저는 혼비백산하여 내복 차림으로 뒷담을 넘어 산으로 도망쳤어요. 밤길에 수십 리 길을 걸어서 처가로 피신해 열흘가량을 숨어 지냈습니다. 그러는 중에 마을 개발위원과 청년회원 대여섯 명이 저를 찾아와 "그동안 모든 일이 부락 내에서 조용하게 해결되었으니 마을로 돌아가자"고 해요. 정나미가 떨어진 저는 맘이 내키지 않아 한동안 망설이다가 마을로 돌아왔습니다. 그동안 개발위원들의 설득으로 감정이 누그러진 주민들을 일일이 찾아다니며 용서를 빌었어요. 주민들은 오히려 저더러 자기들이 사업 취지를 오해하고 잘못했다며 이해해 달라고 했습니다.

이 밖에도 마을사업을 추진하는 과정에서 이해관계가 엇갈린 주민들의 반발과 충돌이 적지 않았습니다. 하지만 지나고 보니 그분들의 입장도 이해할 부분이 많다는 걸 느껴요. 또 아무리 사업 취지가 옳다고 해도 구성원들을 사전에 충분히 설득하고 이해를 구한 다음에 일을 추진하는 것이 바람직하다는 교훈도 얻었지요.

권순직　그래서 양 지도자는 어떤 방식으로 주민들을 설득하고 협력을 이끌어 냈습니까?

양일선　주민총회나 반상회 같은 모임을 십분 활용하여 의견을 수렴하고, 반대 의견이 있으면 모두 들은 다음 수용할 건 수용하는 방식을 채택했지요. 우선 한 가지 사업을 시작하려면 지도자들이 모여 누구는 반대파고 누구는 찬성파다 구분한 다음 반대 인사를 집중적으로 설득했어요. 술도 사 주면서요. 저는 지도자 중심으로 일을 추진하고 반발이 생기면 핵심 멤버가 나서서 설득하고 무마하는 방식을 썼더니 효과가 있더라고요.

권순직　새마을 운동을 이끌면서 힘든 일이 한두 가지가 아니었겠지만 가장 어려운 시기는 언제였나요?

양일선　1979년 6월 전남대학병원에서 과로로 인한 폐쇄성 황달이라는 진단을 받고 입원했어요. 정밀검사가 끝난 뒤 담당 의사로부터 앞으로 3개월밖에 살 수 없는 치료 불능의 상태라는 선고를 받았습니다. 담당 의사는 가족들에게 도저히 가망이 없으니 맛있는 음식이나 많이 대접하라고 했었대요. 병상에서 나는 이대로 죽어야만 하는가 싶어 눈앞이 깜깜해 날마다 눈물로 보내지 않을 수 없었습니다.

　그런데 담낭 절제수술을 받고 석 달가량 요양을 하다 보니 점차 기력을 찾아가는 거예요. 퇴원하고 집에 돌아오니 가족은 물론이고 마을 주민 전체가 저를 붙들고 기쁨의 눈물을 흘릴 때 참으로 감격스러웠어요. 제가 입원 중일 때 우리 마을 주민들은 너나 할 것 없이 두서너 번씩 문병 와서 격려하고 용기를 주셨거든요.

162

| 새마을 운동 기록물
양일선 새마을 지도자가 간직하고 있는
새마을 운동 관련 기록물. 주민 회의록,
회계장부, 증서, 사진, 서적 등이 즐비하다.

　이웃들의 따뜻한 보살핌으로 건강을 되찾은 저는 이 고마움에 보답하는 길은 오직 마을을 위해 봉사하는 길밖에 없다는 생각으로 다시 새마을 지도자로 열심히 일했어요.

회계장부 작성 요령, 밤새워 익혀

권순직　어느 새마을이나 비슷하겠지만 특히 양 지도자는 새마을 운동을 주도하면서 마을 주민의 의견 수렴을 중시하고 또 그러한 과정을 세세하게 기록으로 남기신 분으로 손꼽힙니다. 이러한 새마을 운동 과정에서의 기록들은 최근 유네스코 세계기록문화유산으로 등록되기도 했어요.

양일선　주민 회의록은 품만 들여 기록하면 되는데 회계장부는 정리하기가 힘들었어요. 그래서 저는 군청을 수십 번씩 들락거리며 공무원들에게 회계도 배우고 장부 기록 요령도 습득하며, 회의록과 회계장부를 하나도 빠짐없이 철저히 기록했습니다.

양일선 지도자의 집에는 지금도 소형 트럭 한 대 분량의 각종 기록이 남아 있다. 1970~1980년대에 새마을 지도자들이 새마을 운동을 이끌면서 철저한 관리를 위해 남긴 기록들은 그것 자체가 역사라고 볼 수 있다. 그 편린이나마 엿보기 위해 양 지도자 등이 남긴 금옥마을의 주민총회 회의록 몇 편을 소개한다.

회의록 1

일시: 1977년 2월 4일
장소: 양일선 씨 댁
회의 안건: 영산강 유역 개발사업 추진
참석 인원: 37명
사회자: 이복렬

사회자 날씨도 추운데 이처럼 많이 참석해 주셔서 대단히 감사합니다. 여러분도 아시다시피 지난해 10월 9일 밤 이용호 부군수님이 우리 마을을 방문, 청년들을 설득하여 낙후된 마을에 새마을의 열기를 불어넣었습니다. 다행히 우리 마을 청년들이 이에 적극 호응, 36명이 청년회를 결성하여 마을 일에 앞장섭니다. 이를 안 부군수님께서 우리 마을을 영산강 유역 표준마을로 육성하고자 군에서 1천만 원이라는 엄청난 금액을 투자했습니다. 이 돈으로 우선 숙원사업인 마을회관 건립을 비롯하여 진입로와 안길을 확장하고, 아울러 지붕 및 담장 개량을 병행하여 완료하기로 한 것은 이미 여러분이 알고 계시는 바와 같습니다. 그러니 이 막대한 사업을 어떻게 추진할 것인가에 대하여 각자 의견을 말씀해 주시기 바랍니다.

양일선 우선 우리 마을의 개발을 위하여 엄청난 금액을 지원하여 준 정부 당국에 감사드립니다. 우리는 어떠한 어려움이 있더라도 당국에서 원하는 대로 사업을 완료하여 우리 마을에 붙여진 나쁜 오명을 없애고 협동 단결된 모습을 이 기회에 과시합시다.

주민 일동 좋습니다. (박수)

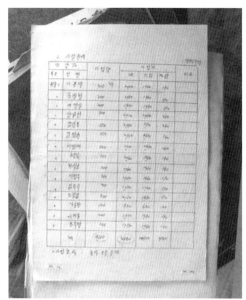

| 새마을 사업비 내역서
새마을 사업은 투명한 회계절차를 거쳐야만 원활히 이루어질 수 있다. 사진은 양일선 지도자가 작성했던 주민별 시설원예 사업비 내역서이다.

이기종 그러면 이러한 막대한 사업을 시행하는 데 주민 부담은 전혀 없는 것입니까?

사회자 이번 정부에서 엄청난 금액을 지원해 주었지만 지원 금액만으로는 사업을 완료할 수 없습니다. 따라서 상당한 금액을 우리 주민들이 나누어 부담하고 또한 노력 부담도 많을 줄 압니다. 그리고 지붕 개량, 담장 개량 등은 각자 스스로 사업을 완료하여야 할 것입니다.

양일선 주민 부담 이야기가 나와서인데 우리 청년회에서 지난해와 겨울 동안 공동작업 등으로 약간의 자금이 조성되었는데 우선 이 돈을 사업에 투자하고 나머지는 생활수준에 따라 1·2·3등급으로 나눠 차등 부담하도록 합시다.

이창렬 나이 먹은 우리로서는 청년들에게 할 말이 없습니다. 사업을 위해 공동작업을 하여 많은 자금을 확보하였다는 데 먼저 감사 말씀을 드리며, 이 사업을 추진하는 데 젊은 청년들이 주축이 되어 이끌어 준다면 우리 주민들은 그에 힘껏 따르도록 하겠습니다.

윤일병 저도 청년회원의 한 사람으로서 청년회장인 양일선 씨 말씀에 동의합니다만, 이번 사업의 추진은 청년회보다 개발위원회에서 이끄는 것이 좋을 것 같습니다.

사회자 또 다른 의견 없습니까?

주민 일동 없습니다.

사회자 이창렬 씨 말씀에 동의하시는 분은 손을 들어 주시기 바랍니다. (찬성 32명) 그러면 청년회에서 이 사업을 추진토록 결정되었습니다. 청년회에서는 본 사업 추진을 위한 구체적인 계획을 수립하여 3일 후 마을총회에 제출하여 주시기 바랍니다. 오늘 회의는 여기에서 끝내겠습니다. 안녕히 돌아가십시오.

회의록 2

일시: 1979년 1월 29일
장소: 마을회관
회의 안건: 하수구 설치
참석 인원: 34명
사회자: 이장 양일선

사회자 뜻하지 않게 이장으로 몸담아 오늘 사회를 맡았습니다. 우리 마을의 금년도 기반조성 사업으로 하수구 280m를 설치해 본 사업을 성공적으로 추진하기 위하여 한자리에 모셨습니다. 우선 모든 작업을 주민들이 공동으로 해야 하기 때문에 참여 방법을 결정짓도록 합시다.

오정남 우선 골재 운반과 거푸집 구입이 문제인데, 제 생각에 골재는 우리 마을에서 3㎞ 떨어진 다시천에서 공동작업으로 리어카로 실어 나르고, 거푸집은 마침 우리 마을 이영재 씨 집에 많이 있으므로 거기서 빌렸으면 합니다.

166

이영일 저도 오정남 씨 의견에 동의합니다.

사회자 이영재 씨는 어떻게 생각하십니까?

이영재 마을 일에 사용한다는 데 당연히 빌려드려야죠. 마을 일이라면 어떠한 사업이든 무료로 빌려드리겠습니다.

사회자 감사합니다. 거푸집 문제는 해결되었습니다만 골재 운반은 어떻게 생각하십니까?

이기종 오정남 씨 의견대로 합시다.

사회자 다른 의견 없습니까?

주민 일동 없습니다.

사회자 그렇다면 공동작업 일정을 정하도록 합시다.

김흥장 3월 이전에는 날씨가 상당히 춥기 때문에 3월 10일쯤에나 공동작업을 하면 좋겠습니다.

김형모 골재는 2월 15일부터 2일간 운반하고 착공은 3월 10일에 합시다.

사회자 또 다른 의견 없습니까?

주민 일동 없습니다.

사회자 김형모 씨 의견에 동의하시는 분은 손을 들어 주십시오. (찬성 29명) 그럼 2월 15일부터 2일간 골재를 우선 운반하고 3월 10일 착공하기로 결정되었습니다. 모두 빠짐없이 참여하여 사업을 성공적으로 추진합시다.

일시: 1981년 12월 18일
장소: 마을회관
회의 안건: 특별지원사업 선정
참석 인원: 46명
사회자: 이장 양일선

사회자 오늘 날씨도 추운데 마을총회에 이렇게 많이 참석하여 주셔서 감사합니다. 금년도 우리 마을이 새마을 우수마을로 선정되어 대통령 특별지원금 3백만 원을 받았습니다. 무슨 사업을 할 것인지 각자 의견을 말씀해 주시기 바랍니다.

이기종 대통령께서 우리 마을에 특별히 지원하여 주신 데 대해 우선 감사드리며, 공동소득사업으로 비육우를 사육합시다.

김병길 다른 마을에서는 논을 샀다고 합니다. 우리 마을에서도 논을 매입하여 영원히 마을의 공동재산으로 유지토록 합시다.

사회자 다른 의견 없습니까?

주민 일동 없습니다.

사회자 알겠습니다. 김병길 씨 말씀은 좋지만 금년부터 사업지침이 토지는 매입할 수 없습니다. 그래서 안전하게 소득을 올릴 수 있는 비육우사업에 투자하기로 결정하겠습니다. 그러면 소 몇 마리를 구입하고 누가 기를 것인가를 결정하겠습니다.

이기종 지난번 마을에서 결정한 소득 순위에 의해 6가구를 선정, 호당 50만 원씩 지원하여 소를 구입해 사육토록 하고, 2년 후에 자금을 회수하여 다음 순위의 농가에 지원해 줍시다.

주민 일동 그렇게 합시다.

사회자 그러면 1차적으로 해당되는 농가에서는 30만 원 이상씩 마련, 소 구입 준비를 해 주시기 바랍니다. 마을과 내 자신의 살림을 늘린다는 생각으로 열심히 노력하여 주시기 바랍니다. 오늘 늦게까지 참석해 주셔서 감사합니다. 안녕히 돌아가십시오.

양일선, 그는 누구?

1947년 전남 나주군 문평면 옥당리에서 태어나 1960년 나주중을 졸업하였다. 1977년 옥당리 이장 겸 새마을 지도자 생활을 시작했으며 1980년 취락구조개선 마을 공로상(나주군수), 1981년 반상회 및 이장 업무수행 표창장(내무부 장관), 새마을영농회 활동 공로상(농협 전남도지회장), 새마을 운동 활력화 시책 공로상(나주군수) 등을 수상했다. 1983년 문평면 새마을지도자협의회 회장을 맡으며 새마을 지도자 성공사례 발표 3등상(나주군수), 새마을 운동 표창장(새마을 지도자중앙회장)을 받았다. 1984년에 새마을 운동 활력화 시책 적극 협조 공로상(내무부 장관), 식량증산 장려로 지역사회 공헌 국무총리 표창, 1987년에 새마을 성공사례 발표 전남도 최우수상, 새마을 포장(대통령) 등을 수상했다. 1998년에는 옥당리 개발위원회 위원장으로 활동하였다.

농촌여성 계몽운동가 정문자

혼수 대신 예금통장 지참하고 결혼

정문자 지도자는 마을의 젊은 주부들을 설득하여 새마을 운동에 참여시키는 데 앞장선 선각자였다. 당시 농촌 여성으로서는 드물게 고등학교를 졸업한 정 지도자는 공무원인 남편을 도와 가정을 꾸려나가는 한편 동네 주부들의 앞장에 서서 온갖 어려움을 극복하며 새마을 운동을 성공적으로 이끈 대표적인 여성 새마을 지도자이다.

교육 수준이 높은 여성답게 정문자 씨는 혼수 비용을 부모로부터 예금통장으로 받아 결혼할 정도로 앞서가는 여성이었다. 그러나 당시 어느 가정이나 마찬가지로 그들 부부도 가정 형편이 어려웠다. 신혼 초부터 공무원인 남편이 직장에 나가면 자신이 가계를 이끌어 나가야 했다. 연약한 여성의 몸으로 임야를 개간해 담배 및 고구마 농사를 도맡아 했다.

새마을 운동이 본격적으로 시작되기 전인 1960년대 말부터 정문자 지도자는 가족계획어머니회 회장을 맡아 좀두리쌀 모으기 운동을 벌여 주부들의 저축 의식을 높이고, 기금을 만들어 마을금고를 운영하는 등 여성 지도자로서의 길을 걷는다. 또한 마을 복지기금을 만들어 공동사업에 사용토록 함으로써 주부들의 적극적인 참여를 유도하고, 냉소적이던 남성들을 설득하고 이해시켜 가면서 새마을 운동을 이끌어 나갔다.

한편, 부녀공동작업반을 만들어 부업을 활성화하는가 하면, 부녀구판장을 마련하여 주민들의 생활편의를 제공하고 기금을 조성하는 성과를 냈다. 중학교 과정의 통신강의록을 만들어 진학이 어려운 자녀들의 교육에 힘을 기울이기도 했다. 또 당시 정부가 적극 권장하던 가정의례준칙을 지키는 데서 한 걸음 더 나아가 '살아 계실 때 삭망(朔望: 음력 초하루와 보름) 지키기' 운동을 벌여 노인들에 대한 효도에 앞장섬으로써 마을 어른들이 부녀자의 외부 활동을 금기시하던 분위기를 바꿔 놓는 역할도 했다.

새마을 운동이 본격화된 1970년대 초반에 이르자 정문자 지도자는 부녀회를 이끌어가며 본격적인 마을금고 운영으로 마을 공동사업에 필요한 자금을 마련하는 데 기여한다. 돈이 모자라면 금반지 모으기 운동도 벌여야 했다. 밤나무 심기에서부터 한우 증식사업 등 갖가지 사업을 펼치면서 겪은 고통은 이루 헤아리기 어렵다. 성공도 하고 좌절도 하면서 그는 부녀회를 중심으로 새마을 운동을 벌여 마을에서 빈곤을 퇴치하는 데 앞장섰다.

기업체 사장 설득, 공장 유치

정문자 지도자는 마을 공동작업에 머무르지 않고 도시의 기업체 사장을 설득하여 공장을 마을에 유치해 농가 부업을 활성화하는 데도 힘썼다. 정 지도자가 여느 새마을 지도자와 다른 점이 있다면 비교적 고학력 농촌 여성으로서 좁은 의미에서의 새마을 운동 범주를 넘어 여성 계몽운동가로서의 면모를 보여주었다는 것이다. 부녀 새마을 지도자들에 대한 본격적인 교육은 남성 지도자들보다 몇 년 늦은 1973년부터 시작됐다. 정 지도자는 그해 6월 수원 새마을 지도자중앙연수원의 여성교육 제 1 기생으로 입교한다. 이 교육을 통해 정 지도자는 감명을 받고 더욱 체계적이고 활발한 지도자로서의 길을 걷는다.

권순직　새마을지도자연수원의 교육이 어땠습니까? 이미 정 지도자는 마을 부녀회장을 맡아 왕성한 활동을 하고 계셨는데 ….

정문자　정말 감동 그 자체였어요. 군청으로부터 연수 통보를 받고 수원 연수원에 입교했는데 주옥같은 교육내용이 기가 막힐 정도로 감동적이었습니다. 이때 교육이 부녀회를 이끌어가고 새마을 운동을 하는 데 큰 도움이 되었어요. 새마을 운동이 무엇이고 어떻게 주민들을 참여시켜 마을을 이끌어 나갈 것인가에 대해 배웠습니다. 특히 당시 연수원 교관들의 태도 하나하나가 우리 교육생들을 감동시켰죠.

저는 마을의 지도자이니까 그날그날의 교육내용을 잘 기억해 우리 부락 여성 회원들에게 전달하고 함께 새마을 운동을 펼쳐나가야 할 거 아니에요? 그래서 저는 낮에 받은 교육내용을 노트에 꼼꼼히 적어 놓았다가 수업 후에 다시 정리했어요. 그때 교육이 밤 10시가 넘어 끝났기 때문에 밤을 꼬박 새우는 날도 있었어요. 강의 때 열심히 메모해도 다시 정리하다 보면 저 자신도 못 알아보겠더라고요.

숙소를 돌아보시던 당시 김준 연수원장님이 새벽까지 불이 꺼지지 않은 우리 내무반을 발견하시고 사흘째 되던 날 저를 보자고 하시더니 밤에 잠도 안 자고 무엇을 하느냐고 물으세요. 그래서 제가 그랬죠. 교육받은 내용을 마을에 가서 우리 회원들에게 제대로 전달하고 새마을 운동의 불을 한번 제대로 붙여야겠는데 메모가 충실하지 못해 밤새워 다시 정리한다고 말이죠.

그랬더니 원장님께서 내일 아침 조회시간에 그동안 마을에서 했던 활동 이야기를 15분 정도 발표하라고 하세요. 충분히 준비가 안 되어서 당황하기도 했지만 그동안 마을 회원들과 함께한 일을 그냥 모두 발표했어요. 그랬더니 교관 선생님은 물론이고 동료 연수생들까지 칭찬하더군요. 그 일은 제가 후에 새마을 사례발표 강사로 활동하는 계기가 됩니다.

새마을지도자연수원의 용광로에서 새사람으로 탄생

권순직　새마을지도자연수원 교관들이 그렇게 헌신적이고 열정적이었다고요?

정문자　저는 지금까지도 어느 곳에서 강연이나 강의를 들어도 그때 새마을지도자연수원에서처럼 피부에 와 닿고 감동적인 경험을 해 본 적이 없어요. 전체 교관이 하나가 되어 새벽까지 잠도 안 자고, 대단했어요. 당시 새마을지도자연수원은 '용광로'라고 불렸어요. 새마을 지도자들이 수원 연수원에 가서 며칠만 교육을 받고 나면 전부 녹아서 완전히 새로운 사람이 되어 나온다 해서 그렇게 표현했던 것 같아요. 제가 그렇게 열정적으로 새마을 운동에 빠져들던 건 바로 새마을지도자연수원 교육 때문이라고 생각해요.

172

| 새마을운동중앙연수원 (구 새마을지도자연수원) 전경 (2013)
1973년 수원에 건립된 새마을지도자연수원은 명실상부한 새마을 교육의 요람으로서 체계적인
교육과정을 통해 전문적인 농촌 리더를 양성했다. 1983년 성남시 분당구 율동 현 위치로 신축 이전했고
1990년 새마을운동중앙연수원으로 개칭하였다. 사진은 분당에 위치한 새마을운동중앙연수원의 모습이다.

언젠가는 제가 연수원에서 사례발표를 하고 강의를 하는데 연단 뒤쪽 문이 열리더니 검은색 양복을 입은 분이 수행원과 함께 들어오는 거예요. 뒤를 돌아봤더니 아니, 박정희 대통령이 서 계시잖아요. 처음엔 당황했지만 중간에 그만둘 수도 없고 그냥 사투리 섞어가며 강의를 마쳤죠. 대통령께서는 저 뒤쪽에서 끝까지 들으셨어요.

강의를 끝내고 나니까 교관 선생님이 저를 식당으로 데려가는데 대통령이 거기 계셨어요. 함께 국수를 먹으면서 제 등을 두드려 주면서 격려하시던 모습이 기억에 남습니다. 그때 말고도 박 대통령은 연수원 교육장에 슬그머니 들어오셔서 뒷자리에서 강의를 듣곤 하셨어요.

권순직 정문자 지도자에게는 '새마을 부녀 지도자' 외에 또 하나의 호칭이 따라다닙니다. '농촌여성 계몽운동가'. 어떻게 해서 그런 이야기를 들으셨어요? 사실 정 지도자는 다른 여성 지도자와는 좀 다릅니다. 좁은 의미에서의 새마을 운동 지도자상에서 한 걸음 더 나아가 계몽운동가의 면모가 두드러집니다.

정문자　그렇지도 않아요. 다른 여성 지도자와 뭐가 다르겠어요. 당시 남자건 여자건 새마을 지도자들은 정말 혼신을 다해 가난에서 벗어나려고 발버둥치는 농촌에서 남보다 조금 더 힘을 보탠 것뿐이지요. 다만 계몽운동가니 뭐니 하는 과분한 말을 듣는 건 당시 제가 고등학교까지 나온 여성으로서 생각이 한 걸음 앞섰기 때문이라고나 할까…. 가정의례준칙이라든가 식생활 개선, 마을금고, 진학하지 못하는 청소년들을 위한 통신강의록 교육, 장학금 마련, 농가 부업 활성화와 이를 위한 공장 유치, 노인들을 위한 살아 계실 때 삭망 지키기 운동 등이 다른 곳보다 다소 앞섰거나 색달랐기 때문이 아닌가 생각해요.

권순직　이제 정문자 지도자의 눈물 나는 성공사례를 들을 차례입니다. 결혼하면서 혼수 대신 저금통장을 들고 오셨다면서요?

정문자　저는 결혼 전에는 이리(지금의 익산)에서 살았어요. 농사의 '농' 자도 몰랐지요. 그런데 전라북도 임실군 성수면 오류마을로 시집을 왔을 때 남편은 면사무소 말단 공무원으로 근무하면서 마을에서 4㎞나 떨어진 집 한 채 없는 산속에서 땅을 개간하여 농장을 만든다는 계획을 가졌었죠.

　남편의 형편을 알고 그의 뜻을 따르기로 했기 때문에 잡다한 혼수를 장만하는 대신 부모님을 설득해 쌀 20가마 정도의 돈을 예금통장으로 만들어 갔어요. 말뿐인 남편의 농장은 깊은 산속 개간지에 뽕나무 1만 주를 심어 놓고, 3천 평의 땅에 담배, 고구마를 재배한다고 모종과 종자를 심어 놓은 상태였어요.

　그런 남편을 보고 시어머니까지 산속에서 못 살겠다며 딸네 집에 가서 사시더군요. 저는 남편 뜻을 따르기로 했기 때문에 신혼생활을 즐길 겨를도 없이 시집간 다음날부터 농사에 매달렸죠. 남편이 자전거를 타고 면사무소로 출근하면 인부 데리고 서툰 손길로 밤늦도록 담배·고구마 농사를 지었어요.

　어느 해에는 담배 농사를 잘 지어 놓고도 손질하는 요령을 몰라 수확한 담뱃잎에 밤이슬을 맞히는 바람에 망치기도 했지요. 하지만 2~3년 지나니 어느 정도 농사에 익숙해져 생활이 조금씩 안정되어 가더군요.

　농사가 좀 안정되면서 제대로 된 집을 갖고 싶어 군청에서 농가주택개량자금

을 융자받아 집짓기에 들어갔어요. 그런데 집
이 완성되어 가는 찰나에 서까래가 우지끈 소리
와 함께 무너지면서 한쪽으로 내려앉고 말았어
요. 그 충격으로 저는 현장에서 졸도했고, 남편
은 이 소식에 충격을 받아 땅바닥에 주저앉아
통곡을 하더군요. 여자만 우는 줄 알았는데 남
자가 그처럼 큰 소리로 울 줄은 몰랐어요.

| 정문자 새마을 지도자

남편은 실망이 얼마나 컸던지 의욕을 상실하
고 견디기 어려운 몇 달을 보냈어요. 그러나 이
래선 안 되겠다는 오기가 생겨 다시 일어났어
요. 한 다섯 달 고생 끝에 새집을 지어 이사를 했습니다.

새집에 들고 농사도 그런대로 순조로워 생활이 안정되는가 싶더니 웬걸, 농
사와 공무원 생활로 과로가 겹친 남편이 폐결핵으로 고생을 하게 돼요. 다행히
반년가량 치료 끝에 병이 나아 다시 공직생활과 농사에 전념합니다.

권순직　신혼 초부터 고생이 많으셨습니다. 그리고 소를 기르기 시작했죠?

정문자　그때가 1968년입니다. 정부가 농특사업을 대대적으로 펼치던 시기인
데, 우리 임실군은 한우단지로 지정되었어요. 지역별로 품목이 달랐지요. 한
가구당 5마리씩 배당되었는데 우리는 개간한 땅이 넓어 10마리를 배당받았죠.
임실군에는 모두 5백 마리가 책정되었는데 희망자가 적고 준비가 덜 된 농가에
서 입식을 포기하는 경우가 많았어요. 그러자 할당량을 채울 수 없게 된 군청에
서 우리에게 기왕 하는 김에 50마리를 기르라는 거예요. 아예 기업농으로요.

그래서 군(郡)과 농협의 협조로 융자를 받아 50마리를 기르게 되었는데 이게
보통 문제가 아닌 겁니다. 소 한두 마리도 키우기 어려운 판에 50마리를 농장에
풀어놓으니 사료만 해도 엄청나게 들고, 소들이 사방으로 흩어져 헤매고 다니
는 바람에 소 찾는 일로 정신없이 힘들었어요.

거기다 더 큰 문제가 생겨요. 소들이 물갈이를 하는지 입식된 지 얼마 지나지

않아 배탈이나 설사병이 생기고 이런저런 병으로 골머리를 앓았습니다. 설상가상으로 그때 제가 해산달이 되어서 농장을 17살 난 조카와 일꾼에게 맡기고 이리에 있는 병원에 가서 출산을 했습니다. 하필 그해 극심한 가뭄으로 남편은 관정을 파는 업무를 맡아 군청에 파견되어 며칠씩 집에도 오지 못했지요.

이런 와중에 소가 사흘에 한 마리씩 죽어 나가요. 하다못해 20마리는 동네 다른 농가에 위탁해 기르게 하고, 나머지 20여 마리만 우리가 기르는데 이놈들이 산속으로 숨어 찾아다니느라 지쳐 산속에 주저앉아 운 적이 한두 번이 아니었어요. 어느 날은 남의 논 못자리에 들어가 모내기 직전의 모를 망쳐 놓지를 않나. 이렇게 소와 3년간 씨름을 했어요.

새끼를 낳아 늘기도 하지만 병으로 죽어 나가는 놈도 많고, 사료값은 계속 오르고 이자 부담은 장난이 아니고, 적자가 눈덩이처럼 불어났어요. 별수 없이 우리 부부는 숙의 끝에 한우사업을 접기로 했죠. 융자금은 연 36.5%의 연체금리가 붙어 남편 퇴직금을 모두 쏟아부어도 감당이 안돼요.

당시 한우사업은 우리뿐이 아니고 전국적으로 실패했어요. 특히 우리가 50마리를 입식했으니 임실군을 감사하던 감사원 사람들은 우리에게 의심의 눈초리를 보내는 거예요. 남편이 공무원이어서 많은 소를 배당받았다는 식으로요. 다행히 애초 입식 당시의 자초지종을 듣고는 큰 문제 없이 지나갔습니다. 이제 빚을 갚는 일이 남은 거예요. 남편 퇴직금에다 시집올 때 가져온 돈, 그동안 푼푼이 저축한 돈 등을 모두 긁어모아 우선 급한 이자부터 갚고 일부 원금을 상환했어요. 나머지는 농협에서 3년간 상환연기 혜택을 받아 가까스로 위기를 넘겼습니다.

정문자 지도자는 힘들었던 산중 생활을 청산하고 오류리 마을로 이사한다. 더 이상 산속에서 농사지을 엄두가 나지 않아서였다. 이곳에 셋방을 얻어 그럭저럭 살다가 그냥 놀 수 없어 1년생 약초나 밤나무 묘목을 기르는 등 유실수 재배에 재미를 붙여간다. 마침 이 무렵 군청에서 개량 밤나무 심기를 권장하던 때여서 우여곡절 끝에 밤나무 묘목 2천 주를 배정받아 부락 공동으로 유실수 농사를 짓기로 했다. 그때 정 지도자는 부녀회 회원들과 함께 묘목 접목기술까지 익혀가며 밤 생산에 주력해 임실군 유실수 재배 과학농가로 선정될 정도로 성공했다.

부녀회는 밤나무 심을 땅이 없어 마을 뒷산 어느 문중의 땅을 빌려 식재했다. 밤 수확의 3할은 지주에게 주고, 나머지 7할은 부녀회 몫으로 하여 농장을 운영했다. 묘목이 조생종이어서 3~4년 지나자 수익성이 높고 수익도 짭짤해 완전히 자리를 잡는다. 이렇게 순조롭게 일이 풀려 나가자 정 지도자는 생활도 안정되어가고 마을에서 제법 잘사는 축에 들게 되었다. 이때부터 정 지도자는 본격적으로 마을 일에 관심을 갖기 시작했다.

권순직 정 지도자께서 마을 일에 나선 당시 농촌 형편은 어땠습니까?

정문자 마을 부녀자들의 삶은 너무 참혹했습니다. 저는 고생했지만 남편이 제 의견도 존중해 주고 나름 인간적인 대우를 해 주었어요. 그런데 제 눈에 비쳤던 그때 농촌마을의 부녀자들의 삶은 참 힘들어 보였어요. 경제권도 없고 남편들은 일이 끝나면 주막집에 가서 집에 들어올 생각을 안 해요. 낮에 일했으면 일찍 자야 피곤이 풀릴 텐데 남편들은 제 시간에 저녁을 먹으러 오지 않는 것은 물론 술을 마시고 아내한테 폭력을 휘두르는 사람도 많고 정말 가슴 아팠어요.

우리 마을엔 주막이 5군데나 있고 농사짓는 사람들도 대부분 영세농인데 겨울만 되면 윷놀이가 일과입니다. 부업은 찾아볼 수도 없는데다 씨족 집성촌이어서 이리저리 촌수에 걸려 구습에서 벗어나기 어려웠어요. 그래서 각 가정은 아무런 계획이나 희망도 없이 그날그날 살아가는 실정이었죠.

이래선 안 되겠다는 생각이 들었어요. 뭔가 새로운 바람을 일으켜 보고 싶다고 궁리하던 차에 마을에 가족계획어머니회가 구성된 것을 발견했습니다. 마을에는 10여 명의 부녀자들이 한 달에 1백 원씩을 갹출해 3년 동안 6만 원을 모아 놨더군요. 그런데 그 돈으로 월 6%의 고리로 마을사람들을 대상으로 돈놀이를 하더라고요.

그래서 제가 가족계획어머니회 회장을 찾아갔어요. 마을도 큰데 이렇게 좋은 일을 10명만 하느냐, 좀더 많은 사람이 참여하도록 하자고 제의했지요. 저와 생각이 같았던 회장은 "그러면 정 여사가 회장을 맡으면 어떻겠어요?" 하고 물어요. 자기는 군청에서 회장을 해보라고 권유해서 그냥 맡긴 맡았는데 뭐가 뭔지 잘 모르겠다는 거예요. 그러면서 저에게 "당신은 공부도 많이 했으니 꼭 회장을 맡아 함께 해보자"고 제안했습니다.

매 맞고 사는 부녀자 모아 마을 공동사업

권순직　회장을 맡아 애로사항이 이만저만이 아니었겠습니다. 무슨 일부터 하셨습니까?

정문자　우선 회원을 늘려야 하는데 별 반응이 없어요. 그 당시 마을에는 앰프 시설도 없고 해서 전임 회장과 함께 골목을 돌아다니며 징을 쳐가며 부인들은 어디로 모이라고 소리를 지르고 다녔어요. 그랬더니 무슨 일이 났나 하고 80여 명이 모여들더군요. 이들을 대상으로 처음엔 제가 산속에서 고생고생하며 이만큼이나 살게 된 이야기며 이런저런 세상 돌아가는 이야기부터 했어요. 그랬더니 차츰 제 말에 귀를 기울이는 분들이 많아지고 한 1주일쯤 지나니 참여하는 부녀자가 1백여 명쯤으로 늘어났습니다.

　이제 본론으로 들어가자, 하고 마음먹고 이야기했어요. "여러분들이 남편들한테 매 맞으면서 가난하게 살고 자식들 교육도 시키지 못하는 것은 우리 농촌이 경제력이 없기 때문입니다. 그러니 마을에 조직된 어머니회를 정비하여 우리가 부업도 하고 돈도 벌고 해서 여성도 한 인간으로서 구실을 해야 할게 아닙니까"라고 했지요. 그러니까 저더러 회장을 맡으라고 만장일치로 추대해서 회장을 맡았어요.

　제가 회장을 맡아 맨 처음 제안한 것은 부녀회 기금을 만들자는 거였어요. "어머니회 돈을 월 6% 고리로 빌려주니 돈을 불리기는 쉬울지 몰라도 이자를 물고 빌려 쓰는 사람이 우리 마을사람들로 부담이 너무 크니 기금을 만들어 주민들에게 목돈을 쓰고 조금씩 나누어 갚도록 하는 게 어떻겠느냐"고요.

　그랬더니 기금 만드는 건 반응이 좋지 않아요. 아이들 공책 사 줄 돈도 없는데 기금에 낼 돈이 어디 있느냐는 거지요. 다음날부터는 징을 쳐도 참석 인원이

반도 안 되게 줄어요. 그래도 한 40명은 나와 이들과 함께 단합해 해보자고 다짐합니다.

일단 적은 인원이지만 한번 해보자는 데 의견이 모아져 확실한 목표를 정하기로 합니다. 그래서 며칠 동안 서툴지만 토론한 끝에 '오류리 이상촌 건설 목표'를 세우기로 했어요. 5개 항의 목표를 정했는데 ① 가난 없는 마을, ② 배우고 가르치는 마을, ③ 가족계획과 생활환경 개선으로 살기 편한 마을, ④ 나라를 사랑하는 마을, ⑤ 이웃을 사랑하는 마을 등이었습니다.

우리는 이렇게 거창한 목표를 세우고 다음날 시장에 가서 광목을 사다가 큰 글씨로 이 내용을 적어 현수막을 만들고 이걸 마을 입구에 내걸었어요. 그러자 반발이 이만저만이 아닌 겁니다. 세상이 망하려니 여자들이 날뛴다는 둥, 못된 도시 여자가 마을에 들어와 순진한 여자들을 못 쓰게 만든다는 둥 사사건건 반발해요.

그래도 우리 어머니회 회원들은 굽히지 않고 똘똘 뭉쳐 자체적으로 기금을 모아 고리채를 없애고 복지기금을 조성하여 청소년을 위해 쓰기로 했지만 돈을 불릴 방도가 없는 거예요. 고심 끝에 회원들이 뜻을 모아 끼니때마다 쌀이건 보리건 한 숟가락씩 아껴 한 달간 쌀 5말이 되었습니다. 그러나 이렇게 모아서는 부지하세월, 좀두리쌀 모으기는 실망스러웠어요.

권순직   그 무렵 마을금고를 만들고 활용하여 주부들의 참여를 유도하고 주민들도 설득하며 여성들의 활동이 활발해집니다.

정문자   그렇습니다. 마침 그때 가족계획어머니회에서 보내준 중앙교육원에 갔더니 그곳에서 마을금고를 조직하는 방법을 가르쳐 주더군요. 마을에 돌아와 마을금고를 만들기로 했지만, 출자금을 마련할 길이 막연해 좀두리쌀 모으기를 본격적으로 실시했어요. 매월 보름날 부녀회 회의를 열고 개인별로 출자금 통장을 만들어 40명 회원이 기금을 조금씩 늘려나갔어요.

좀두리쌀 모으기만으로는 성에 차지 않아 우리 회원들은 여러 가지 방법을 동원했습니다. 초등학교 운동회가 열리면 운동복을 주문받아 공동작업으로 만들어 납품하기도 하고, 당시 정부에서 장려하던 유실수 심기 운동에도 참여하여

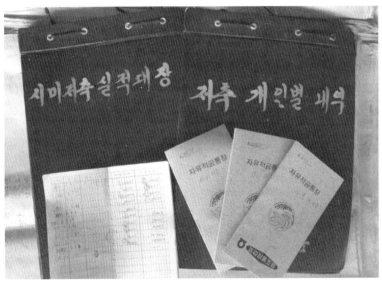

| 새마을 저축 운동 자료

새마을 운동 기간에는 기금 마련을 위해 저축 운동이 활발히 이루어졌다.
사진은 저축실적 대장과 저축 개인별 내역, 통장 등이다.

밤나무를 심기도 하는 등, 함께 힘을 모아 돈을 벌고 기금을 늘려가며 금고를 활
성화시켰어요.

　정식으로 구색을 갖춘 마을금고를 출범시킨 다음에는 회원 한 사람당 통장 한
개 갖기 운동을 벌여 저축심을 높이는 한편, 예금한 돈은 회원들에게는 월 2부
이자, 마을사람들에게는 월 3부 이자를 받고 빌려주었어요. 그간 동네에서는
월 6부 고리채가 보통이었으니 주민에게도 득이 되고, 회원에겐 월 2부를 쳐 주
니 그런대로 괜찮았어요. 마을금고 자산도 늘어나고. 그렇게 금고를 운영하다
보니 우리 마을금고가 우수 마을금고로 선정되어 전주에서 성공사례까지 발표
하고 포상금도 받았습니다.

권순직　이제 새마을 운동이 활발히 전개되는 시기를 맞습니다. 정 지도자가
이끄는 오류리 마을사업도 다양해지고 ….

정문자　우리 마을은 일찍부터 부녀공동작업단을 만들어 활발하게 운영했습니

다. 1971년 새마을 운동이 본격적으로 시작되면서 마을 일도 많아지고 외부로부터 작업을 따 와서 수익을 올렸죠. 그러다 보니 집안일에 손이 덜 가고 남편들의 불평이 많아졌어요. 우리 회원들은 할 수 없이 새벽 5시에 일어나 공동작업을 마치고 다시 집안일을 하는 등 힘들게 뛰었습니다.

그동안 마을금고 규모가 커지면서 여유자금이 상당히 생겨 생활환경 개선사업을 벌이기로 했어요. 찬장이 없는 부엌부터 개량하기로 하고 찬장 40개를 맞춰 나눠 줬더니 주부들이 얼마나 편해졌는지, 위생상태도 좋아지고요.

우리 부녀회는 마을 구판장을 운영하기 시작했습니다. 주부들이 일일이 시장을 가지 않아도 되니 일손을 덜고 시간도 절약하고, 물건을 시장보다 좀더 저렴하게 구입할 수 있을 뿐만 아니라 구판장 운영으로 생긴 이익금으로 부녀회 기금도 늘어나고요.

1972년경 새마을 운동이 우리 마을에서도 본격적으로 추진되면서 소득사업에 중점을 두어야겠다고 생각했어요. 오류리 마을은 시범마을로 선정되지 않아서 정부 지원이 적었어요. 이미 우리는 마을금고도 비교적 성공적으로 운영했고 공동작업도 활발히 추진한 경험이 축적되었기 때문에 소득을 늘리는 사업을 적극적으로 추진해 보자고 의견을 모았지요.

그래서 군수님도 찾아가 사정사정해서 그 당시 정부가 권장하던 유실수 가운데 밤나무를 심기로 하고, 밤나무 묘목 2천 주를 배정받아 농장을 일구기 시작했습니다. 우리 부녀회원 40명은 이른 봄, 눈도 녹지 않고 잔 소나무가 무성한 산비탈에 언 손을 녹여가며 구덩이 2천 개를 파고 밤나무를 심었어요.

다행히 밤나무 농장은 비교적 성공적이어서 몇 년 뒤부터 밤을 수확해서 수익을 올리게 됩니다. 그러면서 마을 형편이 나아지고 여유기금도 생기게 되어 장학기금을 마련해 어린이들 학비 지원도 했어요. 아이들 장학금도 주니 마을 분위기도 달라지고 그동안 냉소적이던 남자들이 우리를 대하는 태도도 우호적으로 변합니다.

뭔가 이득이 있어야 협조도 하고 봉사도 하지, 그냥 봉사정신만으로는 조직을 이끌어갈 수 없다는 생각에 장학금도 주고 마을이나 가정에 혜택이 돌아가게 하는 방안을 찾는 데 주력한 것이 효과가 컸다고 봐요.

제사보다 살아 계실 때 효도, 노인 설득

권순직   정 지도자의 독특한 리더십이 여러 군데에서 나타납니다만, 특히 '효도 운동'이 두드러집니다. 완고한 동네 어른들을 새마을 운동에 협력자로 이끌어내는 탁월한 방법을 구상해 실천하셨습니다.

정문자   1970년대엔 부모님이 돌아가시면 1년 동안 제청을 만들어 놓고 매일 아침저녁으로 상석을 올려요. 식사를 차려 올리고 절도 하고 곡도 하고. 여자들에게 보통 힘들고 괴로운 일이 아니에요. 여기에다 가정마다 보통 한 달에 한두 번 제사가 있었죠. 이걸 없애지 않으면 안 되겠는데 그러려면 어른들의 호응을 얻는 게 무엇보다 중요했어요.

그래서 생각한 것이 '살아 계실 때 삭망 지키기 운동'입니다. 부모님 돌아가시고 난 뒤에 삭망을 차리기보다 살아 계실 때 삭망을 차려드리자는 거지요. 부녀회 의견을 모아 매월 초하루와 보름날에 음식을 장만하고 막걸리도 받고 해서 집안 어른들을 공경하자는 겁니다. 그렇게 효도했더니 노인들이 좋아하시며 모두 우리 편으로 돌아서셨습니다.

초하루와 보름이면 집집마다 좋은 음식으로 노인들을 성심껏 공양하면서 그날만은 주부들이 주동이 되어서 가정불화가 없는 날로 정해 지키기로 했어요. 만약 그날에 큰소리가 나는 집이 있다면 부녀회 회의 때 벌금을 5백 원씩 내기로 했더니 정말 눈에 띄게 가정불화가 없어지고 마을 분위기도 180도 달라졌습니다.

한 걸음 더 나아가 제사도 1년에 한 번으로 몰아서 지내는 합제를 시행하니 여자들이 편해지는 것은 물론 여성 노동력이 엄청나게 늘어나는 효과가 나타났어요. 마을 운동하기가 정말 수월해지는 겁니다.

우리 동네의 '살아 계실 때 삭망 지키기 운동'과 '제사 줄이기 운동'이 성공적으로 펼쳐지자 소문이 빠르게 퍼지면서 군내로 번져나가고 타 지역으로까지 크게 확산되기도 했어요. 이 일이 중앙에까지 알려지면서 오류리는 가정의례 전국 최우수 마을로 선정되어 널리 창송받기도 했습니다.

|1970년대 농촌 대가족의 모습
새마을 운동이 한창이던 1970년대 농촌은 3대가 모여 사는 대가족이 주를 이루었기 때문에
가족 구성원 간의 질서 확립과 화합이 커다란 과제였다. 이에 여성 새마을 지도자들은
효도 운동을 통해 가정의 기강을 다잡고 가족애를 돈독히 하기 위해 노력했다.

　또 우리 마을은 농촌지도소의 도움을 받아가며 '녹황색 채소 먹기 운동'을 벌
입니다. 저는 농민들의 영양결핍을 어떻게든 해결해야 한다는 생각에 미꾸라지
양식과 녹황색 채소 재배를 적극 권장했어요. 우리 몸에 필수적인 5대 영양소를
골고루 섭취하는 데 우리가 할 수 있는 방법은 이거다 하고 생각한 거죠. 부녀회
가 주동이 되어 필요한 채소를 집집마다 재배하고 부인들이 직접 재배 방법도
습득해가며 영양개선 운동을 벌였습니다. 그 일로 군청으로부터 영양 시범마을
로 선정되어 공동 취사도구를 상품으로 지원받아 마을 행사나 공동작업을 할 때
유용하게 활용했던 기억이 생생합니다.

공장 유치하여 부업 활성화

권순직　1970년대 중반에 접어들면서 전국적으로 새마을 운동이 활발히 전개되는 가운데 산업화가 급속히 진행됩니다. 당시 젊은이들은 도시로 일자리를 찾아 나가면서 이농이 많았고 농촌은 일거리가 없어 어려움이 가중되는 상황이었죠.

정문자　그렇습니다. 청소년들은 도시로 출타하여 공원으로 취직하고 여자아이들은 식모살이로 나가기도 하고. 그래서 저는 마을에 일거리를 만들어 소득을 낼 방안을 찾기 시작했습니다. 마을에서 가내공업(家內工業)을 해보기로 결심하고 일거리를 찾아 나섭니다. 전주와 서울 등지의 조그만 공장을 찾아가 농촌에서 부인과 청소년들이 할 만한 일거리를 구해 봤지만 산골에서 무슨 일을 할 수 있겠느냐며 회사 사람들이 들은 척도 안 해요.

　그러기를 수개월, 어느 날 충청남도 강경의 이성물산이란 곳에 들러 무턱대고 회장님을 만났어요. 그 공장은 아주머니들이 부업으로 홀치기를 해서 일본 사람들이 입는 기모노를 만들어요. 우리도 할 수 있겠다는 생각에 "일만 맡겨 주면 열심히 하겠다"고 회장님을 설득해 겨우 승낙을 받았어요. 회사에서 작업장과 50대의 기계를 설치해 줘서 우리 동네는 물론 이웃마을 처녀들까지 일에 매달렸지요. 그렇게 몇 달간 일했더니 한 달 수입이 당시로서는 제법 큰돈인 1인당 3~4천 원씩 돌아가요. 처음 시작한 부업치고는 대단한 성공이었죠.

　이렇게 홀치기 부업이 성과를 거두자 정문자 지도자는 욕심이 생긴다. 회사 회장을 시도 때도 없이 찾아가 더 많은 일거리를 달라고 졸라댄다. 그간 성실하게 일하는 것을 눈여겨본 회장은 마침 일본에서 새로운 일거리가 왔는데 청소년들이 하기에 알맞고 위생적이라며 추천했다.

　처음에는 기계 10대를 지원받아 운영했는데 기계를 설치할 장소가 없어서 정 지도자 집 마루와 방에 갖다 놓고 작업을 하였다. 그러나 차츰 일에 익숙해지면서 대지 2백 평에 30여 평의 어엿한 공장을 짓게 된다. 처녀 한 명당 월수입이 1만 원에서 많게는 1만 5천 원이나 됐다. 농가 부업으로서는 그야말로 성공적이었다.

|1970년대 새마을 다리 건설 현장
농촌마을을 좀더 편리하고 아름답게 만드는 새마을 생활환경 개선사업의
일환으로 추진된 다리 건설 현장에서 마을 주민들이 협동작업을 하고 있다.

권순직   부업을 성공적으로 이끌어가면서 저축 정신을 높이고 통신교육으로 청소년들 공부도 시키셨죠?

정문자   그때만 해도 초등학교만 마치거나 그마저도 못하는 경우가 많았어요. 그래서 초등학생들이 방과후 공부를 할 수 있는 공부방을 만들어 통신강의록으로 45명에게 중학교 과정을 교육했지요. 또 공장에서 일하는 처녀아이들의 부모들을 설득해 수입의 1/3은 반드시 저축해 목돈을 만들도록 유도했습니다. 이렇게 청소년들이 낮에는 공장에서 일하고 밤에는 공부에 매달려 중학교 과정까지 마치니 동네 어른들에게 인정받는 것은 물론이고 아이들도 자신감이 생겨 동네가 활기로 넘쳐났지요.

    정말 우리 부녀회는 열심히 일했어요. 저축 운동도 하고, 마을금고도 잘 운영하고, 부엌 개량 같은 생활환경 개선사업도 제대로 했지요. 거기다 공장을 유치해 부업도 활성화고, 청소년 통신교육에도 힘을 쏟으니 자연히 소문이 퍼져 나가 1974년엔 청와대로부터 훈장과 2백만 원이라는 큰 포상금까지 받았습니다. 이 많은 돈을 어디에 쓸까 궁리하다 우리 동네 숙원사업인 다리 건설을 하기로 했죠.

당시 비만 많이 내리면 하천 물이 불어 아이들이 학교를 갈 수 없는 형편이었어요. 그런데 부녀회 회원들과 상의를 해 보니 금액이 턱없이 모자라는 거예요.

　그러던 차에 제가 새마을지도자연수원에서 성공사례를 발표하는 자리에서 이 야기를 했더니 군산의 합판회사 고판남 회장님이 나머지는 자신이 지원하겠다 고 약속합니다. 그리하여 소요 자금 1천만 원을 마련해 다리를 완성했습니다.

권순직　새마을부녀회를 이끌면서 가장 힘들었던 일을 꼽는다면 무엇입니까?

정문자　오류리 마을은 맨 처음엔 10여 명이 참여해 어머니회를 운영하다가 제 가 회장을 맡으면서 40여 명으로 늘었고, 여러 가지 사업이 성과를 거두자 호응 이 높아져 80명, 100여 명으로 회원 수가 불어납니다. 그런데 회원이 늘어난다 고 해서 꼭 잘 운영되는 건 아니었어요. 참여하는 사람들은 열심히 하지만 동참 하지 않는 사람들은 뒷전에서 불평하고 험담하고 말이 많아요. 저 혼자 아무리 열심히 해도 잘되는 게 아니라는 걸 절실히 깨달았어요.

　그래서 저는 부녀회 운영 방식을 바꾸기로 하고 간부 9명을 선정했습니다. 결 정해야 할 안건이 생기면 1차로 간부들이 충분히 협의하여 대응책을 마련한 다 음 총회에 부쳤어요. 그러면 반대 의견이 나와도 간부들이 앞장서 설득하니 자 연스럽게 부녀회가 잘 굴러가요. 그리고 마을에 여론함을 설치하여 주민들의 여론을 수렴해 반영했더니 참여도 많아지고 호응도 좋고 …. 이런 게 민주주의 가 아닌가 하는 생각이 들었죠.

권순직　오랫동안 마을 지도자, 새마을 지도자로 활동하셨는데 남기고 싶은 말 이 있다면요?

정문자　제가 24살 나이에 오류리 산골에 시집와서 1968년에 가족계획어머니 회 회장을 맡으면서 마을 일을 시작했습니다. 그때부터 마을 일에 푹 빠져서 새 마을 운동에 온몸을 바치고 분에 넘치게 주위에서 여성 계몽운동가라는 말까지 듣게 된 것은 1972년 새마을 부녀 지도자로 뽑혀 그해 새마을지도자연수원 교육을 받은 덕분이라고 생각합니다. 새마을지도자연수원에서 받은 감명 깊었던 교육은 평생 제가 새마을 운동에 헌신하게 된 계기라고 할 수 있어요.

부녀자란 아침에 일어나면 밥부터 지어 가족을 먹여야 했던 시절, 저는 눈뜨자마자 동네를 한 바퀴 돌며 그날그날 마을 일을 어떻게 할 것인지부터 챙길 정도로 정열적으로 일했다고 자부합니다.

물론 동료 부녀회원들의 헌신도 잊을 수 없어요. 또한 정부의 지원 없이는 1960~1970년대 우리 농촌이 가난의 굴레에서 벗어나기 어려웠겠지요. 하지만 이에 못지않게 전국 새마을 지도자의 헌신이 있었기에 새마을 운동이 성공할 수 있었다고 감히 자부합니다. 새마을 운동을 앞장서 추진하다가 돌아가신 지도자도 한두 분이 아닙니다.

그분들에게 경의를 표하면서 지금도 살아갑니다.

정문자, 그는 누구?

1940년 전북 익산에서 태어나 1958년 전주 영생여고를 졸업했다. 1968년 전북 임실군 성수면 오류마을 부녀회장을, 1972년 오류마을 새마을부녀회장을 지냈다. 1973년 수원 새마을지도자연수원 성공사례 강사로 활동하며 전라북도 새마을부녀회 연합회장을 맡았다. 1974년 대통령 훈장, 근면장을 받았으며, 1978년 대한가족계획협회 감사를 역임한다. 1979년 필리핀 마닐라 세계국제여성대회에서 새마을 관련 강연을 했고, 1993년 전주시 풍납동 동장을, 1998년 전북도 NGO 이사를 역임한다. 2009년 새마을운동중앙연수원 외국인 교육 사례 강사로 활동한다.

새마을 지도자론 : 한도현 교수 인터뷰

마을 지도자들의 헌신이 없었다면…

1970년대 새마을 운동이 추진되고 성공한 데에는 지도자들의 역할이 절대적이었다. 새마을 운동 자체는 정부가 기획하고 지원하였지만 실제로 가동시키고 성공적으로 이끈 것은 지도자들이었기 때문이다. 새마을 운동은 정부와 농촌 주민이 양대 축을 이루며 진행되었다. 그 한 축인 주민 편에서 동력을 발휘하도록 결정적 역할을 한 것이 바로 마을 지도자이다. 따라서 1970년대 새마을 운동을 성공적이라고 평가하는 데 동의한다면 성공의 핵심은 새마을 지도자라고 볼 수 있을 것이다.

많은 새마을 운동 연구자들은 "성공한 새마을에는 반드시 훌륭한 지도자가 있었다. 헌신적이고 열성적인 지도자들의 희생이 없었다면 새마을 운동은 그처럼 성공하기 어려웠을 것이다"라고 입을 모은다. 정부의 슬로건보다 새마을 현장 지도자들의 모범과 리더십이 몇백 배의 영향력을 발휘하였다는 평가이다.

자연부락 단위의 새마을 운동 공동체 지도자는 주민 스스로 선출했기 때문에 지도자와 주민 간에 이질감도 없었고 협동과 참여를 이끄는 데 최적이었다. 마을에서 자생적으로 탄생한 새마을 지도자들은 풀뿌리 지도자로서의 기능을 십분 발휘한다.

농촌마을에서는 종전에도 이장을 비롯해 농특사업 등을 통해 이미 지도자로서의 인재들이 양성된 적이 있었다. 그러나 새마을 운동이 본격 가동되면서 기존의 지도자상을 넘어선 새로운 유형의 농촌 리더들이 등장한다. 특히 새마을 지도자들은 전국적인 열기 속에서 체계적이고 조직적인 교육을 받으며 지도자로 부상한다.

초기의 새마을 지도자들은 자기 마을의 영농기술 선두주자 내지는 공동체 발전을 위한 리더 역할을 하면서 주민들의 생활여건 개선이나 소득증대에 기여한다. 그러다 점차 이러한 역할에서 한 걸음 더 나아가 새마을 운동에 엔진 기능을 수행한다.

그들은 자신들의 성공사례를 밑거름 삼아 각종 강연과 사례발표를 하거나 자신들의 농사 현장을 현장학습장으로 활용하는 등의 방법으로 새마을 운동을 이웃마을, 전국으로 확산시키는 촉매제 역할을 했다. 1970년대를 관통하는 새마을 운동 과정에서 이들 지도자들은 새마을 교관, 새마을 전도사, 교본 없는 교과서였다.

새마을 지도자만 20여만 명 활동

정부는 새마을 운동 초기부터 관 주도보다 주민들의 자율에 의한 추진을 중시하고 지도자 양성에 주력하였다. 독농가연수원에서 시작된 농민 지도자 교육은 수원 새마을지도자연수원 설립을 계기로 본격적이고 체계적인 농촌 리더 양성으로 이어진다. 1970년대를 통틀어 전국에서 약 17만 명에서 20만 명에 이르는 새마을 지도자가 활동했던 것으로 추산된다.

이처럼 지도자들의 역할이 새마을 운동의 성공에 있어 핵심을 이뤘음에도 불구하고 새마을 지도자에 관한 깊이 있고 체계적인 연구는 다른 부문에 비해 취약하다고 볼 수 있다. 물론 지도자들의 증언이나 저술 논문 등이 많지만 좀더 심층적이고 학술적 접근이 있어야 할 것으로 보인다.

새마을 운동을 다각적으로 조명하고 특히 새마을 지도자의 기능과 역할 등에 지대한 관심을 갖고 연구해온 한도현 교수(한국학중앙연구원 한국학대학원)로부터 새마을 지도자론에 관해 듣는다. 한 교수는 지도자들을 직접 면담해가며 실증적으로 새마을 지도자론을 탐구했다

마을 지도자들은 풀뿌리 지도자였다

권순직 1970년대 새마을 운동을 추진하는 과정에서 중대한 두 축은 정부와 마을 지도자라고 볼 수 있습니다. 지도자들의 희생과 헌신, 열정은 곧 새마을 운동의 성공 요인이었습니다. 그들의 역할과 기능, 중요성에 대해 말씀해 주시죠.

한도현 새마을 운동은 주민들의 삶의 현장인 마을개발 사업이므로 현장 지도자로서의 새마을 지도자의 중요성은 아무리 강조해도 지나치지 않습니다. 정부의 지원도 중요했지만, 이들 현장 지도자들의 역할은 새마을 운동 성공의 핵심 요인이라고 할 수 있습니다. 새마을 지도자들은 자기가 사는 마을의 발전을 이끌던 기층(基層) 지도자입니다. 독립된 사무실이 있는 것도 아니지만 마을 주민의 한 사람으로서, 동료로서 마을의 발전을 이끌어갔던 것입니다.
　국제기구들이 많은 나라의 농촌 발전계획을 수립하여 지원했지만, 농촌 주민들의 삶의 질 개선에 크게 성공하지 못한 것은 마을 현장에서의 실천 문제와 깊은 관련이 있습니다. 한국의 새마을 지도자들은 마을 현장의 발전계획 수립, 집행, 점검 등의 일을 맡았습니다. 실제로 주민의 생활 현장에서 발전이 일어나도록 책임을 맡은 것입니다. 이러한 측면에서 이들을 풀뿌리 지도자 내지 기층 지도자라고 부를 수 있겠습니다.
　오늘날 국제기구들의 원조사업이 주민들에게 직접 혜택을 주는가 하는 문제, 즉 풀뿌리 차원에서의 효과(grassroots level impact) 문제가 많이 논의됩니다. 개발원조가 늘어남에도 불구하고 실제 마을 주민들에게는 큰 혜택이 돌아가지 않는 데 대해 고민합니다. 한국의 새마을 지도자들은 바로 이런 문제를 해결한 실천가이자 현장 지도자들이라고 할 수 있습니다.
　새마을 지도자들은 마을 주민과 함께 24시간 그 마을에 살고, 같은 주민이자 농민이니 주민과의 이질감이 없었습니다. 지도자로서는 아주 이상적인 모습입니다. 외부 혹은 외국의 전문가가 마을에 살면서 지도하는 것보다 훨씬 더 유리하지요. 특히 새마을 지도자들은 주민들이 직접 추천하거나 선출했기 때문에 풀뿌리 지도자로서의 조건을 잘 갖추었습니다.

수준 높은 새마을 지도자 교육

권순직 농촌마을에는 이장 등 기존에도 지도자가 있었습니다. 종전의 지도자와 새마을 운동 지도자와 다른 점은 무엇일까요? 새로운 유형의 지도자가 등장한 셈인데 그들의 핵심 역할은 무엇이었나요?

한도현 새마을 지도자 외에도 마을에는 유지나 이장 등 지도자들이 있었습니다. 다른 나라의 농촌마을에도 이장이나 유지와 비슷한 지도자가 있지요. 그런데 새마을 지도자는 행정이나 마을 일상의 업무가 아니라 농촌 근대화 업무를 담당하는 개발 전문가라고 할 수 있습니다. 이장이 행정을 담당하고 새마을 지도자는 개발을 담당하여 분업(分業)과 협력 구조를 만든 것은 매우 이례적입니다. 기업이나 정부와 같은 큰 조직에서는 이러한 분업과 협업이 쉽겠지만, 자연부락 단위에서 이러한 분업구조를 생각한 것은 대단히 혁신적입니다.

새마을 운동을 정신운동으로만 생각하시는 분들은 새마을 지도자의 이러한 전문가적 성격을 간과했습니다. 새마을 지도자 교육의 교과목을 보면 개발 전문가에게 필요한 교육내용이 많습니다. 기업가에게 필요한 사업계획, 사업 실행, 구성원 설득, 리더십, 마케팅, 조직론, 우수사례 벤치마킹, 회계 등을 새마을 지도자들은 상당 수준 체계적으로 배웠습니다. 당시 한국 농촌의 교육 수준으로 볼 때 매우 수준 높은 교육입니다.

새마을지도자연수원의 교육내용이나 성공사례 수기 등을 보면 새마을 지도자는 이장 등 종래의 지도자와는 구별되는 개발 전문가이자, 마을이라는 기업을 운영하는 기업가입니다. 새마을 운동의 성공사례를 보면, 국가나 이웃을 위해 열심히 일했다는 것이 아니고 '마을 주민들이 어떤 사업을 어떻게 해서 잘살게 되었는가?'에 대한 이야기들입니다. 새마을 사업의 성적을 평가할 때도 주민소득의 증대를 아주 중시했습니다.

요컨대 새마을 지도자들의 핵심 역할은 마을 발전을 리드하는 개발 전문가이자 기업가라고 할 수 있습니다. 전국 3만 4천여 개의 마을 현장에 이들이 있었기 때문에 농촌 혁신이 일어날 수 있었습니다. 새마을 운동은 농촌의 생활방식과 농민의 사고방식을 크게 변화시킵니다. '잘살기'와 '농외소득 증대'라는 목표를 내세움으로써 농촌은 낭만적 농본주의(農本主義)와 결별하게 됩니다.

"목구멍만 살기 위한 농사가 아니라, 돈을 벌기 위한 농업으로의 전환이 절실했습니다."

새마을 운동의 신화로 회자되는 하사용 지도자의 회고입니다. 그는 돈 버는 농업으로 비닐하우스 재배 농법을 도입하여 가난에서 벗어나 자립했고, 이를 이웃에 전파했어요.

성공사례 농민, 새마을 성공에 일등공신

권순직 성공한 농촌 지도자들은 이제 자신들의 마을 발전을 이끄는 수준에서 벗어나 새마을 운동의 전도사와 멘토로 활약합니다. 눈물 나는 성공 스토리는 많은 사람들을 감동시키고 새마을로의 참여를 촉진했으며 새마을 운동을 전국 적으로 확산시키는 데 일등공신 역할을 합니다.

한도현 새마을 지도자 가운데 우수 지도자들은 다른 새마을 지도자를 교육하는 강사가 되었습니다. 이들은 이웃마을이나 군·도 단위의 새마을 교육에서 강사로 활동했고 일부는 중앙, 즉 새마을지도자연수원의 지도자 교육과정에서 강사로 활동했습니다. 새마을 지도자 교육의 메카인 새마을지도자연수원의 강의 내용을 보면 성공사례 발표가 많습니다. 새마을 지도자들이 강사로 초빙되어 자기 마을의 성공사례를 발표합니다. 당시의 연수원 수강생들이 남긴 강의 평가나 회고록을 보면 수강생들은 동료 지도자들의 성공사례 발표를 들으면서 아주 큰 감명을 받았습니다.

새마을지도자연수원에는 새마을 지도자 외에 사회지도층 인사들도 교육생으로 왔는데, 이들도 일선 농민 지도자들의 성공사례 발표에서 깊은 감명을 받았습니다. 새마을 지도자 교육이 이론에 그치는 것이 아니라 실제 성공사례에 기반을 두었던 것은 아주 다행입니다. 성공사례가 확산되고 주민들 속에 성공 경험이 축적됨으로써 농촌의 체념, 냉소, 패배주의 등이 쉽게 극복될 수 있었기 때문입니다. 새마을 지도자들은 자기 마을의 발전을 이끄는 지도자(CEO)였을 뿐만 아니라 다른 지도자들에게 영향을 주는 멘토가 되기도 했죠. 우수마을의 성공사례는 새마을 운동 교육의 가장 중요한 산 교재였어요.

앞서가는 농민의 성공사례는 수없이 많아요. 1970년대에 새마을지도자연수원에서 성공사례를 강의한 지도자는 남성만 해도 56명에 이릅니다. 성공사례 가운데 역동적인 스토리를 가진 경우는 드라마나 영화로도 만들어져 전 국민에게 감동을 주고 영향을 미쳤습니다.

빈농이 자립하고, 빈곤한 마을이 잘살게 된다는 내용의 '부자 되기, 하사용 사례'는 새마을 운동 초기부터 극적이고도 드라마틱한 성공사례였습니다. 전국적으로 유명해진 하사용 지도자는 방방곡곡 단체와 연수원에서 강의 요청이 몰려 정신을 차릴 수가 없었다고 회고합니다.

권순직 성공한 지도자들은 강사 요원으로 활동하는 한편, 자신의 농장을 견학 코스, 현장학습장으로 제공하면서 성공 노하우를 전수하기도 했습니다. 낙후 마을의 지도자들은 이곳에 와서 배우고 깨우친 것이 많았다고 합니다.

한도현 새마을 지도자 가운데 현장학습 교관도 많았습니다. 새마을 운동의 실적이 부진한 마을 지도자들이 우수마을에 가서 그 마을 지도자의 집에서 3박 4일간 숙식하면서 새마을 사업의 수업을 받는 것입니다. 현장교육장으로 널리 활용된 우수마을은 약 20여 곳이 있었는데 지리적 조건과 농업 특성을 기반으로 4개 정도 유형으로 구분, 낙후마을 지도자들의 마을 사정에 맞게 교육하도록 했습니다. 우수마을 지도자 집에 낙후마을 지도자 3~6명이 숙식했습니다.

새마을 운동 실적에 따라서는 기초마을, 자조마을, 자립마을로 나누어 관리하는데 낙후마을인 기초마을 지도자들은 1차로 연수원 교육을 받은 뒤 우수마을에 가서 현장실습을 합니다. 1975년에 이 제도가 도입되었습니다. 3박 4일간의 현장실습 교육내용은 매우 체계적입니다. 새벽부터 저녁 늦게까지 실천적 교과내용으로 구성된 것을 볼 수 있습니다.

우수마을에서 현지생활 교육을 마치면 수료생들은 수업평가를 합니다. 1인당 약 10쪽 정도의 수업평가서를 작성했습니다. 이 기록물들 가운데 일부가 새마을운동중앙연수원 역사관에 보관되어 있고 유네스코 세계기록문화유산에 포함되었습니다. 아마 세계적으로 어떤 대학에서도 강의평가를 학생 1인당 10쪽씩이나 하는 곳은 없을 것입니다.

평가항목도 매우 구체적이고 실천적입니다. 이렇게 엄밀한 평가를 받는 데서 끝나는 것이 아니고 우수마을 지도자들은 현장학습 내용 리포트를 작성했어요. 또 1년 안에 자기 제자들이 새마을 운동을 잘하는지 사후지도 겸 현장점검을 나가기도 했습니다.

1970년대 당시 한국의 교통 상황을 생각해 보면 이들의 출장지도(出張指導)는 엄청난 희생이었다고 할 수 있습니다. 그러한 희생을 할 만큼 이분들은 교관으로서의 정체성이 확고했습니다. 숙식을 함께하며 실습교육을 하는 과정에서 지도자들의 고생도 이만저만이 아니었습니다.

특히 우수마을 지도자 부인들의 희생이 컸습니다. 강원도 횡성의 이인원 지도자의 경우 낙후마을 지도자들을 자기 집에서 교육시키는 도중에 아내가 출산을 했습니다. 아내가 교육생들의 밥을 하다가 병원으로 실려갔는데, 이인원 지도자는 현장교육을 끝낸 뒤에 병원에 가서 아내와 아들의 얼굴을 보는 바람에 두고두고 혼이 났다고 합니다.

우수마을을 체험토록 한 교육방법은 많은 효과를 가져왔다고 봅니다. 낙후마을 지도자들을 각성시키고 분발하게 해 새마을 운동이 효율적으로 확산되는 데 기여했다고 봅니다. 현장실습 교육만의 결과는 아니겠지만 1976년 이후 자립마을 비율이 급속하게 높아져요. 1972년 7%에 불과하던 자립마을 비율이 1979년에는 97%에 이르고, 1981년에는 전국 3만 5천여 개 마을이 모두 자립마을로 선정됩니다. 정부가 설정한 기준에 따른 '자립마을'이기 때문에, 전국 모든 농촌마을이 '자립'했다는 뜻은 물론 아닙니다.

민주주의의 도장, 농촌마을 주민회의

권순직   지도자들은 마을 발전을 어떤 방식으로 이끌어 갑니까? 주민들의 의견을 수렴하고 사업을 기획·추진하는 리더들의 역할은 중요할 뿐만 아니라 어려움도 많았을 것으로 생각합니다.

한도현   새마을 지도자들은 외부의 유급 전문가가 아니라 같은 마을 주민이었습니다. 이들은 지도자이기도 하면서 생업이 따로 있었고 무보수였습니다. 무보수로 마을개발에 헌신했기 때문에 마을 주민들의 참여를 유도하는 데 유리했습니다. 또한 지도자들은 주민 의견 수렴을 중시했습니다. 의견 수렴을 위해 마을개발위원회, 마을총회 등을 적극 활용했습니다.

마을개발위원회나 마을총회에서 사업 비전을 충분히 설명하고 주민들이 자발적으로 새마을 사업에 참여하도록 하는 것이 중요했습니다. 사업계획, 중간평가, 최종보고는 반드시 마을총회를 거치도록 했기 때문에 마을총회 기록도 많이 남아 있습니다. 마을총회에서 사업 항목의 선택이나 사업 방식을 둘러싸고 격렬한 토론이 벌어지기도 했습니다.

요즘 개발도상국에서의 주민회의는 대체로 주민 대표자들의 회의인 경우가 많습니다. 우리 새마을 운동처럼 자연부락 단위에서 주민 전체가 모여서 활발하게 토론하는 마을총회 형태는 아주 드뭅니다. 주민들이 모두 모여 의논하여 사업 항목이나 방식을 결정하면 그만큼 책임감도 강해지고 참여율도 높아지는 장점이 있지요.

새마을 운동을 하면서 마을회관을 건립하는 일이 많았습니다. 혹자는 "왜 주민 소득증대에 별 도움이 안 되는 마을회관부터 짓느냐?" 라고 의아해합니다. 시멘트, 콘크리트로 나타난 가시적 성과주의 산물이라고 몰아붙이는 사람도 있습니다. 그런데 마을총회가 자주 열렸다는 사실을 감안하면 마을회관 건립의 중요성을 충분히 이해할 수 있습니다.

지도자들은 마을개발위원회나 마을총회에서 주민 의견을 수렴하기 위해 많은 노력을 기울여야 했습니다. 회의 전에 주민들에게 사업 내용과 안건을 적극 설명하여 총회에서 무난한 결정이 이뤄지도록 세심하게 배려한 흔적이 많습니다. 지도자들은 주민을 설득하는 기법에서부터 회의를 진행하는 방법, 주민 조직 등을 새마을 지도자 교육과정에서 배우기도 했습니다.

실제 마을 현장에서는 지도자들이 자신들의 방식으로 혁신적 방법을 개발하여 활용하기도 했습니다. 충북 제천의 유영모 지도자는 잔돈을 준비해서 동네 청년들과 밤마다 고스톱을 쳐서 청년들과의 유대를 강화한 후에 어느 날을 잡아서 동네 청년들에게 "우리가 이렇게 살면 되겠나, 우리도 잘살아야 되지 않겠는가?"라고 눈물로 호소해 새마을 운동을 일으켰다고 합니다. 당시 도박 금지가 새마을 운동의 중요한 과제 중 하나였는데 이 방법은 상당히 창의적이었습니다. 또 이 지도자는 마을의 주막(酒幕)을 없애는 총회에 여성들을 대거 참석시켜 체면의 힘을 이용하여 남성들의 목소리를 제압하기도 했습니다.

권순직　새마을 지도자들은 어떤 방식으로 선출되었나요? 마을의 탁월한 리더를 발굴하고 주민들이 합심하여 뒷받침하는 것이 새마을 운동 성공의 지름길이었다고 봅니다.

한도현　새마을 운동은 주민 소득의 증대와 마을 발전이라는 명확한 목표를 내세웠기 때문에 이 과제를 기획하고 실천할 수 있는 리더가 필요했습니다. 사업을 기획하고 집행하고 점검하고 평가하는 일련의 과정을 책임지는 새마을 지도자들은 기업의 경영자와 유사한 역할을 수행했어요.

주민 소득의 증대를 위해 새로운 사업을 개발하고 새로운 작목을 도입하는 일에 집중하는 이들의 역할, 즉 개발 전문가로서의 역할은 이장의 역할과 명확히 다릅니다. 개인적 소득증대를 강조하는 독농가와도 그 성격이 달라요. 마을을 기업으로 혁신하여 마을 기업의 발전을 끌고 나가는 사람입니다.

1970년대에 이러한 일을 맡을 지도자들이 전국 농촌에 많지 않았어요. 새마을 지도자의 훈련과 양성은 매우 시급한 과제였습니다. 평소에 지도자 교육이나 경영 교육을 받지 않은 일반 농민을 마을 발전의 전문가로 양성하는 것은 쉬운 일이 아니죠. 농촌마을 주민소득 증대와 마을 발전은 단순한 경영 교육만으로 되는 것은 아니었고, 경영, 책임, 주민조직, 회의 진행 등 종합적 능력이 필요했어요. 단기간의 집중적 훈련을 통해 이러한 능력을 배양하는 것이 급선무였습니다. 이장들은 행정 담당자이므로 이러한 교육을 별도로 받지 않은 상태였고, 그런 의미에서 새마을 지도자는 1970년대 한국 농촌에 본격적으로 등장한 개발 전문가라고 볼 수 있습니다.

| 한도현 한국학중앙연구원 교수

새마을 지도자는 원칙적으로 주민총회에서 선출됩니다. 새마을 지도자로서 희생하겠다고 나서는 사람이 복수인 경우엔 선거를 실시하는 것이 당연하지만 마을별로 사정이 달랐고 그런 경우는 그리 많지 않았던 것 같습니다. 새마을 지도자의 선발 방법에 대한 전국조사는 없고 한국농촌경제연구원이 1979년에 6개 도, 6개 마을 총 63명의 지도자에 대해 조사한 자료가 있긴 합니다. 이 자료를 보면 주민총회에 의해 지도자가 된 사람이 35%, 마을 주민의 권고에 의해 지도자가 된 사람이 29%, 개발위원회에서 선출되어 지도자가 된 사람이 13%, 이장 및 마을 유지의 지명에 의해 지도자가 된 사람이 16%, 군이나 면에서 지명하여 지도자가 된 사람이 5%, 자원하여 지도자가 된 사람이 3% 등입니다.

동족(同族) 마을처럼 동질성이 강한 마을에서는 추대가 많았다는 분석이 있습니다. 한국농촌경제연구원의 1979년 조사 결과를 보면 군이나 면에서 지명한 사람이 5%밖에 안 되는데, 이는 새마을 운동이 전국 모든 마을에서 동시에 추진되었는데도 상향식 리더십을 강조했음을 알 수 있습니다.

권순직 마을 단위의 새마을 운동 주체는 마을개발위원회, 마을총회였습니다. 그리고 상당히 민주적이고 투명한 방식으로 운영됨으로써 주민 참여와 협력을 이끄는 데 성공합니다. 위원회 구성과 운영 방식, 의사결정 방식은 어땠습니까?

한도현 　마을개발위원회와 마을총회는 전부 주민들로 구성되었습니다. 오늘날 개발도상국의 경우에는 외부인이나 관료가 참가하는 나라도 있습니다. 한국의 새마을 운동에서는 100% 마을 주민으로 구성되었습니다. 다른 개발도상국에는 마을 단위의 주민총회나 마을개발위원회가 조직되어 있지 않거나 활동이 미미합니다. 그러나 새마을 운동에서는 마을개발위원회와 마을총회가 자주 개최되었고 참여자들 사이에 활발한 토론이 전개되는 걸 보게 됩니다.

마을개발위원회는 이장, 새마을 지도자, 반장 등을 포함해 10명 내외로 구성되었습니다. 새마을 사업은 한두 명의 지도자만으로 추진될 수 없습니다. 마을 단위에서 리더십 팀이 필요했어요. 마을개발에 적극 참여할 수 있는 리더들의 팀워크가 필요합니다. 마을개발위원회가 그 역할을 맡았습니다.

개발위원회는 자연부락이라는 생활공동체를 기반으로 구성되었습니다. 이것은 주민 간 협동, 공동사업 추구에서 아주 중요합니다. 다른 개도국에서는 커뮤니티개발위원회(Community Development Committee)의 관할 범위가 너무 커서 주민 간의 공동사업 추진이나 협동사업을 하는 데 어려움이 있습니다. 한국의 새마을 운동에서 개발위원회는 공동체성이 강한 자연부락을 기초로 한 것이 큰 장점입니다.

오스트롬[4] 교수가 디자인 원리에서 밝혔듯이 협력을 상호 모니터링할 수 있고 가시적 혜택을 확인할 수 있어야 하는데, 한국의 자연부락은 역사적·문화적으로 이러한 메커니즘이 작동하기에 적합했습니다. 자연부락이라는 기층 조직을 기반으로 하였기 때문에 개발위원회의 회의에서 주민들의 생활, 마을의 사업에 직접 영향을 주는 실질적 토론이 활발히 전개될 수 있었습니다.

개발위원회의 회의록도 상당히 많이 남아 있습니다. 회의록을 보면 개발위원회나 마을총회에서 주민들이 마을개발 사업에 대해 활발히 토론했습니다. 의제가 정치적인 것이 아니고 마을개발에 관한 것이어서 구성원들이 적극적으로 의견을 개진했고, 회의가 끝나면 회의록을 작성하고 참여자들이 서명했습니다.

---

4 엘리너 오스트롬(Elinor Ostrom, 1933~2012): 미국 정치경제학자로 경제적 지배구조에 관한 연구업적으로 2009년 여성 최초로 노벨 경제학상을 수상했다(올리버 윌리엄슨과 공동 수상).

이것은 조직의 민주적 운영 및 참여를 위해 긍정적 역할을 했습니다. 서명을 통해 참여 의식도 높이고, 결정사항에 대한 책임 의식도 가지게 된 거죠.

우리나라의 자연부락은 오랜 역사를 지닌 생활단위입니다. 자연부락에는 새마을 운동 이전에도 마을회의의 전통이 내려왔습니다. 주민들이 마을총회를 통해 자기 마을의 중요사항을 결정하는 것은 매우 의미 있는 일입니다. 마을 규모가 너무 크면 마을총회가 불가능하기 때문에 새마을 운동을 자연부락 단위로 전개한 것은 매우 훌륭한 선택이었습니다. 요즘 행정학, 사회학, 정치학 등에서 쓰이는 용어로 말하자면 자연부락 단위의 거버넌스가 아주 잘 조직된 것입니다.

새마을 지도자들은 마을 리더십 구조에서 결정적 역할을 담당하였고, 새마을 운동 추진의 핵심인자 역할을 수행하였습니다. 특히 지도자는 주민들의 참여와 협동 독려에서부터 사업 진행과 일정 관리, 사업과 관련된 현안 해결, 정부 지원의 배분과 관리, 감독 등 사업 총괄 관리자 역할을 맡아 처리했어요.

실제로 마을 단위 새마을 사업의 성과는 지도자의 리더십 정도에 의해 좌우되는 경우가 흔히 나타났어요. 우수한 성과를 거둔 마을에는 항상 훌륭한 지도자가 있었고 이러한 상관관계는 연구사례에도 나타납니다. 새마을 운동 1차년도 사업이 끝난 뒤 실적이 우수한 마을 5군데와 낙후마을 5군데 등 10개 마을의 사례를 연구한 자료에 따르면 지도자의 역할이 결정적인 성패 요인으로 작용하였음이 드러납니다.

독농가에서 새마을 리더로

권순직　새마을 운동이 추진되는 과정에서 지도자들의 역할은 아무리 강조해도 지나치지 않습니다. 그렇다면 지도자는 어떻게 양성되고 활동합니까? 지금 시점에서 보아도 새마을 지도자 교육의 내용, 방법 등은 선진적이라는 평가를 받습니다. 특히 운동을 시작하는 단계에서부터 마을 단위 지도자의 중요성을 인식하고 효율적인 연수와 교육을 실시했어요.

한도현 새마을 운동 첫해의 정부 평가에 의하면 전국 마을들 가운데 절반 정도가 합격 점수를 받았는데, 합격 마을의 특징 가운데 하나가 리더십이었습니다. 그래서 새마을 운동 초기부터 리더십 개발에 큰 관심을 가집니다. 리더십 개발을 위해 도 단위로 연수원을 운영하였지만 중앙 단위의 새마을지도자연수원이 가장 핵심 기관입니다. 이 기관의 첫 이름은 독농가연수원입니다. '독농가'라는 말은 지도자라기보다는 탁월한 농업인이라는 뜻이 강해요. 역량 개발의 차원에서 보면 리더십 개발보다는 농사기술, 마케팅 등 농업인의 역량에 강조점을 두는 것입니다.

반면 새마을지도자연수원은 리더십 개발에 강조점을 둡니다. 농업기술을 넘어 리더십 개발을 강조한 것은 새마을지도자연수원의 큰 특징이죠. 새마을지도자연수원의 교육은 리더로서 가져야 할 정신 자세, 새마을 소득사업을 기획하고 추진하는 데 필요한 기업가적 능력, 주민들의 협동과 참여를 이끄는 데 필요한 조직 운영능력 등을 개발하는 것에 초점을 두었습니다. 오늘날 국제기구들이 개발도상국 농촌 발전을 위해 현장 리더십, 즉 로컬 리더십(local leadership) 개발을 위해 많이 고민하는 것을 보면, 새마을 운동의 리더십 개발이 시대적으로 얼마나 앞선 것이었는지 알 수 있습니다.

연수원이 한 회에 수용할 수 있는 규모가 150여 명 정도였기 때문에 전국 모든 새마을 지도자가 이 연수원에서 훈련을 받은 것은 아닙니다. 새마을지도자연수원에서 교육을 받으려면 군 단위의 추천을 받아야 해서 입교자들은 이미 현장 경험을 가진 분들이 대부분입니다. 그래서 새마을지도자연수원 교육에 참가하는 지도자들은 연수원의 사례 교육, 동료 훈련생들의 활동 사례 등에 깊은 관심을 가졌습니다. 새마을지도자연수원 교육에서 사례 교육을 강조할 수 있었던 것도 이러한 배경이 크게 작용했습니다. 요컨대 각자 자기 사업장을 가졌기 때문에 학습 열기가 매우 높았습니다.

교육 기간은 시기별로 차이가 있습니다. 후기로 갈수록 기간이 짧아졌습니다. 남성 지도자들은 초기에는 2주간 교육을 받았으나 10일로 짧아졌습니다. 여성들은 1주일 교육을 받았습니다. 합숙생활을 통해 매우 집중적인 교육이 이뤄졌습니다. 교육내용은 태도 변화(정신교육), 성공사례, 리더십, 회의 진행, 새마을 사업, 농업기술 등을 중심으로 이뤄졌습니다. 농촌개발 현장에서 절실하게 필요한 내용들로 채워져 있었죠. 이 짧은 기간에 지도자로서의 리더십이 전적으로 개발되었다고 볼 수는 없습니다. 그러나 당시 교육을 받았던 지도자들의 증언을 종합하면 적어도 농촌 지도자가 가야 할 길을 자각한 것은 사실입니다.

연수원 교육은 외부와 단절된 합숙시설에서 1~2주간 실시되었어요. 교육의 내용은 첫째, 지도자들의 자질 향상을 위해 근면·자조·협동의 새마을 정신을 바탕으로 의식과 태도 변화에 중점을 두었어요. 둘째는 마을 소득의 증대를 위한 농업·축산 등의 다양한 이론교육을 실시하였고, 셋째로는 '마을이라는 기업'을 경영할 수 있는 경영 능력을 계발하고 주민을 설득하고 이끌 수 있도록 체계적인 리더십 훈련, 즉 조직운영 교육을 실시했습니다. 이러한 체계적이고 이론적인 교육을 바탕으로 새마을 지도자는 비약적인 발전을 합니다.

실용적이고 실천적인 새마을 교육

권순직   새마을지도자연수원의 교육방법도 매우 선진적이었고 독창적이었다는 평가입니다. 어떤 면에서는 혁신적인 교육방식이라고 할 정도로 짜임새도 있고 효율적이었다고 생각합니다.

한도현   교육방법은 매우 실용적이고 실천적이었습니다. 요즘 21세기의 지역개발이론에서 다뤄지는 중요한 기법들이 매우 광범하게 채택되었습니다. 흔히 새마을 운동은 이론이 없다고 하지만 이 교육 기법이나 내용을 보면 새마을 운동에는 혁신적 이론이 있었습니다. 스토리텔링, 생애사(生涯史) 나누기, 상호학습, 사례발표(사례연구), 분임토의, 벤치마킹 등을 적극 활용했습니다.

아시다시피 스토리텔링은 요즘 교육학을 넘어 문화사업 분야에서도 크게 주목하고 있습니다. 새마을 지도자 교육에서 스토리텔링 기법이라는 단어를 사용하지 않았지만 스토리텔링 기법이 널리 활용되었습니다. 그리고 사례 교육은 새마을 교육에서 매우 중시되었습니다. 흔히 하버드대의 경영대학원 교육의 장점을 사례연구(case studies)라고 합니다. 새마을 운동에서는 그 성공사례의 주인공이 직접 발표하는 것이니 하버드대의 사례연구 방법보다 더 임팩트가 컸다고 할 수 있습니다.

1970년대 당시 한국의 대학 교육 실태와 비교해 보면 당시 새마을 지도자 교육은 아주 체계적이고 효과적이고 수준 높은 것이었습니다. 해방 후 우리나라에서 의무교육이라는 교육혁명이 일어났지만 1970년대 당시 농민들의 교육 수준은 높은 편이 아니었으므로 새마을지도자연수원 교육은 농민들에게 아주 새로운 것이었습니다.

특히 동료 농민들로부터 배우도록 농민들의 성공사례 발표에 큰 의미를 부여했고, 벤치마킹 차원에서 우수마을 현장 방문을 중시했습니다. 성공사례, 우수마을의 사례를 통해 지도자들은 '나도 할 수 있다'는 자신감을 갖고 실천적 교훈을 얻었습니다.

생애사 나누기나 분임토의는 연수생들을 연수과정에 적극 참여하도록 주인의식을 불어넣었습니다. 토론을 통해 문제 해결방법을 찾도록 하는 분임토의는 1970년대 기업 교육이나 대학의 교육과 비교하면 매우 선진적인 방법이었습니다. 행정학이나 경영학에서 다루는 실행의 공동체(community of practice), 동료 간 학습(peer learning) 등이 이미 40년 전에 실천된 셈입니다.

권순직　1970년대의 새마을 운동 기간 중 전국에서 얼마나 많은 지도자가 양성되고 활동했나요?

한도현　새마을 지도자가 전국의 모든 마을에 남녀 각 1명씩 존재했습니다. 행정을 맡은 이장과 별개로 새마을 지도자들이 있었습니다. 마을의 숫자는 해마다 조금씩 변동이 있습니다. 1979년 12월 당시 남자 35,595명, 여자 35,538명의 지도자가 존재했다는 통계가 있습니다. 이 숫자를 바탕으로 계산하면 1970~1979년 10년간 연 인원으로 71만여 명의 새마을 지도자가 활동했다고 추정할 수 있습니다.

한국농촌경제연구원의 1979년 조사에 의하면 새마을 지도자의 평균 재직 기간이 4~5년이었으므로 1970년대에 약 17만여 명의 지도자들이 배출되고 활동했다고 볼 수 있습니다. 그러나 지도자 재직 기간이 이보다 짧아 평균 3년으로 볼 때는 20여만 명의 지도자가 활동했다는 추정도 가능합니다.

한 나라에서 마을 단위의 기층(基層) 리더를 이처럼 많이 확보하였다는 것은 농촌의 리더십 개발에서 매우 획기적인 일이라고 할 수 있습니다. 지금 개발도상국에서 이렇게 자연부락 단위 즉, 주민들의 생활에 밀착된 레벨에서의 기층 지도자를 발굴하고 교육하는 것은 아주 힘든 과제입니다. 그래서 개도국과 국제개발기구에서는 한국의 1970년대 새마을 지도자 프로그램에 많은 관심을 가집니다.

성공사례 활용하여 성공시킨 새마을 운동

권순직 성공사례를 발굴하고 활용한 것이 새마을 운동을 범국민적인 운동 차원으로 확산시키는 데 결정적인 역할을 합니다. 당시로서는 상상하기 어려울 정도의 어려움을 극복한 농민의 성공사례는 많은 사람을 감동시키고 자극합니다. 대표적인 예로 1970년 11월 11일 서울시민회관에서 있었던 하사용 농민의 눈물겨운 성공 스토리는 새마을 운동에 일대 전기를 가져올 만큼 감동적이었죠. 현장의 대통령을 울리고 향후 수많은 농민들을 자극하고 분발하게 하는 씨앗이 되었어요.

한도현 요즘 성과지향(performance-based), 개발효과(development effect)라는 말을 많이 쓰는데요. 새마을 운동에서 성공사례 발표는 바로 성과지향, 개발효과 중심 교육방법 그 자체였다고 볼 수 있습니다. 화려한 개발이론이 아니라 실제로 농민들이 이룩한 성공사례를 소개하여 농민들이 그 사례로부터 실질적 교훈을 얻을 수 있도록 하는 것이죠. 농촌의 가난을 극복한 성공사례는 감동을 주기 마련입니다. 성공사례를 보급해서 그것을 확산하는 것이 새마을 운동의 주요 전략이었습니다.

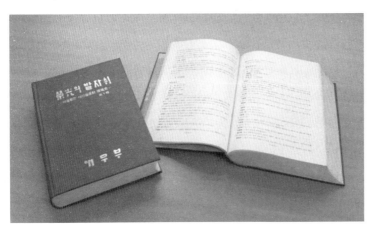

| 《영광의 발자취》 제1집 (1979)
《영광의 발자취》는 1970년대 새마을 운동의 성공 마을을 총정리한
전국적인 성공사례집으로 각 도별 성공 마을의 현황, 발전 과정, 성과,
주민총회 회의록, 향후 발전 구상, 새마을 지도자 수기 등을 담고 있다.

　《영광의 발자취 : 마을단위 새마을 운동 추진사》(내무부, 1979)는 마을과 마을 지도자들이 이룩한 성과를 기록한 책입니다. 새마을 운동의 전후를 비교하면서 서술한 성공사례집이지요. 성공사례들 가운데 특별히 우수한 것은 정부의 월례 경제동향보고 회의 때 발표되었습니다. 월례 경제동향보고 회의는 대통령이 직접 참석하는 매우 중요한 정부 회의인데 회의가 끝나면 새마을 운동 성공사례를 두 개씩 발표하도록 했습니다. 발표가 끝나면 대통령이 해당 농민들을 격려하고 관련자들을 포상했습니다. 별도의 주변적인 회의가 아니라 정부의 가장 중요한 회의에서 매번 새마을 운동의 성공사례를 발표하도록 한 것은 새마을 운동에서 성공사례 발표를 얼마나 중시했는지를 단적으로 보여줍니다.

　새마을지도자연수원 교육의 핵심 내용은 성공사례 발표였습니다. 군이나 도 단위의 새마을 교육에서도 성공사례 교육이 가장 중요했습니다. 우수 지도자들은 이웃마을, 군·도 단위의 새마을 교육, 새마을지도자연수원 교육 등에 불려 다니느라 아주 바빴습니다. 1970년대에는 감동적인 성공사례들이 매우 많았습니다. 새마을지도자연수원의 성공사례 발표 강사로 임명된 분들의 사례들이 가장 유명합니다. 이분들 가운데 하사용 지도자의 사례는 새마을 운동에 불을 붙인 것이라고 할 수 있습니다.

하사용 지도자는 새마을 운동 직전인 1970년 전국 농특사업 경진대회의 우승자였습니다. 1970년 11월은 새마을 운동을 위해 전국 마을에 시멘트가 보급된 첫해입니다. 이때 하 지도자의 성공사례 발표는 새마을 운동의 출발이자 귀결점이라고 할 수 있습니다. 국가를 위해 희생하는 것이 아니라 빈민이 어떻게 소득왕이 되었는가에 대한 스토리였어요.

이와 같은 하 지도자의 성공 사례는 스스로 가난을 극복하고 잘살 수 있다는 것을 실천적으로 보여주며 영화로도 제작되었고, 새마을 운동 내내 널리 인용되었습니다. 또한 중국의 신농촌 건설에도 영향을 주어 그의 일대기가 중국어로 출간되기도 했습니다.

권순직 당시 새마을 지도자에 대한 사기 앙양도 대단했습니다. 국가 최고지도자가 직접 지도자들과 만나고 표창하는 등 지대한 관심을 표명함으로써 그들에게 지위를 부여합니다. 자연히 지도자들의 긍지랄까 자부심도 높아지면서 새마을 운동의 추진 동력도 강해집니다.

한도현 새마을 지도자들이 마을 현장에서 좋은 성과를 낼 수 있도록 그들의 사기 앙양을 위해 대통령 이하 정부는 많은 노력을 했습니다. 지도자들은 무보수의 봉사직이었기 때문에 금전적 혜택이 직접 주어지지는 않았습니다. 새마을 지도자에게 훈·포장과 상금을 수여하는 경우에도 개인에게 주는 것이 아니라 그가 속한 마을의 새마을 사업자금으로 주어졌습니다.

새마을 지도자를 대상으로 하는 훈·포장 제도 도입은 대단히 획기적인 것입니다. 산업화와 수출 증대에 기여한 기업인에게 정부에서 훈장을 주듯이, 마을 지도자에게 정부가 훈·포장을 준 것입니다. 기업인과 동등한 대우를 한 것이죠. 훈장제도에 대해 아는 사람이라면 이러한 새마을 훈장의 의미가 얼마나 큰 것인지 이해할 것입니다.

농민이 자신과 자기 마을의 소득증대에 기여했다고 대통령으로부터 훈·포장을 받는다는 것은 매우 특기할 만한 사실입니다. 특히 훈장을 대통령이 직접 주는 경우도 많았습니다. 훈·포장을 받는 사람에 대해 언론에서도 크게 다루었습니다.

면이나 군에서는 관할구역 내의 농민이 대통령 훈·포장을 받았다는 사실을 자랑으로 생각했습니다. 또 대통령은 지방시찰 때 새마을 지도자를 방문하거나 초청하는 일을 자주 했습니다. 이러한 관례는 다른 정부의 고위 공직자들에게도 영향을 주어 그들도 새마을 사업 현장을 방문하여 새마을 지도자들을 격려하고 힘을 실어 주게 했습니다. 새마을지도자연수원에 대해 대통령이 직접 관심을 보였고 자주 방문했다는 사실도 새마을 지도자의 위상을 높이고 지도자들에게 자긍심을 심어 주는 데 크게 기여했습니다.

특히 1973년 11월 22일 광주에서 개최된 제1회 전국 새마을 지도자 대회는 새마을 지도자의 높은 위상을 보여주는 단적인 사례입니다. 당시 연설문 초안을 농림부가 기획한 것이 대통령기록관에 남아 있습니다. 이 농림부의 대통령 연설문 기획안은 1973년 11월 9일에 청와대 결재가 이루어졌습니다. 당초의 농림부 기획안에는 새마을 지도자가 주인공이 아니었습니다. 그런데 대통령은 이 농림부 연설문 기획안을 버리고 완전히 새로운 원고를 준비했습니다. 새마을 지도자라는 일개 농민이 역사의 주인공이라는 사실을 강조하는 내용으로 말이죠. 1973년 11월 22일 광주에서 개최된 제1회 전국 새마을 지도자 대회의 박 대통령 연설 중 일부를 살펴보면 다음과 같다.

우리가 나이가 들어 늙으면 죽을 때가 올 것입니다. 그렇다면 우리가 죽을 때 자손들에게 무슨 유언을 남겨 놓고 죽는 것이 가장 보람되겠습니까? 나는 우리 자손들에게 '후세에 너의 조상이 누구냐고 묻는다면 나의 조상은 1960년대 새마을 운동에 앞장서서 알뜰하게 일한 바로 저 마을의 농민이었다고 대답하라'는 유언을 남기는 것이 가장 보람된 것이라고 생각합니다. 이 얼마나 인생으로서 자랑스러운 일이며 또한 후손들에게 남겨 줄 수 있는 떳떳한 유언이겠습니까?

당시 전국 새마을 지도자 대회에 참가하여 이 연설을 들은 사람들은 전율을 느꼈다고 합니다. 남이 알아주지 않는 시골 농부를 역사의 주인공으로, 위대한 인물로 규정했기 때문입니다. '농자천하지대본'(農者天下之大本)이라는 말이 전해 오긴 하지만, 이처럼 시골 농부를 역사의 주인공으로 대통령이 직접 호명한 것은 놀라운 일이었습니다.

또 주목할 것은 연설의 준비 기간입니다. 농림부 안의 결재일을 기준으로 연설 준비 기간을 최대한 길게 잡아도 불과 12일입니다. 농림부에서 준비한 안을 폐기하면서 새마을 지도자의 역할과 위상에 초점을 맞춘 연설을 직접 준비한 사실에서 대통령이 새마을 지도자들에게 보냈던 관심을 확인할 수 있습니다. 대통령이 새마을 지도자들을 청와대에 초청한 것이나 대통령이 참석하는 월례 경제동향보고 회의 때마다 새마을 운동 성공사례 두 개를 발표하게 하고 해당 새마을 지도자를 직접 격려한 것도 새마을 지도자의 위상을 높이는 데 크게 기여했습니다.

월례 경제동향보고 회의에서 사례발표를 한다는 것은 도지사나 군수에게도 큰 관심사였으므로 발표될 사례로 선발되기 위한 경쟁도 치열하였습니다. 이 경쟁에서 승리하기 위해 도지사, 군수들은 후보 마을의 사업에 관심을 가지고 그 마을의 새마을 지도자들을 격려하고 지원했습니다. 이 과정에서 새마을 지도자들의 위상이 높아지게 마련입니다. 새마을 지도자에 대한 대통령의 관심은 각급 행정기관에도 영향을 주었습니다. 각급 행정기관에서도 새마을 지도자의 존재를 무시할 수 없었습니다.

관료주의 타파한 새마을 운동

권순직   이처럼 새마을 지도자들의 위상이 높아지는 것과 함께 일선 행정에도 많은 변화가 나타납니다. 새마을 지도자를 놓고 '농촌 권력'이라는 말이 나올 정도였어요. 이제 더 이상 관존민비(官尊民卑)가 아니라 그토록 문턱이 높던 관청이 새마을 농민들의 이용 대상으로 바뀝니다.

한도현   새마을 운동에 대해 비판적 시각을 가진 에드워드 리드 박사도 새마을 운동의 긍정적 측면으로 농민과 정부의 관계 발전을 지적합니다. 새마을 운동 덕분에 농민들, 특히 새마을 지도자의 위상이 높아졌다는 것입니다.

대통령 훈·포장을 받은 지도자가 면사무소나 군청에서 갖는 위상은 말할 필요가 없습니다. 마을의 새마을 사업 지원을 끌어내기 위해 면사무소나 군청을 쉽게 드나들었고 도청까지도 쉽게 출입했습니다. 우리나라 역사에서 농민과 정부(공무원)의 힘 관계를 생각해 보면 엄청난 변화입니다. 또 새마을 사업의 성과는 군이나 면의 담당 공무원, 군수, 면장 등의 업무실적 평가에도 직접 영향을 주었기 때문에, 지방행정은 새마을 사업을 적극 지원할 수밖에 없었고 농민, 특히 새마을 지도자들의 건의사항에 귀를 기울일 수밖에 없었습니다.

더욱이 지방의 행정관료들이 사무실에서만 지도자들의 의견을 청취하는 것이 아니라 새마을 사업의 현장에 자주 찾아갔다는 사실도 중요합니다. 현장행정은 농민과 정부의 관계에서 농민의 위상을 높이는 데 기여했습니다. 특히 새마을 지도자의 위상을 높이는 데 기여했습니다.

《평택일기로 본 농촌생활사》(신권식, 2009, 경기문화재단)를 보면 어떤 지역에서는 마을 주민들이 새마을 사업에 소극적이면 직원들이 그 마을에 찾아가 주민들을 설득하며 새마을 사업을 시작했다는 기록도 있습니다. 말로 지시하는 것이 아니라 몸으로 실천해야 했던 것입니다. 이러한 사례들을 다른 개발도상국에서는 찾아보기 어렵습니다.

물론 이렇게 새마을 지도자들의 위상이 높아진 데는 당시 정부 특히 대통령이 새마을 운동을 아주 중시하였고 그 일선 담당자로서 새마을 지도자를 중시했기 때문입니다. 또한 앞서 말씀드린 대로 지방행정 담당자들의 업무성적 평가에서 관할 구역의 새마을 운동 성과를 적극 반영했기 때문입니다.

권순직　새마을 운동을 정치적으로 이용한 흔적은 없습니까? 일부는 새마을 운동을 '유신교육(維新敎育) 도장(道場)'이라고 비판하기도 했어요. 당시 정치권에서 새마을 지도자를 정치적으로 활용하려는 유혹도 많았을 것으로 보입니다.

한도현　새마을 운동이 펼쳐진 1970년대가 유신시대와 겹치기 때문에 유신체제를 유지하기 위한 정치적 운동이라고 비판하는 사람들이 있습니다. 그런데 새마을 운동은 유신보다 훨씬 더 전인 1970년에 시작됩니다. 더 거슬러 올라가

자면 1960년대의 농특사업에까지 연결됩니다.

'새마을 운동은 유신교육 도장'이라는 표현도 있습니다만, 이 표현은 당시의 정치 상황 속에서 객관적으로 이해할 필요가 있습니다. 이러한 표현이 있었다고 해서 새마을 운동이 유신의 도구였다는 주장은 역사적 사실에 부합하지 않는다는 게 저의 생각입니다. 유신체제 훨씬 전에 새마을 운동이 시작되었고, 목표도 정치적인 것이 아니라 경제적인 것이었습니다.

요컨대 새마을 운동의 목표는 농촌 근대화, 농가 소득의 증대, 농촌 생활의 향상이었습니다. 다른 정치적 캠페인과는 다릅니다. 사회주의 국가나 개발도상국에서는 농촌개발의 구호 아래 농민들로부터 잉여를 뽑아가거나 노동영웅을 만들어 국가나 공동체를 위해 희생하도록 하는 일이 많았습니다. 그러나 새마을 운동은 농민 개인의 소득증대, 부자 되기에 초점이 맞춰져 있었습니다.

새마을 운동은 정치 영역으로부터 상대적 자율성을 누렸습니다. 1970년대에는 새마을 지도자들의 전국 조직 같은 것도 없었고, 새마을운동중앙회 같은 기구도 없었습니다. 1970년대에는 정부가 한편으로 중화학공업화를 추진하고 다른 한편으로 농촌 근대화를 추진했습니다. 즉, 농공병진입니다. 새마을 운동은 중화학공업화처럼 국가 발전전략으로 이해하는 것이 옳다고 봅니다. 새마을 지도자들에게 정치적 역할을 요구한 것이 아니라 마을개발의 지도자 역할을 요구했습니다.

일본의 경제 발전을 연구하는 찰머스 존슨[5]은 정치적 영역으로부터 상대적 자율성, 보호를 개발국가의 특징이라고 했습니다. 새마을 운동도 그와 같은 개발국가론에서 이해하는 것이 맞습니다. 물론 새마을 지도자 출신이 정당 활동에 참가하는 일은 있습니다. 그러나 이것은 새마을 지도자를 정치적으로 활용하는 것과는 전혀 다른 사항입니다.

---

5 찰머스 존슨(Chalmers Johnson, 1931~2010): 미국의 정치학자로 1960년대 시스템 이론에 기초한 혁명분석 등으로 업적을 쌓았고, 후에 일본 연구에 주력했다.

여성, 남성 보조에서 주역으로

권순직　새마을 운동을 계기로 농촌 여성들이 전면에 나섭니다. 모든 면에서 남성의 보조 역할에 머물던 여성들이 이제 마을 사업에 관해 적극적으로 참여해요. 전통적인 농촌 사회에서 여성의 이 같은 지위 향상은 엄청난 변화였습니다.

한도현　농촌개발에서 여성 리더십 개발은 아주 큰 도전입니다. 1970년대 농촌 주부들의 교육 수준은 매우 낮았습니다. 또한 당시 농촌 사회에서는 남존여비 사상이 특히 강했습니다. 1970년대의 주부들이 초등학교 입학할 때쯤엔 남녀차별이 더 심했습니다. 리더십 교육은 물론이고 초등교육을 받은 농촌 주부도 매우 드물었습니다. 여성들의 바깥 활동이 제한되었고 시집살이라는 가족 여건 등 여러 가지 불리한 조건이 많았죠.

이러한 여건 속에서 모든 마을마다 한 명의 여성 새마을 지도자, 당시 표현으로 부녀 지도자를 선발한 것은 매우 혁신적입니다. 당시 기록을 보면 부녀 지도자를 맡으려는 사람이 없어서 남성 지도자 선발에 비해 많이 늦어집니다.

새마을 지도자 교육의 메카인 새마을지도자연수원에는 여성 지도자반이 있었습니다. 연수 기간은 남성보다 짧았지만 아주 심도 있는 교육을 받았습니다. 오늘날 페미니즘 시각에선 성인지적 관점(性認知的 觀點, gender perspective)이나 젠더 프레임이 없어서 불만스럽겠지만 당시의 농촌 여건에서 보면 매우 혁신적인 것입니다. 농촌 주부들이 저축 운동과 경제 활동을 통해 통장을 가지면서 그들의 지위도 크게 개선되었습니다. 도박 금지, 주막 폐지 등은 가정 경제를 살리고 주부들의 위상을 강화했습니다. 남성, 즉 남편에 대해 'No'라고 말할 수 있게 된 것입니다.

여성들이 마을의 공적 공간에서 지도자가 되었을 뿐 아니라 이들을 위한 전문 교육이 새마을 운동 교육의 메카에서 아주 전문적으로 실시되었기 때문입니다. 사회 발전의 주인공으로서의 역할과 정체성이 주어진 것입니다.

남편과 시집의 견제를 정부라는 공적인 힘으로 막아내기도 했습니다. 누구의 엄마, 누구의 아내에 그치는 것이 아니라 '지도자'가 됨으로써 사회적 공인이 됩니다. 구술 증언을 들어보면 그들은 지도자로서의 자긍심이 높았습니다.

부녀 지도자 가운데 일부는 1960년대의 가족계획어머니회에서 지도자 수업을 받기도 했습니다만 이 숫자는 얼마 되지 않고 대부분의 부녀 지도자는 새마을 운동 속에서 발굴되고 훈련되었습니다. 가족계획, 저축, 마을금고, 도박 금지, 주막 폐지 등은 농촌 여성들의 관심과 잘 맞아떨어졌습니다. 가정생활과 직결되기 때문에 여성들의 참여를 끌어내기가 쉬웠던 거죠. 이 운동들은 농촌마을의 문화적 혁신을 가져왔고 사람들의 사고방식을 바꾸었습니다. 새마을 운동을 잘 모르는 사람도 '새마을 운동' 하면 시멘트, 지붕 개량 등과 함께 도박 폐지, 절미 저축 등을 떠올립니다.

여성 지도자 대부분이 이장이나 주위의 권유로 지도자가 되었지만 남성 지도자들보다 더 적극적으로 활동한 예가 많습니다. 정부에서 생각했던 여성의 영역, 즉 가족계획, 저축, 도박 금지, 주막 폐지 등의 분야에만 그치지 않고, 소득사업에까지 활동 범위를 넓혔습니다. 전북의 정문자 지도자의 경우는 새마을 공장을 유치하기도 했고, 소득 작물의 재배를 위해 '지질 검사'도 여성들끼리 했습니다. 새마을 운동의 성공은 여성들의 적극적 참여 없이는 불가능했을 것이라고 봅니다.

권순직 새마을 운동 추진 과정에서 실패사례도 있었을 것이고, 시행착오도 많았을 듯합니다.

한도현 새마을 운동은 전문가들이 충분한 자금을 가지고 운영하는 회사와 달리 농촌 주민들이 주도적으로 전개하는 근대화 사업이었습니다. 정부의 자재 지원, 자금 지원, 기술 지원이 있었지만, 결국 마을의 개발을 기획하고 사업을 집행하며 좋은 성과를 내는 건 주민들 몫입니다. 100~200호의 마을이 가진 인적 자원이나 기술은 제한되어 있습니다. 빠른 시간에 이웃마을이나 이웃 면보다 많은 실적을 올리려고 경쟁하면서 시행착오나 실패를 겪게 마련이지요.

우수마을로 선정된 곳이 사업에 실패한 경우도 많습니다. 의욕만 앞서고 사업을 치밀하게 설계하지 못하거나 집행과 모니터링을 잘 못해서 실패하기도 합니다. 당진군의 출포리는 간척지를 개간하여 새마을 운동 역사에서 매우 유명한 성공사례를 남겼지만, 이 간척사업도 두 번이나 둑이 무너지는 등 어려움을 겪었습니다. 농민들이 주관적 의욕에 넘쳐 바다를 막았지만 기술 부족으로 두 번이나 둑이 무너졌던 거죠. 그러나 어려움 끝에 결국 간척에 성공하여 농지 확장을 통해 주민소득 증대를 달성합니다.

소득사업에서도 기술 부족으로 실패한 사례들이 있습니다. 개별 마을들이 주관적 의욕에 넘쳐 무리한 사업을 전개하다가 부채를 지는 것을 지방 행정당국에서는 경계했습니다. 1970년대 당시에 우수마을 선정 기준에서는 '무리한 사업 추진으로 부채를 진 마을'을 배제하도록 했습니다. 결국 새마을 운동 추진과정에서 실패를 막으려면 마을 지도자들이 기업가처럼 현실성 있고 수익성 있는 계획을 수립해야 했습니다. 그래서 새마을지도자연수원의 교육에서도 사업 기획과 실행의 경영가적 교육이 적극 실시되었습니다.

그리고 새마을 사업 추진 과정에서 미신(迷信) 타파 운동이 대대적으로 전개되었습니다. 새마을 운동을 비판하는 분들이 이러한 운동이 전통문화, 전통신앙을 파괴했다고 지적합니다. 그러나 미신타파 운동은 일제 강점기에도 많이 있었습니다. 조선시대에도 주자학자들이 미신(음사) 반대를 했습니다. 이른바 미신타파의 문제는 새마을 운동 때에만 있었던 것은 아닙니다.

새마을 지도자가 개발 전문가로서 '공적' 임무를 충실히 수행하느라 가정 경제, 가족생활을 희생한 부분은 아주 큽니다. 여기에 대해 보상은 물론 없었습니다. 그러나 새마을 운동 관련 업무로 바쁜 새마을 지도자가 자기 집 농사일을 돌보지 못할 때 동네 주민들이 자기 마을 지도자의 논에 모내기를 한다든지, 가을걷이를 해 주었다는 기록은 많이 있습니다. 또한 새마을 지도자가 직무를 수행하면서 주민들과의 마찰로 인해 공격을 받은 사례도 없지 않았습니다. 조기에 가시적 성과를 내기 위해 무리하게 사업을 추진하는 경우에 이런 일이 있기 마련입니다. 또 새마을 사업이라는 '공무'를 수행하다 사고를 당하는 분들도 계셨지만, 이분들을 위한 보상제도는 없었습니다.

한도현, 그는 누구?

1992년 서울대 대학원에서 사회학 박사를 받았고, 1995년 미국 하버드대 페어뱅크 동아연구소에서 객원연구원으로 일했다. 2001년 미국 하버드대 옌칭연구소 교환교수를 역임했고, 2005년 한국학중앙연구원 한국문화교류센터 소장을 맡았다. 2013년 10월부터 2014년 10월까지 지구촌새마을운동 자문위원회 위원 (안전행정부)을 지냈고, 2013년 6월부터 2014년 8월까지 한국경제발전경험공유사업(KSP, 기재부/KDI) 정책자문을 역임하였다. 저서로는 《전환기 한국의 사회문제》(공저), 《1970년대 새마을 운동에서 마을 지도자들의 경험세계》, 《박정희 대통령과 새마을 운동》, 《2012 경제발전 경험 모듈화 사업: 마을 지도자의 역할과 활동》 등이 있다.

제 5 장

주곡자립의 길, 녹색혁명
12년간의 기적, 쌀 자급자족

1970년대 한국 사회 각 분야의 변화는 매우 급격했다. 특히 공업화가 빠르게 진전되면서 농업부문에서도 변혁의 물결이 일어난다. 농촌의 보릿고개가 사라지는 녹색혁명(綠色革命), 주곡(쌀)의 자급자족이 달성된다. 만성 식량부족 국가가 십수 년 만에 주곡의 자급자족을 달성한 예는 동서고금을 통해 찾아보기 힘들 것이다.

새마을 운동을 제외하고 1970년대 농정을 이야기하려면 곤혹스러울 수밖에 없다. 왜냐하면 박 대통령이 이 시기 농정을 새마을 운동과 연계해 추진했기 때문이다. 녹색혁명이 농촌진흥청 기술진의 피땀 어린 노력의 결실이지 새마을 운동과 무슨 관계가 있느냐고 반문할 수 있다. 그러나 신품종 볍씨 개발 초기에 병충해에 약하거나 기후에 적응이 잘 안 되는 등의 취약점을 극복하고 새마을 사업을 내세워 우리 토양에 맞추는 작업에 성공했다는 사실을 간과할 수 없다.

김정렴은 회고록에서 "1970년대 초 새마을 운동의 점화와 때를 같이하여 다수확 벼 신품종이 보급되기 시작했고, 새마을 운동을 통한 소득증대 사업으로 통일벼 보급이 급속하게 이뤄졌다"고 회고한다. 김보현은 《전환시대를 이끈 행정가》에서 "통일벼 보급은 쌀농사에 획기적 변화를 가져왔다. 통일벼 보급 역시 새마을 운동의 일환으로 이루어졌다"고 기록했다. 검증되지 않은 신품종 재배에 주저하는 농민들을 설득하는 데 새마을 운동이 많은 역할을 했다는 설명이다.

쌀 부족, 보릿고개

1970년대 중반 쌀의 자급자족이 이루어지기 전까지 우리나라는 만성적인 식량 부족으로 허덕였다. 6·25 전쟁 이후 잉여농산물 도입 등을 통해 근근이 식량 부족에 대처해야 했지만 수요를 충족시키지 못한 채 기근 상태에서 벗어날 수가 없었다. 차균희 전 농림부 장관은 "승리한 보릿고개 작전"이라는 기고문[1]에서 농촌의 식량 부족 실태를 회고한다.

> 우리나라 총 농가호수는 약 250만 호이며, 그 가운데 36%에 해당하는 90만 호가 0.5정보 미만을 경작하는 영세 농가였다. 이 영세농은 자가 식량을 생산하기에도 부족한데 더욱이 영농자금, 부채 정리, 경조사 비용, 자녀교육비 등 현금 수요로 말미암아 생산된 양곡 중 많은 부분을 시장에 내다 팔아 돈을 마련할 수밖에 없어 춘궁기 식량 부족을 초래, 보릿고개에는 절량농가의 발생이 연례행사처럼 되어왔다. 절량농가는 보릿고개를 넘기기 위하여 고리부채인 장리미(長利米)에 의존하거나 초근목피로 연명했다. 1964년 이후 정부는 미국 정부의 협조하에 평화식량계획에 의한 자조근로사업의 대규모 실시와 농업 증산 등으로 우리의 식량 사정이 다소나마 호전되기는 했지만, 쌀 부족을 모면하기에는 역부족이었다.

혼·분식 장려, 도시락 검사, 절미운동

1960~1970년대를 겪은 오늘의 중장년들은 당시의 식량 사정이 얼마나 어려웠는지 잘 안다. 당시에 행해졌던 절미운동을 비롯하여 쌀 소비 억제 정책, 혼·분식 장려, 도시락 검사 등은 쌀 자급시대를 사는 세대에겐 상상할 수 없는 일일 것이다.

1 〈지방행정〉, 1967년 1월호, 지방행정공제회.

| 추곡출하 공판장(1966)
김보현 전남 도지사 (왼쪽)가
추곡출하 공판장을 시찰하고 있다.

　1962년 추곡(秋穀) 흉작을 계기로 정부는 식량 부족을 완화하기 위한 대대적인 절미운동을 벌인다. 1963년 1월 '전국 절미운동 요강'을 제정·발표한 정부는 모든 관공서와 학교 공공단체가 참여하는 '식생활개선위원회'를 설치, 강력한 절미시책을 추진했다. 주요 내용을 보면 양곡상은 쌀 80% 이하, 잡곡 20% 이상의 비율로 판매하고, 음식점 등 접객업소는 잡곡 2할 이상을 혼합시키는 동시에 각 가정은 2일 1식의 분식을 장려하는 것이다. 술과 떡, 엿 등에도 쌀 사용을 금지했다.

　쌀 소비 억제 정책은 장려 차원을 넘어 강력한 행정규제 체제로 들어간다. 정부는 1967년 6월 14일자 행정명령(行政命令)을 필두로 1970년대 중반까지 무려 11차례에 걸친 행정명령을 고시하여 쌀을 비롯한 양곡 소비를 규제했다. 규제 내용은 첫째, 혼·분식 이행으로 쌀 소비를 억제하기 위하여 음식업소에 대해 일정 비율의 잡곡 혼합 의무를 부과(시기별로 20, 25, 30% 이상)했다. 쌀을 원료로 한 엿과 과자류 제조를 전면 금지하고 떡에 한해서는 일정 비율 보리를 섞도록 했다. 둘째, 가공제품에 대한 양곡 사용 규제로 막걸리 제조엔 보리와 밀가루를 반반씩 혼합해 만들도록 하였다.

이 밖에도 정부는 정부미(政府米)는 물론 일반미(一般米)에도 도정도(벼껍질을 벗기는 정도)를 규제했고, 정부미 방출 시 보리쌀이나 밀쌀을 일정 비율로 혼합하여 가공해 시중에 내놓았다.

혼·분식의 시행은 음식점 단속은 물론이거니와 학생들의 도시락 검사로까지 이어졌다. 일선 학교에서의 도시락 검사는 교육청의 공문 지시로 이루어졌다. 구체적으로 몇 퍼센트 이상 혼식을, 몇 가지 이상 잡곡을 섞으라는 내용이 명시되었다. 이 지시사항은 매일 아침마다 조회 또는 직원회의에서 강조되었다. 학생들의 도시락 점검에 앞서 선생님들은 자신의 도시락부터 보여주기도 했다. 도시락 검사에서 잡곡 비율이 30%를 넘지 않을 경우 잠시 동안 점심을 먹지 못하게 한 예도 있었다.

쌀을 버리면 죄를 받는다는 말을 귀에 못이 박히도록 듣고 자란 세대가 오늘의 중장년층이다. 이 같은 쌀 소비 억제 정책은 통일벼 생산이 본격화되고 쌀 자급이 이뤄지는 1970년대 중반까지 지속되었다.

다수확 벼 품종 개발

1970년대 중반까지도 쌀 부족이 심각하여 해마다 50만~70만 톤의 외국 쌀을 도입했다. 흉작이 들어 심할 때는 한 해에 90만 톤까지도 외국 쌀을 들여와야 했다. 1960년대 중반 우리나라 쌀 생산량이 연평균 350만 톤 내외에 불과했던 것을 감안하면 쌀 수입 의존도가 얼마나 높았던지 짐작할 수 있다. 당시 우리 경제 사정으로 미루어 외화가 절대적으로 부족한 상황에서 주곡 도입에 따른 부담이 엄청나게 컸음을 알 수 있다. 쌀 자급을 위한 대장정은 1964년 3월 13일 농촌진흥청에서 열린 '식량증산 연찬대회'에서부터 시작된다. 이날 박정희 대통령은 식량 자급 의지를 강하게 표명한다.

경제적 자립은 식량의 자급자족으로부터 이루어져야 한다. 우리의 식량은 우리 힘으로 해결한다는 강력한 결심으로 범국민적인 일대 증산운동을 전개해야 한다. 결코 불가능한 일이 아니며 반드시 이룩해야만 하는 과제이다.

대통령의 강력한 의지 표명 이후 정부는 이듬해인 1965년부터 본격적인 다수확 벼 품종 개발에 착수했다. 그리고 쌀 자급을 달성한 1977년까지 불과 12년이라는 짧은 기간에 만성적인 쌀 부족 국가가 쌀을 자급하는 나라로 발돋움하는 기적을 낳는다. 보릿고개를 넘어 주곡자립을 달성하는 신화 창조의 과정을 김정렴의 회고[2]를 통해 살펴보자.

수원의 농촌진흥청이 다수확 신품종 연구를 시작한 것은 1965년이다. 육종 단계에서 연간 2회작 생산을 할 수 있는 세대 단축 온실을 설치하는 것조차도 당시로서는 비용이 엄청나 꺼리기도 했으나 수원에 설치된다. 농촌진흥청 작물시험연구팀은 1967년 자포니카계의 종래 품종에 인디카계의 외래 품종을 교배시켜 신품종인 IR667을 개발하는 데 성공했다. IR667은 타이완의 볍씨

---

2 김정렴, 1990, 《한국 경제정책 30년사》, 중앙일보사.

품종에 일본의 유카라 품종과의 교배 잡종으로, 필리핀에 있는 유엔 산하 IRRI(국제미작연구소)가 개발한 IR8을 교배시킨 3원 교배의 결과로 얻어진 것이었다.

우리 연구진은 이 신품종을 IRRI 연구진과 협력하여 우리 풍토에 맞는 품종으로 육종하는 동시에 이 품종의 단기 대량 보급을 위하여 필리핀 IRRI에 보내 번식시켰다. 필리핀에서 번식된 IR667은 1969년부터 수원, 밀양, 이리 등 국내 3곳의 농사시험장에서 시험재배에 들어갔다. 농민들을 대상으로 공모해 '통일벼'로 명명된 이 개발 신품종 제1호는 시험농장 1만 개소에 파종하여 생산력과 지역의 적응성을 점검하였다. 다소의 문제점이 없는 것은 아니었지만 획기적인 다수확 품종임이 입증됨으로써 1972년 11만여 정보에 보급되는 것을 시작으로 이 '기적의 볍씨' 시대가 개막된다.

… 이렇게 보급되기 시작한 통일벼는 획기적인 생산 증대를 가져온다. 과연 기적의 볍씨라 불리는 데 손색이 없었다. 1972년 쌀 생산량은 2,748만 섬으로 평년작보다 3%나 많았다. 특히 통일벼의 단보당 생산량은 386kg으로 일반 벼의 329kg보다 무려 17%의 증산을 가져왔다. 당시 김보현 농림부 장관의 진두지휘, 김인환 농촌진흥원장 이하 지도요원들의 노고가 컸다.

쌀 자급 선도한 통일벼의 애환

쌀 자급이라는 녹색혁명의 단초를 연 통일벼에도 태생적인 한계가 있었다. 통일벼는 육종학상 인디카계다. 따라서 자포니카계가 익숙한 우리나라 사람들에게는 맛없는 쌀이었다. 여기에다 통일벼는 병충해에 약한 모습을 보였다. 따라서 육종 연구팀은 자포니카계에 가까운 찰기와 맛도 좋고 수확이 많으며 병충해나 기후에 맞는 더 나은 품종 개발에 주력한다.

그 결과 개발된 노풍, 유신, 밀양, 수원 등 신품종 개발이 이어진다. 신품종 개발로 맛없는 통일벼는 보급 7년 만인 1978년에 자취를 감춘다. 곧이어 1978년 야심작으로 개발되어 보급된 노풍은 병충해와 냉해에 취약점을 보여 1년 만에 사라진다. 이 같은 과정을 거쳐 다수확 품종인 인디카계이면서도 밥맛은 재래일반미 즉, 자포니카계에 가까운 밀양 23호, 밀양 30호, 수원 204호 등이 잇따라 개발되어 1970년대 후반 신품종의 주종을 이루며 녹색혁명을 완성해간다.

1978년부터 새로 개발된 볍씨 등 신품종과 산림녹화 등을 위해 개발된 신수종 이름은 연구 개발자의 이름을 따 명명하였다. 새로운 수종의 육종 개발과 다수확벼 신품종 개발에 공헌한 연구 종사자들의 사기를 높이기 위해 박정희 대통령이 지시한 것이다. 이 같은 지시에 따라 1978년에 벼 신품종으로 박노경·박노풍 박사가 개발한 벼가 '노경', '노풍'으로 명명되어 보급되었다. 이미 새로운 수종으로 개발되어 전국 산지에서 무럭무럭 자라던 '수원은사시나무'도 이 품종을 개발한 세계적인 권위자 현신규 박사의 성을 따서 '현사시'로 명명하기도 했다.

영예로운 명칭을 얻고 1978년에 보급된 노풍이 이상고온에다 중국에서 날아온 벼멸구로 극심한 피해를 입고 1년 만에 역사의 뒷장으로 사라지는 일도 있었다. 특히 그해에는 대통령선거와 국회의원선거가 치러진 해여서 노풍 피해에 따른 실망도 컸다.

신품종이 개발되었다고 해서 농가가 곧장 재배에 나서지 않았다. 통일벼에서 보듯이 밥맛이 떨어져 소비자들의 인기가 없는 품종은 재배를 꺼려했다. 보수적인 농민들은 특히 병충해에 대한 내병성이나 기온에 대처하는 내구·내한성 등이 담보되지 않아 초기 농가 보급에 애를 먹었다. 이를 극복하기 위해 농정 당국은 다수확 농민에 대한 파격적인 포상제도를 도입함은 물론 정부가 권장한 신품종 재배 농가에는 우선수매, 공동방제, 기술지도 등 각종 지원을 했다.

새마을 사업의 일환으로 신품종 보급을 확대한 것도 큰 성과를 보았다. 신품종 보급 과정에서 새마을 운동 조직의 기여가 컸다. 관의 권장에 선뜻 나서지 않는 농민들을 설득하고 앞장서서 다수확 품종 보급을 확산시킨 것이다.

쌀 자급자족 달성

기적의 볍씨, 세계 최고 다수확 기록

반만년을 이어온 보릿고개는 불과 12년이라는 짧은 기간에 극복되고 자급 자립이라는 위업을 달성하였다. 1965년 다수확 벼 품종 개발에 본격 착수한 지 12년 뒤인 1977년 한국의 농민들은 '미곡의 자급 지속 기반'을 구축한다. 참으로 길고 험난한 여정이었다.

기적의 볍씨인 통일벼를 포함하여 노풍, 수원, 밀양 등의 신품종이 개발되어 농가에 보급됨으로써 쌀 생산량은 급속도로 증가했다. 쌀 생산량은 통일벼가 첫 보급된 1972년 2,748만 섬에서 1973년에는 3천만 섬에 육박하는 증산 기록을 세운다. 1975년에는 3,240만 섬, 1976년 3,597만 섬으로 늘어나다가 1977년에는 4천만 섬을 훌쩍 뛰어넘어 4,171만 섬이라는 대기록을 달성한다.

1977년의 단보당[3] 쌀 수확량은 494kg으로 쌀 생산국 가운데 최고 수량을 자랑하던 일본의 447kg을 앞지르며 한국이 세계 최고의 다수확 신기록을 가졌다. 우리나라의 단보당 쌀 수확량은 1970년 330kg에 불과하던 것이 1972년 334kg, 1977년에는 494kg으로 획기적인 증대를 가져왔다.

쌀 증산은 통일벼 재배 면적의 증가와 비례한다. 통일벼 재배 면적이 전체 논에서 차지하는 비율은 1972년 15.9%에서 1975년 22.9%, 1977년에는 54.6%로 확대된 데서 이를 알 수 있다. 다수확 신품종 볍씨 보급으로 단위면적당 쌀 수확량이 단기간에 두 배 이상 높아지자 이는 곧 농가 소득 증대로 나타난다. 물론 이 기간 중 축산, 원예 등의 활발한 보급도 뒷받침했겠지만 어쨌든 연간 농가 소득은 미국 달러로 환산, 1970년 824달러에서 1977년에는 2,961달러로 3배 가까이 늘어났다. 김보현은 그의 유고집에서 녹색혁명 기간 중의 아찔했던 순간을 기록했다.

---

3 단보(段步)는 땅 넓이의 단위로서 1단보는 남한에서는 3백 평으로 991.74㎡에 해당하나 북한에서는 30평으로 99.174㎡에 해당한다. 정보(町步)는 이보다 큰 땅 넓이의 단위로서 1정보는 1단보의 10배인 3천 평으로 약 9,917.4㎡에 해당한다. 헥타르(ha)는 미터법에 의한 넓이의 단위로서 1ha는 1만 ㎡에 해당한다.

| 녹색혁명 성취탑 (1978. 5. 11)
1977년에 쌀 생산 4천만 섬을 돌파하고 단보당 세계최고 다수확 기록을 수립한 것을
기념하는 탑. 박정희 대통령의 '綠色革命 成就'(녹색혁명 성취) 휘호와 어록이 담겨 있다.

농림부 장관으로 통일벼 보급에 행정력을 총동원하여 증산을 독려하던 1972년 어느 날, 청와대에 불려간 나에게 대통령은 "임기를 마치고 떠나는 주일대사 가네야마(金山)가 지금 한국에서 벼의 신품종을 대대적으로 보급하나, 한 품종을 이렇게 많이 할 경우 새로운 병충해 등으로 피해를 입을 가능성이 커 위험한 만큼 점진적으로 확대해야 할 것"이라는 의견을 피력했다. 당시 정치권이나 농민들조차도 출수(出穗)가 늦고 저온에 취약하며 우리 풍토에 맞지 않다며 통일벼 보급에 반발이 적지 않은 터였다.

농진청장과 상의한 결과 지상목표인 증산을 위해서는 통일벼 보급을 늦출 수 없다고 결론을 내리고 '일본이 남아도는 자기네 쌀을 우리나라에 팔지 못할 것 같아 하는 중상모략'이라는 정보와 설명을 청와대에 전달했다. 그러나 훗날 내가 느낀 것은 가네야마 대사의 말이 옳았다는 것이다. 육종 전문가들에 의하면 새 품종에는 반드시 새로운 병충해 생태계가 생긴다. 통일벼도 예외일 수가 없어서 유신, 밀양 23호, 밀양 24호, 노풍 등으로 계속 개량하지 않으면 안 되었다. 원래 통일벼는 도열병과 호엽고병에 대한 내병성은 갖추었다고 했지만 반드시 그렇지는 않았다. 신중을 기했어야 했다. 그러나 당시의 우리 식량 사정은 앞뒤를 가릴 만큼 여유가 없었다. 너무 절박했다.

새마을 운동과 관련한
몇 가지 논쟁

새마을 운동이 농촌의 발전과 농민 생활수준의 획기적인 개선을 가져오는 등 뚜렷한 족적을 남긴 것은 부인할 수 없는 사실이다. 그럼에도 불구하고 새마을 운동의 추진 배경과 시행 과정에 관하여 비판적이고 부정적인 견해도 있다. 가시적으로 나타난 새마을 운동의 실적 때문에 대부분의 저술이나 증언에서는 긍정적인 측면이 부정적인 지적을 압도한다. 여기에서 자주 제기된 몇 가지 논쟁점들에 대해 '비판'과 '반론'을 들어본다.

새마을 운동은 박정희 정권의
장기집권 수단으로 이용된 것이 아닌가?

새마을 운동에 정치성이 배제되었다는 주장과 관련한 김정렴의 회고다.

박 대통령은 새마을 운동에서 정치성을 철저히 배제하였다. 1970년대 초반 새마을 운동이 요원의 불길처럼 전국으로 번질 때 여당인 공화당은 새마을 지도자를 당원으로 가입시키려는 움직임을 보였다. 이에 박 대통령은 누구를 막론하고 새마을 운동을 정치적으로 이용해서는 안 된다는 강경한 입장을 견지했다. '과거부터 공화당원이었으면 어쩔 수 없으나 새마을 지도자를 한 사람이라도 새로운 당원으로 가입시켜선 안 된다. 청와대 비서실은 이 점이 잘 지켜지는지 파악해서 보고하라'는 게 박 대통령의 의지였다.

적어도 새마을 운동 초기에는 그의 정치성 배제 방침이 지켜졌던 것 같다. 그러나 시간이 지나 박 대통령의 정치적 입지가 어려워지면서 새마을 운동을 정치적으로 이용한 흔적이 곳곳에서 발견된다. 그는 장기집권 지지의 기반을 확보하기 위한 수단으로 농민 계층을 겨냥했고, 농민이 주도하는 새마을 운동을 활용하였다는 주장이다.

1969년 3선 개헌에 이어 1971년에 치러진 대통령 선거에서 박 대통령은 상대인 김대중 후보를 불과 90여만 표 차이로 누르고 당선된다. 여러 부정이 동원된 대선이었던 만큼 사실상 박 대통령의 패배나 다름없는 결과였다. 위기감을 느낀 박 대통령은 급기야 1972년 10월 계엄령을 선포하고 국회를 해산, 유신헌법을 공표하는 등 유신시대를 연다. 긴급조치를 발동하여 헌법을 정지하고 국회와 사법부까지 장악한 박정희의 철권통치가 시작된 것이다. 이 시기가 바로 새마을 운동이 본격화되는 때여서 정권이 새마을 운동을 정권 유지의 수단으로 활용했다는 비판이 제기되는 것이다.

새마을 운동이 정치에 활용되지 않았다는 주장의 허구는 곳곳에서 발견된다.

박 대통령까지도 공식 연설에서 "새마을 운동이 곧 유신이며, 유신이 곧 새마을 운동"이라고 말할 정도로 새마을 운동은 유신의 도구로 이용되었다.[1] "새마을 운동이 농민들의 환영을 받으면서 유신시대의 국정 지지도가 올라가는 데 기여한 것은 사실이다",[2] "새마을 운동의 배경에는 정치적 저의가 있다는 오해와 불신으로 청년층의 국민들로부터 신뢰를 얻지 못했다",[3] "새마을 지도자를 직접 정치에 활용하지는 않았지만 간접적으로 영향을 미치는 작업은 계속되었다. 예를 들어 지도자 교육의 정신교육 부문에 유신교육과 안보교육을 넣어 세뇌교육을 했다고 볼 수 있다"[4] 등이다.

새마을 운동이 유신체제 이전에 시작되었기 때문에 유신과 연결 짓는 것은 다소 억지라는 지적과 관련해 "유신은 3선 개헌의 연속선상에 있고, 3선 개헌이 1970년대 초였기 때문에 박 대통령의 장기집권 지지의 기반을 농촌에서부터 다지려는 잠재적 동기가 새마을에 스며 있었다"는 주장[5]도 있다.

새마을 운동은 비록 강압이 동원되기는 했어도 1970년대 내내 국민들의 자신감을 고취시키고 한국 사회 전반을 변화시켜 나가는 중요한 개혁작업이었다. … 그러나 유신 이후의 새마을 운동은 초기와 달리 더 이상 순수한 차원에서의 농촌 잘살기 운동이 아니었다. 자조운동임에는 틀림없으나 자발적이 아니라 강제된 필수 의무 프로그램이었다. … 새마을 운동은 시간이 갈수록 최고통치자가 펼쳐나갔던 고도의 정치행위로 변해나갔다.

1 이장규, 2014, 《대통령의 경제학》, 기파랑.
2 고 건, 2013, 《국정은 소통이더라》, 동방의 빛.
3 한국대학교수새마을연구회, 2010, 《새마을 운동 40년사》.
4 이 책의 한도현 인터뷰 중에서.
5 이장규, 2014, 《대통령의 경제학》, 기파랑.

새마을 운동은 관 주도인가, 농민 자율 운동인가?

새마을 운동은 관이 주도한 게 아니라 관이 유도한 '민관 협력사업'이다. 그리고 정부가 농민의 자발적 참여를 유도한 지역사회 개발 운동이었다. … 정부는 처음부터 새마을 운동의 성패는 주민의 자율적 참여 여부에 달렸다고 보았다. 따라서 새마을 운동을 설계하고 추진하면서 가장 역점을 둔 것이 자율적인 마을 참여였다.

고건 전 총리의 주장이다. 따라서 사업 내용은 마을총회가 선택토록 최대한 자율을 부여하였고 정부는 이들의 선택에 기술적 정보와 재정지원 행정지도의 역할만 담당하는 시스템이었다는 설명이다. 김수학[6]의 회고[7]도 비슷하다.

1970년대 새마을 운동을 추진함에 있어, 행정은 주민의 자율적 참여를 최대한 유발하여 마을주민 스스로가 자조적인 활동을 할 수 있는 동기를 부여하고 여건과 환경을 조성하는 데 주력했다. 즉, 무대 장치는 행정이 꾸며 주었으나, 연출과 연기는 주민 스스로가 한 것이라는 점에서 1970년대 새마을 운동은 '관민의 공동작품'이다.

새마을 운동에 참여했던 당시 정부 관계자들의 증언은 입을 모아 주민 자율을 강조한다. 그도 그럴 것이 모든 행정이 하향식 관 주도였던 분위기에서 전례 없이 상당한 수준의 자율을 주민에게 허용한 새마을 운동이 자율적이었다고 주장하는 것은 그들의 입장에서 보면 별로 이상한 일도 아니다. 농민들이 자발적으로 참여하고 자조·협동을 통해 자신들의 마을을 가꿔 나가고 농촌의 근대화를 이끄는 데 새마을 운동이 큰 역할을 한 것은 사실임에도 불구하고 지나친 관 주도로 부작용도 많았다는 지적도 제기되었다. 정부의 공식 보고서인 《새마을 운

---

6 김수학 (金壽鶴, 1927~2011): 경북 경주 출생으로, 전남 부지사, 대구 시장, 내무부 지방국장, 충남 도지사, 경북 도지사, 국세청장, 새마을운동중앙협의회 회장 등을 역임했다.

7 김수학, 2008, 《이팝나무 꽃그늘》, 나남.

동 10년사》의 새마을 운동에 대한 반성 부분에서도 역시 관 주도의 부작용을 지적한다.

새마을 운동은 적지 않게 관 주도로 추진됨으로써 주민에게 의타심과 수동적 자세를 길러 주었다. 주민의 자발성과 창의성이 저해되기도 하였고 획일적인 전시효과를 노리는 허술함도 많았다. 성과와 업적에 지나치게 급급해 졸속을 저지르기도 했다. 정부 지원이 끊기면 곧 사업이 중단된 사례도 속출하였다. 정부 지원을 받는 공공사업이어서 손익을 따지는 데 무책임했고, 시행착오와 낭비도 있었다.

새마을운동중앙회가 펴낸 《한국의 새마을 운동》에도 비슷한 지적이 나온다.

국운을 걸다시피 한 새마을 운동에도 개발독재라는 이름의 부작용과 비용이 따랐다. 중앙정부 주도로 전개된 획일적인 하향식 지원 위주의 사업 추진으로 그 형식이 비민주적이고, 사업 내용 또한 다기다양한 현장과 지방 특성을 반영하는 데 한계가 있었다.

김보현이 그의 유고집 《전환시대를 이끈 행정가》에서 언급한 내용이다.

새마을 운동이 지나치게 관 주도였던 까닭에 자생력이 부족했고 이 점이 그 성과를 제약시킨 하나의 원인이 되었다. … 새마을 취락구조 개선사업의 경우 사업이 개별적이고 단편적이어서 중복 투자에 따른 비효율이 많았다. 전시성 사업이 많았던 데다 개별 농가의 재력을 고려하지 않고 획일적으로 사업을 추진하여 농가에 과다한 부담을 안겨주는 사례도 비일비재했다.

최고통치자의 관심사인 새마을 사업인지라 웃지 못할 난센스도 곳곳에서 나타났다. 김수학이 그의 자서전 《이팝나무 꽃그늘》에서 전하는 이야기 한 토막이다.

샌드위치 흙담 사건이 있다. 환경개선을 위해 흙담에 백회(白灰)를 발랐는데 관청의 높은 사람이 다녀간 뒤 비가 내려 흙탕물이 튀어 보기 흉하자 그 위에 다시 백회칠을 반복하다 보니 흙담 양쪽에 백회를 바른 벽의 모습이 마치 샌드위치 같다 하여 붙여진 이름이다.

그런가 하면 정부가 양돈마을을 한창 장려할 때인데, 정부 고위층 인사가 마을을 방문한다 하여 행정력을 동원해 농가에 돈사(돼지우리)를 급조, 돼지새끼를 입식해 준 다음 현장보고가 끝난 후 돼지새끼를 다시 가져가는 코미디 같은 일도 있었다.

정부는 새마을 운동을 벌여 나가면서 사업 선정에서부터 추진 등에 많은 자율을 주민에게 부여했다고 하나 하향식 관 주도 형태에서 완전히 벗어나지 못해 많은 부작용도 낳았던 것이라고 볼 수 있다. 사업 추진을 행정력이 좌지우지하는 경우도 많았고, 사업성과의 평가와 그에 따른 추후 지원 등에 행정 조직의 입김이 막강했던 만큼 새마을 운동이 정치성이나 관의 입김에서 자유로웠다고 보기는 어렵다.

농촌 근대화는 전적으로 새마을 운동의 공적인가?

정치적으로 이용되었는지 여부와는 상관없이 새마을 운동이 농촌 근대화에 기여한 것은 사실이다. 문제는 모든 성과가 새마을의 공적인 양 비쳐진다는 점에 있다. 이러한 현상은 1970년대 거의 모든 농업정책들이 새마을 운동이라는 이름을 걸고 추진되었기 때문이다. 농촌의 생활환경과 농업 기반 및 소득이 획기적으로 개선된 시기와 새마을 운동이 활발하게 펼쳐진 시기가 일치하는 것도 한 요인이다. 1970년대 농촌에 일대 혁신을 가져온 농특사업이나 통일벼 개발에 의한 쌀 생산 자급 등도 모두 새마을 문패를 달고 시행되어 성공했다. 이에 대한 반론은 이렇다.

새마을 운동은 어디까지나 마을 단위 자조운동이었기 때문에 농특사업을 개발해서 성공시킨 운동으로 평가하는 것은 맞지 않다. 농민 소득증대 사업은 농수산부가 막대한 국가 예산과 기술개발(R&D) 사업을 통하여 이룩한 것이지 새마을 조직이 주도적 역할을 했다고 평가하는 것은 과장이다.

이와 관련한 김보현의 설명.[8]

1970년대 이후의 우리나라 농촌개발이 전적으로 새마을 운동만의 소산은 아닐 것이다. 가장 중요한 것은 지방 행정기관이 선도했고 농촌 지도기관, 농협, 지방 보건소 등 다양한 지방 단위 기관들이 저마다 농촌개발과 국민의 삶의 질을 높이는 데 활동했으나, 워낙 새마을 운동의 활약이 압도하였기 때문에 여타 기관들의 사업이 모두 새마을 사업의 일환으로 보인 것이 두드러진 특색이다.

그렇다고 해서 이 시기의 농촌 근대화에 미친 새마을 운동의 기여를 가볍게 보아서는 안 될 것이다. 관 주도였다고 해도 농촌 주민들의 자발적 참여와 지도자들의 열정이 없었다면 정부 정책이 성공하였으리라는 보장이 없기 때문이다.

8 김보현, 2013, 《전환시대를 이끈 행정가》, 나남.

새마을 운동이 국민적 정신개혁 운동이었나?

새마을 운동을 과연 국민적 정신개혁 운동이라고 할 수 있을까. 농촌에서 시작된 새마을 운동의 열기가 농민들을 자각시키고 자조와 협동정신을 불러일으켜 농촌을 오랜 잠에서 깨어나게 한 혁명적인 사건임에는 틀림없다. 그런데 이를 두고 농민들의 의식혁명, 나아가 도시와 직장으로 번져나간 국민적 의식개혁 운동이라고 평가하려면 적어도 두 측면에서의 분석이 필요할 것이다. 의식개혁, 의식혁명이라 부르려면 적어도 시공간적으로 확산되고 영속성을 지녀야 한다고 본다. 그러나 공간적으로 새마을 운동은 농촌에서의 성공에 그쳤다. 시간적으로는 새마을 운동의 주창자인 박 대통령이 서거하면서 본래 취지를 상실하고 10여 년 만에 수명을 다한다.

새마을 운동은 박 대통령의 국정 장악력을 확보하기 위한 정치적 포석이 깔린 사업이었고, 충성심과 상명하복에 능한 관료들이 앞장선 관 주도 운동이었기 때문에 가시적이고 외형적 업적에 치중하였지 정신운동은 아니었다. 진정한 정신운동이었다면 박 대통령 사후에도 살아 있어야 했다는 주장이 제기되어 왔다. 고건 전 총리는 이와 관련해 "새마을 운동은 통상 10여 년이 수명인 사회운동적 성격이 짙다. 즉, 새마을 운동은 관이 유도한 지역사회 개발운동이다"라고 정의했다. 다시 말하면 의식개혁이나 의식혁명이라기보다 지역사회 운동이라고 부르는 게 맞다는 취지일 것이다. [9]

당시 정부는 농촌에서 성과를 거둔 새마을 운동을 도시, 공장, 학교로 확산하려고 부심했으나 기대만큼 성공적이지 못했다. 정치적 저의가 깔려 있다고 보는 젊은 층과 지식인, 여론주도 계층으로부터 별 호응을 얻지 못했던 것이다. 즉, 기업체 사장에서부터 대학교수, 언론인, 공무원, 근로자 등 모든 계층의 사람들을 새마을 교육에 참여토록 강제 동원하고 정신 개조를 꾀했으나 부작용만 낳았다.

---

9 이 책의 인터뷰 중에서.

새마을 운동은 농촌 잘살기 운동의 범주를 벗어나지 못했다. 농촌의 변화를 건설적·생산적·창조적으로 발전시키지 못한 것은 아쉬운 점이다. 정부 의존심이 더 높아진 농민들은 민주화가 된 훗날에도 정부 의존과 과격한 농민운동으로 이어지는 부작용을 초래했다는 분석도 있다. 공장 새마을 운동도 건전한 노사 문화를 정착시키기보다 당면 문제를 미봉적으로 덮고 넘어가는 식의 노사 관행을 심어 놓음으로써 지금까지도 후진적인 노사 관계에서 벗어나지 못하는 한 계기가 되었을 수도 있다는 것이다.

이상의 새마을 운동에 관한 몇 가지 논쟁은 새마을 운동에 참여했던 많은 분들의 순수성을 폄하하거나 훼손하려는 의도가 아니었음을 밝힌다. 무슨 일에든 공에는 과가 있고 명암이 엇갈리듯, 새마을 운동이 갖는 역사적 의미와 평가 그리고 명암도 보는 이에 따라 다르다는 것을 깨닫는 계기가 되었으면 하는 마음으로 이 책을 맺는다.

농촌 근대화 연표

녹색혁명, 쌀 자급자족 달성 일지

1965	농촌진흥청 다수확 벼 신품종 개발 연구 시작
1967	IR667 볍씨 개발 성공
1969	통일벼 육종 교배 성공, 시험 농장에서 시험 재배
1972	통일벼 일반 농가 보급, 재배 시작
	- 단보당 쌀 생산량이 일반 벼는 329kg,
	통일벼는 386kg으로 17% 증산에 성공
	- 청와대에 식량증산기획실 설치
1973	쌀 생산량 3천만 섬 육박
	다수확 시상제도 도입
	- 증산왕 시상(영농과학화 촉진)
1975~	다수확 신품종 볍씨 잇따라 개발
	(유신, 밀양 23 · 30호, 수원 264호, 노풍 등)
1978	연구자 이름을 딴 신품종 명명
	- 신품종 벼를 개발한 박노경, 박노풍 박사의 이름을 따 '노경',
	'노풍'이라는 이름으로 보급
1979	- 새로 개발된 수종으로 산림녹화에 활용되어 전국 산지에서
	자라는 수원은사시나무를 육종개발 학자인 현신규 박사의
	성을 따서 '현사시'로 명명

쌀 생산 증가 현황

1975년	1976년	1977년*
3,240만 섬(쌀 자급 달성)	3,597만 섬	4,171만 섬

* 단보당 생산 494㎏ 달성, 일본의 447㎏을 앞질러 세계 최고 기록 세움.

기간별 연평균 쌀 생산량

1953~1955년	1961~1965년	1971~1975년
214만 톤	350만 톤	410만 톤

농정 및 새마을 운동 연표

1945. 10. 5 소작료 3. 1제 실시(미군정청 법령 제 9호)
　　　　　　　 - 가혹한 소작료에 의한 반농노적 신분 완화 대책
　　　　　　　 - 소작료는 물납 원칙, 예외적으로 금전납 허용
　　　　　　　 - 소작료는 수확량의 1/3 이하로 규제

1949　　　　 농지개혁 단행, 경자유전 및 농지소유 상한 3정보
　　　　　　　 - 자경하지 않는 농지와 3정보 초과농지는 유상 수매하여
　　　　　　　　 농민에게 유상으로 분배

1955. 5. 31 한미 간 잉여농산물 도입 협정
　　　　　　　 - PL 480에 의한 외국 곡물 대량 도입
　　　　　　　 - 소맥 중심의 양곡과 원면, 우지 등 무상 도입
　　　　　　　　（1981. 5. 18 종결）

1956. 5. 1　 농업은행 설립(1961년 농협과 통합)

1957. 2. 24 농업협동조합 설립

1961. 5. 16 5 · 16 군사정변

1961. 5. 25 농어촌고리채 정리사업 착수
　　　　　　　 - 군사정부 민심 수습책의 일환

1961. 6. 11	재건국민운동 시작
1962~1966	'제1차 경제개발 5개년 계획'(연평균 경제성장률 7.1%)
1962. 2. 22	「개간촉진법」 제정
1962. 3. 9	농촌진흥청 설립
	농업구조조정개선 심의위원회 발족
	농업 증산과 근대화 추진
1963	혼·분식 장려운동, 식량 자급 및 쌀 소비 억제 추진
1963. 12. 17	박정희 제5대 대통령 취임, 제3공화국 출범
1965	전천후 농업용수원 개발 계획 수립 추진
	「농어촌전화촉진법」(전력 공급 확대: 1960년대 말 전력화율
	20%에서 1979년 98.7%로 상승)
	전화기 가설 사업 추진(1970년 전국 농어촌마을
	3만 5천여 개 중 전화기 공급률 10%에서 1978년 가설 완료)
1966. 3. 7	대일 청구권 보상안 확정(총 4억 6,400만 엔)
1967	농어촌개발공사 설립
	「농지기본법」 제정
1967~1971	'제2차 경제개발 5개년 계획'(연평균 경제성장률 7%)
	농공병진 정책 천명
	- 농어민 소득증대 특별사업 시작
	- 쌀 이중곡가제, 고미가 정책으로 전환(1968년 벼 17% 인상
	이후 1968~1971년 연평균 25.1% 인상)
	- 혼·분식 장려, 이중곡가제 등으로 농민 생산의욕 제고
1969	다수확 품종 통일벼 개발 성공
	- 가정의례준칙 제정
	- 3선 개헌 국민투표
1970. 1. 27	「농촌근대화촉진법」 시행, 농촌진흥공사 설립
1970. 7. 7	경부고속도로 개통(총 428㎞, 총 사업비 430억 원)
1970. 8. 12	양곡관리기금 설치(이중곡가제 본격 시행, 양곡수매가를 대폭 인
	상하여 농가 소득을 증진하고 방출가는 낮게 유지해 소비자 보호)
1970. 12. 18	4대강 유역 종합 개발계획 확정(10개년 계획, 1971~1981년,
	소요재원 3,140억 원)

1970. 11~1973. 3	시멘트 공급을 통한 1차년도 새마을 사업(1972년 제2차 시멘트 새마을 사업)
	새마을 가꾸기 운동 제창
1971	통일벼 농가 보급 시작(1976년 재배면적 44.5%)
	〈새마을의 노래〉 제정
	새마을 운동 본격화
	- 기초조성 단계(1971~1973년)
	- 자조발전 단계(1974~1976년)
	- 자립완성 단계(1977~1981년)
1972. 10. 27	「유신헌법」 공포
1972~1976	제2차 농어민 소득증대 특별사업
1972	비닐하우스 채소 재배 본격화
	농협중앙회에 독농가연수원 설치, 새마을 지도자 교육 시작
	새마을운동중앙협의회 설치(위원장: 내무부 장관)
1973	정부직제 개편: 내무부 새마을지도과, 농림부 새마을소득과
	상공부 농어촌공산품개발과와 농어촌전화과 신설
	상훈법 개정, 새마을훈장 추가(자립·자조·협동·근면·노력장)
	시·도에 새마을지도과, 시·군·구에 새마을과 신설
	수원 새마을지도자연수원 개설
1974	새마을 지도자 육성 지침 시달
	공장 새마을운동중앙추진회 구성
	장·차관 새마을 교육 시작
1974. 8. 15	수도권 전철 개통(서울 지하철 1호선, 서울역-청량리)
1975	새마을 담당 부군수제 신설
1979. 10. 26	박정희 대통령 서거

238

저자 약력

권순직

고려대 신문방송학과 졸업
고려대 언론대학원 최고위과정 수료
동아일보 사회부·국제부·경제부 기자
　　　　경제부장, 경제담당 논설위원
　　　　경제섹션 에디터
　　　　소년동아일보 편집국장
아주경제신문 논설주간, 이사
재정경제부 금융발전심의회 위원
한국철도공사(KORAIL) 비상임이사
KB 투자증권 사외이사
현재 대우건설 사외이사

육성으로 듣는 경제기적 Ⅲ

코리안 미러클 3 : 숨은 기적들

농촌 근대화 프로젝트, 새마을 운동

2015년 11월 30일 발행

2015년 11월 30일 1쇄

기획 및 집필_ 육성으로 듣는 경제기적 편찬위원회

발행자_ 趙相浩

발행처_ (주) 나남

주소_ 413-120 경기도 파주시 회동길 193

전화_ 031) 955-4601 (代)

FAX_ 031) 955-4555

등록_ 제 1-71호(1979. 5. 12)

홈페이지_ www.nanam.net

전자우편_ post@ nanam.net

ISBN 978-89-300-8832-9

ISBN 978-89-300-8830-5 (전 3권)

코리안 미러클

육성으로 듣는 경제기적 1기 편찬위원회(위원장 진념) 지음

박정희 시대 '경제기적'을 만든 사람들을 만나다!
경제난 어떻게 풀어 '창조경제' 이룰 것인가?
전설적인 경제의 고수들에게 배우라!

홍은주 한양사이버대 교수(전 MBC 논설주간)와 조원동 전 청와대 경제수석
이 '그 시대' 쟁쟁한 경제거물들인 최각규, 강경식, 조경식, 양윤세, 김용환, 황
병태, 김호식, 전응진을 만났다. 그들의 생생한 육성으로 통화개혁, 8·3조치,
수출정책, 과학기술정책 추진과정을 둘러싼 007작전과 비화들을 듣는다.
크라운판 | 568쪽 | 35,000원

코리안 미러클 2

도전과 비상

육성으로 듣는 경제기적 2기 편찬위원회(위원장 이헌재) 지음

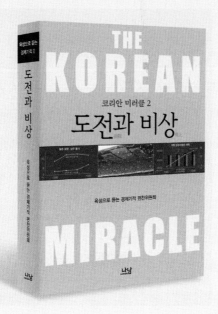

1980~90년대 '전환의 시대'를 이끈 경제주역들의 생생한 증언!
국가주도 경제에서 시장경제로 패러다임을 바꾸다!

1960~70년대 순항하던 한국경제호는 살인적 물가폭등과 기업과 은행의 부실, 개방압력 등으로 흔들리기 시작한다. 바야흐로 물가를 안정시키고 기업과 은행의 자율성을 키우며 시장을 개방하는 것이 한국경제의 지상과제로 떠오른 것이다. 이 책은 이러한 시대의 키워드인 안정, 자율, 개방을 구현하는 데 핵심적 역할을 했던 경제정책 입안자 강경식, 사공일, 이규성, 문희갑, 서영택, 김기환의 인터뷰를 담고 있다. 한국경제 연착륙을 위해 고군분투하는 그들의 이야기는 난세영웅전을 방불케 할 정도로 흥미진진하다.

크라운판 | 552쪽 | 35,000원

나남 www.nanam.net | 031-955-4601